本书由重庆工商大学学术专著出版基金资助

后现代主义
翻译思想研究

向鹏 ◎ 著

中国社会科学出版社

图书在版编目(CIP)数据

后现代主义翻译思想研究 / 向鹏著.—北京:中国社会科学出版社,2020.7
ISBN 978-7-5203-6692-2

Ⅰ.①后… Ⅱ.①向… Ⅲ.①后现代主义—翻译理论—研究 Ⅳ.①H059

中国版本图书馆 CIP 数据核字(2020)第 102837 号

出 版 人	赵剑英
责任编辑	慈明亮
责任校对	周 昊
责任印制	戴 宽

出　　版	中国社会科学出版社
社　　址	北京鼓楼西大街甲 158 号
邮　　编	100720
网　　址	http://www.csspw.cn
发 行 部	010-84083685
门 市 部	010-84029450
经　　销	新华书店及其他书店

印　　刷	北京明恒达印务有限公司
装　　订	廊坊市广阳区广增装订厂
版　　次	2020 年 7 月第 1 版
印　　次	2020 年 7 月第 1 次印刷

开　　本	710×1000　1/16
印　　张	17.75
插　　页	2
字　　数	273 千字
定　　价	106.00 元

目　　录

第一章 绪论

后现代主义是 20 世纪六七十年代兴起于西方的一场影响深远的哲学思潮。其影响力不仅涵盖了几乎所有的人文学科领域，甚至还延伸到了自然科学领域。后现代主义发展的势头一直持续到了今天，其观点纷繁芜杂，学派林立。但总体而言，后现代主义就是要对传统和现代主义的价值体系进行批判性的反思。这种批判性的锋芒给现有的固化思维打开了一扇窗户，在很多方面革新了人们对世界的认识。在翻译研究领域也不例外，后现代主义翻译思想的兴起在一定程度上改变了翻译研究的形态。

第一节 后现代主义翻译思想兴起的背景

后现代主义的兴起有着自己深刻的社会文化根源。首先，后现代主义的兴起是对两次世界大战反思的结果。随着资本主义社会进入到垄断阶段，资本主义的固有矛盾日益尖锐，最终导致了 20 世纪上半叶发生了两次规模空前的世界大战。这两次世界大战给人类带来了巨大的灾难。战争的暴行，上千万人的死亡，原子弹爆炸的毁灭之力等在世人的心灵上留下了深深的伤痕。人性的残暴和精神的堕落与现代主义所倡导的进步观形成了鲜明的反差。现实的苦难与现代主义所宣扬的人道与理性相去甚远。所有的这一切都导致了人们对启蒙运动以来所推崇的人道主义和理性主义的怀疑。现代主义提倡的理想似乎也不那么公正，而是充满了工具性；人道主义所推崇的也不是真正的人，而是抽象的人，这样的人道主义不是解放人性而是压抑人性。于是，后现代主义者为了寻求新的价值体系，就对现代主义的价值体系提出了批判。

其次，后现代主义的兴起还与西方主要的资本主义国家进入后工业社会或晚期资本主义社会有关。杰姆逊①（Frederic Jameson）视后现代主义为晚期资本主义的文化逻辑。在后工业社会中，物质极其丰富，人的生活被物质所包围，成了官能性的人。另外，在后工业社会时期，社会媒体十分发达，特别是互联网的兴盛，让人与人之间的交往由现实转向虚拟。所有的这些都改变了人们对传统价值观念的看法。还有，科学技术的突飞猛进在极大地提高生产力的同时，也带来了环境污染、资源浪费、生态失衡和军备竞赛的加剧，这些也让人们对现代主义的人类中心主义和工具理性主义产生了怀疑。

最后，爱因斯坦（Albert Einstein，1879—1955）的相对论、海森堡（Werner Heisenberg，1901—1976）的测不准原理、哥德尔（Kurt Gödel，1906—1978）的不确定性原理等新的科学理论提出后，人们对传统理性的绝对性和先验性产生了怀疑。这些理论对传统科学所提倡的"确定性""中心""整体""连续性"等观念产生了冲击，并最终为后现代主义所吸取和利用。

正如尼采（Friedrich Wilhelm Nietzsche，1844—1900）的《权力意志》（Der Wille zur Macht）一书的副标题"重估一切价值"②所言，后现代主义对传统和现代主义的一切价值观和知识体系都发出了强烈的挑战：绝对的真理被相对主义的真理所取代；理性让渡于非理性；知识让位于话语；在场、确定性、同一性、连续性等纷纷被不在场、不确定性、差异性和断裂性等所取代。后现代主义的锋芒所到之处，很多传统的价值和观念都遭受到质疑、解构、动摇，并轰然倒塌。俗话说"不破不立"。后现代主义无疑高举了"破"之利斧，将封闭的、牢固的、压抑的结构世界劈开了一条巨大的罅隙。从这罅隙中，人们领略到了一个不一样的世界。通过这个罅隙，有人呼吸到了新鲜空气，领略到了世界的丰富多样，复杂多变，从而欢欣鼓舞；而有的人却看到了道德的堕落，牢固基础的动摇，从而惊惧、哀叹、愤怒，甚至咒骂。对于后现代

----

① 在本书中，外国人名第一次出现时，会附上英文，其后只写中文名字。外文作品第一次出现时会附上相应的外文，其后只保留中文译名。另外，当一个作品有副标题时，第一次出现会正副标题都保留，其后为了简洁，只保留正标题。

② ［德］弗里德里希·尼采：《权力意志：重估一切价值的尝试》，张念东、凌素心译，商务印书馆1991年版。

主义，有人看到的是"破"，有人看到的是"破"之后的"立"，也有人什么都没看到，只有"虚幻"。正如后现代主义所凸显的"多样性"和"复杂性"，世人对后现代主义的态度也是复杂多样的。

后现代主义翻译思想是后现代主义思想在翻译研究领域的运用与发展。后现代主义翻译思想的兴起除了大的社会文化背景外，在学科内也有其自身的动因。就翻译学学科内部而言，后现代主义翻译思想的兴起主要是基于对传统翻译思想和现代主义翻译思想以下几个方面的不满。

首先，后现代主义者不满传统翻译思想和现代主义翻译思想由于受本质主义的影响而提出的"再现"翻译观。传统的"再现论"视译文为原文的透明的再现。后现代主义者认为这种透明再现是不存在的，是虚妄的。把一种语言的文本翻译成另一种语言并不像把一个东西从一地搬到另一地那样可以做到毫无损伤，不增不减。其次，后现代主义者不满传统翻译思想和现代主义翻译思想受中心主义观念影响而在翻译中预设了一系列的二元对立之下的不平等结构。传统翻译思想的"忠实"也好，现代主义翻译思想的"对等"也罢，它们都是以原文与译文、作者与译者的二元对立为基础的。在这种二元对立中，原文和作者是中心，译文和译者处于从属与边缘的地位。这种二元对立的不平等结构并未能反映出译文和译者的价值。另外，后现代主义翻译研究者还对传统和现代翻译思想对差异的遮蔽深感不满。正如韦努蒂（Lawrence Venuti）在《译者的隐身》（*The Translator's Invisibility*）中所指出那样，传统翻译理论和现代主义翻译理论所秉持的"透明""流畅"的翻译策略是以目的语的语言文化为归依的，它抹掉了原文语言文化的差异性①。后现代主义者认为翻译应该彰显原文语言文化上的差异性。最后，后现代主义者不满传统翻译思想和现代主义翻译思想的"意义确定论"，因为"意义确定论"抹杀了翻译的多样性。他们主张意义是不确定的，翻译是为了体现语言文化的多样性。

后现代主义翻译思想对传统和现代主义翻译思想的批判给翻译学带来了深刻的影响。后现代主义翻译思想不仅是对翻译的思考，同时还是

---

① Lawrence Venuti, *The Translator's Invisibility*：*A History of Translation*, Shanghai：Shanghai Foreign Laguage Education Press, 2004.

通过翻译来思考真理、知识、权力、性别、身份等话题，因而后现代主义翻译思想让翻译摆脱了"纯粹的信息交流的工具"的工具观，使其获得了认识论的意义。无疑，这样的后现代主义翻译思想更新了人们对翻译的看法，拓展了翻译研究的领域，带来了当今翻译研究的繁荣局面。可以说，当今翻译研究的繁荣与后现代主义的影响密不可分。

第二节　现有研究的局限

后现代主义翻译思想从兴起到现在已经有半个多世纪的时间了。在这半个多世纪的时间里，后现代主义翻译思想取得了长足的发展。不但形成了阐释学翻译学派、解构主义翻译学派、操控翻译学派、后殖民翻译学派和女性主义翻译学派等林立的学派，而且还有斯坦纳（George Steiner）、德里达（Jacques Derrida）、勒菲弗尔（André Lefevere）、斯皮瓦克（Gayatri Spivak）、尼南贾娜（Tejaswini Niranjana）、韦努蒂、罗宾逊（Douglas Robinson）等一批世界闻名的后现代主义翻译思想的代表人物。这样的盛况在整个翻译研究史上是非常少见的。正是在这些学者的带领下，翻译研究朝着多元视角方向发展，从而才有了今天翻译研究的繁盛局面。

然而，虽然成就非凡，但并非没有局限。尽管"后现代主义翻译研究已经成为显学"①，但是，迄今为止，后现代主义翻译思想研究中还有很多问题尚未得到解决。比如，何为后现代主义翻译思想？后现代主义翻译思想包含哪些内容？后现代主义翻译思想有哪些主要特点？这些问题还鲜有研究者给出系统的回答。另外，通常学者们认为后现代主义是对现代主义的反动或延续，既然后现代主义翻译研究已经成为一门显学，那么什么是现代主义翻译思想呢？现代主义翻译思想又包含哪些内容呢？后现代主义翻译思想在哪些方面批判了现代主义翻译思想？又在哪些方面继承了现代主义翻译思想？同样，研究者对这些问题也缺乏关注。对于这方面研究的缺失，从国外寥寥无几的含有 postmodern translation 为标题的研究成果这一事实可以得到证实。笔者检索了一些

---

① 刘华文：《翻译研究何以封"后"》，《外语研究》2008 年第 1 期。

国际上常用的数据库和图书网站，检索到标题中同时含有 postmodern 和 translation 两个单词的英文论文只有十来篇，诸如：张伯伦（Lori Chamberlain）的博士学位论文《后记：后现代写作中的翻译诗学》（*Afterwords：Translation as Poetics in Postmodern Writing*，1982），穆勒（Klaus Peter Müller）的论文《翻译中的文化移植：现代与后现代选择》（Transferring Culture in Translations——Modern and Postmodern Options，1995），丽陶（Karin Littau）的论文《后现代生产时代的翻译：从文本到互文本再到超文本》（Translation in the Age of Postmodern Production：from Text to Intertext to Hypertext，1996），阿罗约（Rosemary Arrojo）的论文《理论与实践之传统背离的修正与后现代翻译之权力》（The Revision of the Traditional Gap between Theory & Practice & the Empowerment of Translation in Postmodern Times，1998），Taner Karakoç - Nihal Yetkin Karakoç 的论文《后现代杂糅文本在以翻译为导向的文本分析翻译教学课程中的角色》［The Role of Postmodern Hybrid Texts in Translation - Oriented Text Analysis（TOTA）Courses in Translation Didactics，2013］，陈德鸿的论文《仿译：从西方仿拟理论到日本后现代主义戏仿》（Imitation as Translation：from Western Theories of Parody to Japanese Postmodern Pastiches，2016）等。除了这些英文的文献外，笔者还检索到了两篇法语的文献，分别为布朗热（Pier-Pascale Boulanger）的博士学位论文《翻译的后现代理论》（*Les Théories Postmodernes de la Traduction*，2003）和傅里耶（Rosemarie Fournier）的期刊论文《后现代主义与翻译：尼科尔·布罗萨德的〈紫色沙漠〉》（Postmodernisme et Traduction：dans Le désert mauve, de Nicole Brossard，2010）。后现代主义翻译研究在国外很繁荣，然而以 postmodern translation 为题的文献却并不是很多。这至少说明 postmodern translation 这个术语在国外的翻译界并不是很流行。这也从一个侧面反映出研究者对后现代主义翻译思想还缺乏清晰的认识。

此外，后现代主义翻译思想内部学派林立，每个学派的研究都取得了巨大的成就。然而，各学派之间虽然偶有交叉、综合，但总体上来说却是各自为战，缺乏宏观层面的综合。正是因为如此，人们对后现代主义翻译思想的印象是碎片化的。这些流派之间有何共通之处？后现代主义翻译思想的核心问题是什么？这些问题到现在似乎也还没有得到解答。

因此，基于上面提到的现有研究的局限，本书将对后现代主义翻译思想进行一次宏观的研究，力图弄清楚后现代主义翻译思想的概念、范围、历史、现状及特点。同时，本书还将系统地总结研究者对后现代主义翻译思想的偏见与误解，对人们基于对后现代主义翻译思想的一些偏见和误解而提出的批评进行回应。除此之外，本书也还将系统地总结后现代主义翻译理论中存在的一些悖论，并针对这些悖论提出详细的解释。

第三节　本书的研究思路

本书的研究思路如下。

首先，通过综述国内外的相关研究成果，详细描绘后现代主义翻译思想在国内外的发展轨迹和研究现状，这部分为本书的第二章和第三章。在这两章中，笔者详细爬梳了阐释学翻译思想、解构主义翻译思想、操控学派翻译思想、后殖民主义翻译思想和女性主义翻译思想这五个后现代翻译思想流派在国内外的起源和发展。在爬梳文献的时候，笔者深入挖掘，仔细考证，发现了不少新的材料，从而在一定程度上完善了后现代主义翻译思想的发展历史。

其次，在文献综述的基础上，第四章从"普遍性的缺失""反理性主义与虚无主义""重文化轻文本"和"不适用于中国"这四个方面总结了研究者对后现代主义翻译思想的偏见与误解。在本章中，笔者对研究者的这些误解和偏见进行了反驳与解释，在一定程度上澄清了人们对后现代主义翻译思想的误识。

在第五章中，笔者基于翻译思想的特点，将翻译思想史划分为传统翻译思想、现代主义翻译思想和后现代主义翻译思想，并总结出各自的定义、范围和特点，以及相互之间的关系。在现有的文献中，还鲜有研究者对现代主义翻译思想和后现代主义翻译思想进行界定，在本书中笔者进行了大胆的尝试，以期弥补相关研究上的缺陷。

第六章至第九章是本书的主体部分。在这四章中，笔者从"从反本质主义翻译观"（第六章）、"反二元对立和中心主义翻译观"（第七章）、"权力抗争"（第八章）、和"边缘人"（第九章）四个方面总结了后现代主义翻译思想的基本特点。这四章的内在逻辑是这样的：传统哲学研究的首要任务就是寻找事物的本质属性，然后依据本质与非本质的二元划分来确立本质属性的中心地位。一旦本质属性获得了中心地位，它就获得了对处于边缘的非本质属性的支配权，获得了权力。而后现代主义认为这种所谓的本质和中心只不过是人为构建的，并非真实世界的反映。因而，后现代主义要消解本质、打破二元对立、解构中心，为人为地被排挤到边缘的属性争取权力。后现代主义翻译思想亦然，就是要消解所谓的翻译的本质，瓦解翻译研究中的二元对立和中心，为被排斥到边缘的翻译属性争取正当的权力。所以，在这部分，笔者首先用语言游戏来消解翻译的本质；其次通过消除界限来瓦解翻译中的二元对立和中心；接下来，再用权力抗争消解透明翻译的神话；最后指出后现代主义消解本质、瓦解二元对立和中心、进行权力抗争的动因：后现代主义者是一群在权力结构中遭受排挤的边缘人。

在第十章中，笔者系统地总结了后现代主义翻译思想中存在的四对悖论：反中心与走向中心，反精英主义与精英主义，主体性的张扬与主体性的抑制和翻译学的拓展与翻译学的消解。笔者认为，后现代主义翻译思想中之所以会存在这些悖论，一方面是因为后现代主义翻译思想内部缺乏理论的统一性与一致性，另一方面是由于部分后现代主义者误解了后现代主义的精神，走向了另外一个极端。

第二章 国外后现代主义翻译思想述评

后现代主义于 20 世纪六七十年代兴起于西方社会，是西方发达资本主义国家进入后工业阶段的产物。所以，对中国而言，后现代主义完全是个舶来品。同样，作为后现代主义在翻译研究领域的应用与发展，后现代主义翻译思想在中国也是个十足的舶来品，是个陌生的他者。如何对待他者是后现代主义的一个重要话题。那么，中国翻译界应该如何对待后现代主义翻译思想这个他者呢？我想，在我们发表对它的看法前，最好先弄清楚它的状况。在本章，我们将简单回顾后现代主义翻译思想的各个流派的发展历史，以期对后现代主义翻译思想在国外的情况能有个大致的了解。

现在，很多研究者认为后现代翻译思想滥觞于德国学者本雅明（Walter Benjamin，1892—1940）在 1923 年为他翻译的波德莱尔（Baudelaire）的《巴黎画像》（*Tableaux Parisiens*）写的序言《译者的任务》（Die Aufgabe des Übersetzers）。本雅明在该文中提出了有别于传统的翻译观点。他认为一切语言都是翻译；翻译并不是为看不懂原文的读者而译，也不是要传达原文的内容与意义；翻译的根本法则取决于原文的"可译性"；最理想的翻译方法是逐词对译①。虽然现在学者们将本雅明视为后现代翻译理论的源头，但是仔细分析，笔者认为本雅明的翻译观点并不属于后现代主义，而是属于现代主义，甚至可以说属于传统的翻译思想。本雅明并没有放弃深度模式，也没有对传统的二元对立结构下的不平等关系进行解构。说本雅明的理论中蕴含有后现代翻译思想的萌芽可能更合适些。不过这个"芽"在更早的时候已经萌发于尼采

---

① Walter Benjamin, "The Task of the Translator", in Lawrence Venuti ed., *Translation Studies Reader*, London & New York：Routledge, 2000.

（1844—1900）有关翻译的论述中。尼采的"上帝已死"的论断，他的视角主义、权力意志和"翻译即征服"等思想对后现代主义的影响要远远大于本雅明。

另外，现在很多后现代翻译思想的研究者讨论完本雅明后就直奔以德里达为首的解构主义了。那么，本雅明与德里达之间的这段时间之内发生了什么？研究者鲜有提及。其实在这段时间之间或之后以海德格尔（Martin Heidegger，1989—1976）和伽达默尔（Hans-Georg Gadamer，1900—2002）等为首的阐释学派也对翻译发表了不少见解，对后现代主义翻译思想具有深远的影响。

在本章接下来的内容中，我们将从阐释学、解构主义、操控学派、后殖民主义和女性主义这五个流派来详细介绍国外的后现代翻译思想情况。当然，后现代主义翻译思想的内容十分广泛，并不仅仅局限于这五个流派。但是，这五个流派是目前后现代主义翻译思想关注的焦点，因此，我们的综述就从这五个流派展开。

第一节　国外阐释学翻译思想述评

阐释学通常又称为解释学、诠释学或释义学，它源于古代的释经学。最初，它是一种用来解释上帝意旨和《圣经》的方法和技巧。阐释学的英文是 Hermeneutics，源于希腊神话中的赫尔墨斯（Hermes）。赫尔墨斯是宙斯（Zeus）与迈娅（Maia）的儿子，位列奥林匹斯山十二主神之一。他的主要职责就是将神的旨意传递给世人。由于神与人的语言是不同的，他必须先解释神的指令，将其翻译成世间人的语言。从此可见，"阐释"一词本身就包含有翻译的意思。事实上，阐释学与翻译研究的渊源也颇深。16 世纪牛津大学神学教授汉弗雷（Humphery）在其《诠释方法卷三》（1559）中还把希腊文 hermeneia 定义为"翻译"[①]。斯坦纳（Goerge Steiner）也曾指出，阐释学翻译理论是翻译理

---

① ［英］汉弗雷：《诠释方法卷三》，转引自洪汉鼎《诠释学——它的历史和当代发展》，人民出版社 2001 年版，第 2 页。

论发展的一条主要线索①。

从历史发展的角度而言，阐释学的发展通常分为三个阶段：古代阐释学、近代阐释学和现代哲学阐释学。

古代阐释学发轫于古希腊时期，并一直延续到 19 世纪初。古代阐释学主要应用于神学和法学经典的解释，故这一时期的阐释学又称为释经学。在漫长的历史发展过程中，古代阐释学的内容十分丰富，诸如经典阐释的方法，有关意义的学说，阐释学循环等，都具有深远的影响。不过，对翻译研究而言，最有意义的是，古代学者将阐释学视为一种翻译和分析的理论。从翻译的视角而言，阐释学就是一门教导人们如何忠实地理解原文或原作者的学说。关于这一点，休特（P. D. Hüt）和阿尔斯泰德（J. H. Alsted）的话就是最好的证明。休特曾指出，翻译者（解释者）在进行这种诠释—翻译时，既不可通过任何形式的取消而减少作者的性格，也不可通过任何形式的附加而增多作者的性格，翻译者或解释者应当完全忠实地描述作者的性格②。阿尔斯泰德也曾指出，分析的目的是更正确地理解他人的著作，更有力地铭记他人的著作，以及模仿着更漂亮地表达他人的著作③。

近代阐释学的代表人物是施莱尔马赫（Friedrich Schleiermacher，1768—1843）和狄尔泰（Wilhelm Dilthey，1833—1911）。首先将阐释学与翻译结合的具有重大影响的学者是德国哲学家施莱尔马赫。他将阐释的对象由宗教文本拓展到宗教外的一切文本，让阐释学的方法第一次具有了普遍的意义，因而他也被称为"现代阐释学之父"④。施莱尔马赫对阐释学的另外一个贡献是他区分了语法释义（grammatical interpretation）和心理释义（psychological interpretation）⑤。语法释义应对的是文本的语言，而心理释义应对的是作者的思想和目的。所以，在施莱尔马

---

① George Steiner, *After Babel*: *Aspects of Language and Translation*, New York &London：Oxford University Press, 1975.

② 参见洪汉鼎《诠释学——它的历史和当代发展》，人民出版社 2001 年版，第 43 页。

③ 同上。

④ Richard E. Palmer, *Hermeneutics*, Evanston：Northwestern University Press, 1969, p. 97.

⑤ Friedrich Schleiermacher and Andrew Bowie, eds., *Hermeneutics and Criticism and Other Writings*, Cambridge：Cambridge University Press, 1998, p. 229.

赫这里，"人"的因素已经进入阐释学的考虑之中。施莱尔马赫对翻译理论有着十分重要的贡献。1913 年，他在论文《论翻译的方法》（Über die verschiedenen Methoden des Übersetzens）中提出的两种翻译方法成为后来韦努蒂归化和异化理论的源头，至今仍具有重要影响。除此之外，他还是第一个区分口译和笔译的人；他把文学翻译称为"真正的翻译"，而用"机械翻译"指实用性的翻译；他还强调要正确理解语言和思维的关系①。

狄尔泰在施莱尔马赫的基础上继续拓展了阐释学，将阐释的对象由文本拓展到了现实世界的人，从而创立了"生命阐释学"。狄尔泰的"生命阐释学"将历史观引入阐释学中，认为不仅要对理解对象的历史性进行了解，更要对认知主体的历史性特质进行考察，并且同时考察两者之间的历史的交互关系②。伽达默尔非常看重狄尔泰从历史的视野去考察和研究人类的生命世界，他甚至把狄尔泰的解释学称作"历史解释学"③。狄尔泰对阐释学发展的贡献十分巨大。正是他承认阐释就是哲学的过程，让阐释学具有了哲学意义，从而完成了阐释学由方法论向认识论的转向。阐释学发展到狄尔泰时，还不属于本书要讨论的后现代主义的范畴。开启阐释学"后"转向的是海德格尔和伽达默尔。

现代哲学阐释学的代表人物是海德格尔和伽达默尔。海德格尔是公认的存在主义哲学大师，是阐释学发展史上至关重要的人物，是他将阐释学由认识论发展到本体论。法国著名阐释学家保罗·利科（Paul Ricœur，1913—2005）曾说过，如果狄尔泰将阐释学从古典阐释学发展到一般阐释学是阐释学发展史上第一次哥白尼式的革命的话，那么海德格尔将阐释学由一般阐释学发展到本体阐释学则是阐释学发展的第二次哥白尼式的革命④。根据海德格尔之前的阐释学，阐释的目的就是要摈弃偏见，真实地反映文本的原意，从而达到对文本的正确客观的理解。然而，海德格尔认为，任何解释工作之初都必然有先入之见，它作为随

---

① 参见谭载喜《西方翻译简史》，商务印书馆 2004 年版，第 106—108 页。

② 王华：《狄尔泰与西方解释学的发展转向》，《安徽文学》2011 年第 11 期。

③ 谢地坤：《狄尔泰与现代阐释学》，《哲学动态》2006 年第 3 期。

④ Paul Ricoeur, *Hermenentics and the Haman Science*, Cambridge：Cambridge University Press, 2016, p.14.

着解释就已经"设定了的"东西是先行给定的，这就是说，是在先行具有、先行视见和先行掌握中先行给定的①。按照海德格尔的理论，"客观正确的解释"是不存在的，对文本"原意"的追寻是徒劳的。海德格尔的"先见"之说对后来的文学批评和翻译研究具有很重要的影响，对解构主义对意义的解构来说更是如此。除了"先见"之说对翻译研究带来了有别于传统的启发外，海德格尔也直接发表过有关翻译的观点。海德格尔对翻译的论述主要体现在《阿那克西曼德之箴言》《什么召唤思?》等文章中。在这些文章中，海德格尔提出了"解释即翻译""意义摆渡"等著名观点。这里，一件有趣的事情值得一提。同样是对这些文章进行解读，不同的研究者却得出了不同的结论。卫茂平认为海德格尔批评直译提倡意译②；而徐朝友则认为海德格尔提倡的是直译③。其实海德格尔在《阿那克西曼德之箴言》一文中对"字面翻译"的解释十分模糊，本身具有矛盾之处。

海德格尔开启了阐释学的本体论转向，但是真正建立完备的现代哲学阐释学体系的却是他的学生伽达默尔。他在1960年出版了《真理与方法》（*Wahrheit und Methode*）一书，从此闻名于世。在该书中，伽达默尔提出了著名的阐释学三原则：理解的历史性、效果历史和视域融合。"理解的历史性"是指不管是理解者还是理解的对象都是历史地存在的，真正的理解不是要去克服理解的历史局限，而是正确地适应它，评价它。所谓"效果历史"，伽达默尔认为历史或传统不仅仅是过去，而且也是一个实现的过程。历史通过制约我们的历史理解力而产生效果④。"视域融合"是指文本拥有的过去视域与阐释者的现在的视域的融合。伽达默尔是哲学家，并非翻译理论家，但是他的阐释学理论对翻译研究却具有重大的启发。可以说，阐释学翻译研究的大多数成果都是围绕伽达默尔提出的阐释学三原则展开的。

---

① ［德］马丁·海德格尔：《存在与时间》，陈嘉映、王庆节译，生活·读书·新知三联书店2014年版，第176页。

② 卫茂平：《海德格尔翻译思想试论》，《外国语》1999年第5期。

③ 徐朝友：《阐释学译学研究》，南京大学出版社2013年版。

④ 禄玉萍、李文彬：《彝族钞本文献信息化中的原则问题探讨》，《兰台世界》2013年第32期。

相较于伽达默尔，斯坦纳则是直接论述了阐释学与翻译的关联。1975 年，他出版了专著《通天塔之后：语言与翻译面面观》（*After Babel*：*Aspects of Language and Translation*），该书被认为是一部"里程碑式的著作"。在该书中，斯坦纳认为"理解就是翻译"（understanding as translation），并从阐释学的角度提出了翻译的四个步骤：信赖（trust）、侵入（aggression）、吸收（incorporation）和补偿（restitution）[1]。斯坦纳的阐释学翻译四步骤对翻译研究具有很大的影响，不过因其用语具有明显的男性中心色彩，也招致了女性主义者的批评。除此之外，阐释学翻译研究的重要著作还有德利尔（Jean Delisle）的《翻译：阐释学视角》（*Translation*：*An Interpretive Approach*，1988）和勒内（Frederick Rener）的《阐释：从西塞罗到泰特勒的语言与翻译》（*Interpretation*：*Language and Translation from Cicero to Tytler*，1989）。按照勒内的看法，从西塞罗到泰特勒，阐释学的观点贯穿整个西方传统的翻译理论，即认为，与其说翻译是语言的操作，还不如说是阐释的过程[2]。

阐释学翻译研究是现代翻译研究中的热点话题之一。除了上面提到的这些阐释学的代表人物和经典著作外，还有大量的有关阐释学翻译研究的期刊论文和硕博士学位论文。有影响的期刊论文有：周兆祥（Simon S. C. Chau）的《阐释学与译者：翻译的本体维度》（Hermeneutics and the translator：The ontological dimension of translating，1984），卡尼（Richard Kearney）的《保罗·利科与阐释学翻译》（Paul Ricœur and the Hermeneutics of Translation，2007），Seong Woo Yun 和 Hyang Lee 的《贝尔曼翻译哲学的阐释学转向》（Hermeneutic Turn in Antoine Berman's Philosophy of Translation：The Influence of Heidegger and Ricoeur，2013）等。硕博士学位论文有格罗斯（Miles Groth）的《海德格尔的翻译哲学》（*Heidegger's Philosophy of Translation*，1997），瓦加德（Christine Laurel Caddel Vagad）的《通过翻译移植文化：阐释学工程》（*Transplanting Culture Through Translation*：*A Hermeneutic Project*，1997）等。

---

① George Steiner, *After Babel*：*Aspects of Language and Translation*，New York &London：Oxford University Press，1975.

② 参见郭建中《当代美国翻译理论》，湖北教育出版社 2000 年版，第 27 页。

纵观国外现有的这些文献，研究者们围绕理解、阐释与翻译的关系，文本意义确定与否，正确的理解的可能性，译者的主体性发挥，以及如何运用阐释学的理论去分析具体的翻译实践等话题进行了深入的探讨。相较于传统的翻译思想，阐释学派的翻译思想无疑为翻译研究开辟了一条新的道路。另外，因阐释学派本身是一个哲学流派，阐释学思想的引入无疑加深或更新了人们对翻译的理解。比如，阐释学对"历史性""先见"和"偏见"的讨论充分地让人们认识到了在现代理性和科学至上思维中被排斥在外的非理性因素的价值。翻译说到底是一项由人操作的语言文化转换活动。但语言学派的翻译思想在科学精神的支配下，力图消除翻译中人的因素的存在，这样的做法无疑是不客观的，本身也是不科学的。只要有人的存在，就必定有非理性因素的存在。人是社会性的、历史性的存在，因而，我们在谈论翻译的时候，不能将译者理想化，不能将译者和他们从事的翻译活动从社会和历史中剥离出来。只有客观地认识这些因素，我们才能正确地认识翻译、理解翻译。当然，我们也不能夸大这些因素的作用，那样我们就走向了另外一个极端。笔者认为，伽达默尔"视域融合"的观点就是对翻译的一个比较客观的认识。翻译既似原文又非原文，既包含译者的创造又非译者的创造，这种非此非彼，却又似此似彼的状态就是翻译的真实状态。

第二节　国外解构主义翻译思想述评

众多的研究者将解构主义翻译思想的开端追溯到本雅明，但本雅明的观点在当时并没有引起翻译界的关注。当他再次走到聚光灯前时已经是 20 世纪 80 年代的事情了。在某种程度上说，解构主义的翻译理论肇始于对本雅明《译者的任务》一文的阐释和发掘。以德里达和德·曼（Paul de Man，1919—1983）为首的解构主义者发现，他们的很多想法与本雅明不谋而合，于是《译者的任务》一文很快被奉为经典。而事实上，在本雅明之前的尼采那里，对传统和现代思想的解构已经开始。尼采可以说是 19 世纪最伟大的哲学家、思想家。尼采之后的哲学家如弗洛伊德（Sigmund Freud）、海德格尔、福柯（Michael Foucault）、德里达等无不受其影响，从他那里获得灵感和启发。尼采的思想处于现代与后现代之间，具有双重性。一方面，尼采继承了启蒙运动以来的现代主义精神；另一方面，尼采又对现代的理性、同一性进行了无情的批判，他提倡非理性，具有明显的后现代意识。正是鉴于尼采思想的两面性，笔者认为我们不能将尼采归入后现代的范畴。在此，笔者将尼采和本雅明的翻译思想视为解构主义翻译思想的萌芽阶段，而非正式阶段。

解构主义翻译思想是后现代翻译思想中的一个重要流派。有的学者曾将西方解构主义翻译思想的发展以本雅明、德里达和韦努蒂为代表总结为三个阶段：纯语言、延异和异化[①]。这种历史阶段的划分有一定的道理，但是，仔细思考，也有颇多问题。首先，解构主义翻译观的起源的确可以追溯到本雅明，但是我们能将本雅明归入解构主义学派吗？恐怕不能！高乾在其博士学位论文《本雅明寓言式翻译思想》（2010）和论文《本雅明和德里达翻译观之辩》（2014）中详细对比了本雅明和德里达翻译思想之差异。从中我们可以看到，本雅明不是严格意义上的解构主义者，相反，他应该是一个典型的现代主义者。其次，把"延异"作为解构主义翻译观第二阶段的主要观点应该是没问题的，但是把"异化"作为第三阶段的主要观点却是很有问题。一方面，"异化"其实已经包含在了"延异"的"异"中；另一方面把"异化"作为第三阶段的主要观点也有过于简化的缺陷。

在此，笔者在研读文献的基础上提出一种不同的划分。第一阶段：德里达、德·曼等通过解读《译者的任务》一文而提出解构主义翻译思想。第二阶段：其他学者通过解读和阐释德里达的著作而发展解构主义翻译思想。第三阶段：解构主义翻译思想在翻译的文化研究、后殖民翻译研究和女性主义翻译研究等流派中的运用与发展。在这里，笔者划分的这三个阶段并不是基于严格的时间顺序，而是出于研究内容的考虑。在相同或相近的时间里的研究因内容的差异可能被划分到不同的阶段。

在第一个阶段，众多的研究者对本雅明的《译者的任务》进行了深入的挖掘。雅各布斯（Carol Jacobs）的《狰狞的翻译》（The Monstrosity of Translation，1975），德里达的《巴别塔》（Des Tour de Babel，1985）

[①]　杨柳：《解构主义翻译观在中国的理论"旅行"》，《外国语》2007 年第 3 期。

和德·曼的《结论：本雅明的〈译者的任务〉》（"Conclusions"：Walter Benjamin's "The Task of the Translator"，1985）都是在《译者的任务》一文基础上阐发他们的解构主义翻译思想的。在这里，德里达无疑是解构主义者之中那颗最耀眼的星。德里达是作为哲学家而闻名于世的，但是他是一个"通过翻译而思"的哲学家，翻译是德里达哲学研究中的一个中心话题，因而他的翻译思想对翻译研究产生了重大的影响。1967年，他的三部著作《论文字学》（De la Grammatologie）、《书写与差异》（L'écriture et la Différence）和《声音与现象》（La Voix et le Phénomène）的出版标志着解构主义的成立。德里达对西方传统的逻各斯中心主义形而上学哲学展开了猛烈的批判。逻各斯中心主义形而上学设定事物和世界中有一种内在的、先天固有的、永恒的"逻各斯"、统一性或中心，它是事物和世界的根基，哲学和科学的目的就是全力发掘事物和世界中的这种"逻各斯"、统一性或中心，以深刻把握世界的运行规则①。但在德里达看来一成不变的中心根本不存在，那只是逻各斯中心主义者设想中的一种子虚乌有。世界从来就不是基于某一固定的中心、原点之上，不是基于统一性之上，而是基于事物与事物的差异关系之上②。德里达用了一系列的术语如"延异"（différance）、"散播"（dissémination）、"踪迹"（trace）和"增补"（supplement）来对传统的翻译理论进行解构，并提出了一套新的解说。德里达用这些术语来破除意义的超验性，指出意义并不是在场的，它存在时间上的延迟和空间上的差异；文本的意义并不是稳定的、关闭的，而是历史地构造的，随时都在进行增加或减少的游戏。原文与译文之间是一种互文共生的关系，都是更大的"纯语言"的碎片。

　　解构主义翻译思想发展的第二个阶段就是学者们就以德里达和德曼等为首的解构主义者的翻译思想进行介绍、阐发和批判。因格博（Alfhild Ingerberg）在其博士学位论文《译者之谜：翻译理论的后结构主义解读》（The Enigma of the Translator：A Poststructuralist Reading of

---

① 李龙泉：《解构主义翻译观之借鉴与批评》，博士学位论文，上海外国语大学，2006年。

② 同上。

Theories of Translation）中讨论了解构主义话语、互文性等话题①。尼南贾娜在其博士学位论文《让文本变得可读：翻译、后结构主义和殖民语境》（*Bringing the Text to Legibility：Translation，Post-Structuralism，and the Colonial Context*）中介绍了本雅明、德曼和德里达的解构主义翻译观②。达斯（Nirmal Dass）的博士学位论文《陷入混乱：巴别塔、翻译和奥登》（*The Fall into Confusion：Babel，Translation，Auden*）也是一篇涉及解构主义翻译的力作③。另外，根茨勒（Edwin Gentzler）在其博士学位论文《当代翻译理论》（*Contemporary Translation Theory*）中也用了一章的内容来介绍福柯、海德格尔和德里达的解构主义翻译思想④；芒迪（Jeremy Munday）也在其著作《翻译学导论：理论与应用》（*Introducing Translation Studies：Theories and Applications*）中用了一节的内容来介绍解构主义翻译思想⑤。然而，在众多的介绍和阐发解构主义翻译思想的著作中，影响力最大的当属戴维斯（Kathleen Davis）的专著《解构主义与翻译》（*Deconstruction and Translation*），该书对德里达的解构主义翻译思想进行了较为全面的解读和阐发⑥。

　　除了这些著作外，影响较大的论文有莉贝嘉（Comay Rebecca）的《翻译的地缘政治学：解构主义在美国》（Geopolitics of Translation：Deconstruction in America，1991）；班内特（Eve Tavor Bannet）的《雅克布逊、本雅明、德曼和德里达之后的翻译场景》（The Scene of Translation：

---

① Alfhild Ingerberg, *The Enigma of the Translator：A Poststructuralist Reading of Theories of Translation*, Ph. D. dissertation, Purdue University, 1986.

② Tejaswini Niranjana, *Bringing the Text to Legibility：Translation，Poststructuralism，and the Colonial Context*, Ph. D. dissertation, University of California, 1988. 该论文 1992 年出版专著时题目改为 *Siting Translation：History，Post-Structuralism，and the Colonial Context*。

③ Nirmal Dass, *The Fall into Confusion：Babel，Translation，Auden*, Ph. D. dissertation, York University, 1989. 这里的 Auden 指 Wystan Hugh Auden，英国著名诗人，后移民到美国。

④ Edwin Gentzler, *Contemporary Translation Theory*, Ph. D. dissertation, Vanderbilt University, 1990.该博士论文修订后于 1993 年以专著形式出版，在翻译界具有较大影响。

⑤ Jeremy Munday, *Introducing Translation Studies：Theories and Applications*, London and New York：Routledge, 2001.

⑥ Kathleen Davis, *Deconstruction and Translation*, Manchester & Northampton：St. Jerome Publishing, 2001.

After Jakobson, Benjamin, de Man, and Derrida, 1993）；科斯基宁
（Kaisa Koskinen）的《不可译之（误）译：解构主义和后结构主义对翻
译理论的影响》［（Mis）Translating the Untranslatable：The Impact of De-
construction and Post-structuralism on Translation Theory, 1994］；韦努蒂
的《德里达翻译论之翻译：关联与学科阻力》（Translating Derrida on
Translation：Relevance and Disciplinary Resistance, 2003）；克鲁格
（J. L. Kruger）的《翻译踪迹：解构主义与翻译实践》（Translating
Traces：Deconstruction and the Practice of Translation, 2004）；瓦尼（Jen-
nifer Varney）的《解构主义与翻译：定位、相关性与译者权力》（De-
construction and Translation：Positions, Pertinence and the Empowerment of
the Translator, 2008）等。这些论文从不同的方面介绍了以德里达为首
的解构主义翻译思想以及他们的著作的译介和接受情况。当然，并不是
所有的人都对解构主义翻译思想持肯定的态度。皮姆（Anthony Pym）
就对把解构主义思想作为一种普遍的翻译理论持怀疑态度①。

　　在解构主义翻译研究的第三阶段，解构主义翻译思想进一步深入发
展。部分研究者继续从哲学和翻译本体范围内深入和发展解构主义翻译
思想，如罗宾逊在《译者登场》（*The Translator's Turn*）中提出了"翻
译身体学"（the somatics of translation），强调译者的直觉、情感和身体
信号等非理性因素②；韦努蒂在《译者隐身》（*Translator's Invisibility*：*A
History of Translation*）中表达了对长期以来译者处于隐身状态的不满，
他提倡用"异化"的翻译策略来让译者显身，抵抗西方文化霸权主义
和民族中心主义③。还有很多研究者积极把解构主义翻译思想与后殖民
研究、性别研究和文化研究结合起来，形成了具有明显派系的后殖民翻
译学派，女性主义翻译研究学派和翻译的文化研究学派。解构主义翻译
思想在这三个学派中的运用就是解构主义翻译研究发展的第三阶段。因

---

① Anthony Pym, "Doubts about Deconstruction as a General Theory of Translation", *Tradterm*,
No. 2, 1995, pp. 11-18.

② Douglas Robinson, *The Translator's Turn*, Baltimore：The Johns Hopkins University Press,
1991.

③ Lawrence Venuti, *The Translator's Invisibility*：*A History of Translation*, London and New
York：Routledge, 1995.

在后面会单独分节综述这三个学派的研究，在此就不详细陈述。

第三节　国外操控学派翻译思想述评

"操控学派"，有的学者又称为"摆布学派"，是指以赫曼斯（Theo Hermans）、兰伯特（José Lambert）和勒菲弗尔等为首的翻译研究学派。在本书中，笔者将"操控学派"归入后期的"文化学派"，以区别于早期文化学派的"多元系统理论"和"描写理论"。对一些学者而言，"操控学派"其实就等于"文化学派"。不过，笔者考虑到"文化学派"是一个比较宽泛的概念，并且文化学派中有的派系思想较为温和，有的更为激进。因此，笔者将观点比较激进的"操控学派"归入到了后现代翻译思想的范畴，将其他观点较为温和的学派归入现代主义翻译思想的范畴。

"操控学派"一词源于1985年赫曼斯编的《文学操控：文学翻译研究》（*The Manipulation of Literature：Studies in Literary Translation*）一书。在这本书的标题中，赫曼斯根据勒菲弗尔的建议使用了"操控"（manipulation）一词。后来，佛兰克（Armin Pail Frank）首先采用了"操控学派"（manipulation group）一说，并经霍恩比（Mary Snell Hornby）的使用，"操控学派"一词最终被学界接受，视为翻译研究的一个主要流派①。有的学者将早期的佐哈尔（Zohar）等的"多元系统理论"和图里（Gideon Toury）等的"描写理论"也归入"操控学派"。事实上，"操控学派"与"多元系统理论"和"描写理论之间"确实存在很深的渊源。"操控学派"的很多思想就源自早期的这两个学派，并且像"操控学派"的代表人物之一赫曼斯本身也是系统—描写学派的代表人物。但是，考虑到"操控学派"对传统翻译思想的批判更为彻底，更为激进，因此笔者还是将其视为不同的学派。

追本溯源，其实"多元系统理论"也不是"操控学派"最初的理论源头，其源头应该追溯到福柯的"权力话语"，甚至更早的尼采的

---

① Theo Hermans, *Translation in System：Descriptive and System-oriented Approaches Explained*, Manchester：St. Jerome Publishing, 1999, p. 8.

"权力意志"理论。尼采在叔本华（Arthur Schopenhauer，1788—1860）的"唯意志论"的基础上提出了他的"权力意志"之说。"权力意志"之说最早出现在尼采的《扎拉图斯特拉如是说》（*Also spauch Zarathustra*），并成为其后期哲学的核心概念。尼采所谓的权力并非指政治权力，也非指武力的物理强制力，而是指一种蕴含一切可能、突破一切阻碍、积极向上的内在生命力①。尼采把"权力意志"看作一切事物的出发点，利用它来批判一切，重新评估一切，用它来否定理性和上帝的存在。尼采的"翻译即征服"的理论就是根植于他的"权力意志"之说。他对古罗马人征服古希腊文化的行为大为赞赏。在尼采看来，译者作为一个强者，就要对他者采取一种征服的态度。尼采曾说："事实上，翻译就是一种征服。翻译中不仅会省略掉一些历史信息，也会增加一些当今的典故。还删去作者的名字，取代之以译者自己的名字。这种取代并非像小偷那般偷偷摸摸，而是像罗马帝国征服希腊那般光明正大。"（Indeed translation was a form of Conquest. Not only one omit what was historical；one also added allusions to the present and，above all，struck out the name of poet and replaced it with one's own—not with a sense of theft but with the very conscience of the imperium Romanum.）② 从这里看来，尼采的翻译观比后来勒菲弗尔的理论更为激进。尼采的哲学思想影响深远，他之后的福柯就深受他的影响。虽然没有直接的证据，但我们相信勒菲弗尔或多或少也受惠于尼采。

如果说尼采的"权力意志"之说对"操控学派"的影响是间接的、模糊的，那么之后的福柯提出的"权力话语"理论就是"操控学派"的直接的理论源头。福柯是后现代主义的先驱，他的知识谱系学、话语理论和对权力机制的分析是对现代的中心话语和正统话语的颠覆。在福柯看来，权力就像一张网络，无处不在。权力是影响、控制话语的最根本的因素；权力与话语密不可分，真正的权力是通过话语来实现的③。

---

① 李洁：《谈谈尼采的权力意志思考》，《哲学动态》1998 年第 8 期。

② Friedrich Nietzsche，"Translation as Conquest"，in Douglas Robinson，ed.，*Western Translation Theory：From Herodotus to Nietzsche*，London & New York：Routledge，1997，p. 262.

③ 王治河：《福柯》，湖南教育出版社 1999 年版，第 128 页。

按照福柯的权力话语理论，翻译就是一项在权力控制之下的话语活动，是为权力服务的。据此，笔者认为福柯的权力话语理论至少可以给翻译研究提供以下三点启示：（1）作为一种话语活动，翻译并不发生在真空之中，而是处于权力网络的控制之下。（2）意义并不是客观存在的，他不过是权力话语运作的结果。（3）作为翻译活动主体的译者也是处于权力话语控制之下的，译者翻译什么，怎样译，很多时候并不完全是译者主体性的体现，而是权力话语控制之下的结果。在这一点上，尼采与福柯的观点有所不同。尼采宣布"上帝已死"，是要将人从宗教的桎梏中解放出来，用人性取代神性。福柯宣告"人已死"，是要瓦解人的超验性和中心性。尼采与福柯的这一区别也是后现代翻译思想中的一大悖论：一方面，部分后现代主义者赋予了译者无上的自主性，似乎可以恣意妄为；另一方面，一些派别的后现代主义者又认为译者不过是权力话语操控之下的传声筒，毫无主体性可言。其实，二者表面看起来截然不同，在更深的层次上二者却是殊途同归的。宣扬"上帝已死"是为了解放人，宣告"人已死"其实也是为了揭示在现代工具理性的支配之下，人已经异化成了工具，其目的还是显示对"人"的关怀。

尼采和福柯的理论对"操控学派"的翻译理论有重大的影响和启发，但是毕竟他们是以哲学家著称，而非翻译理论家。到20世纪八九十年代，赫曼斯与勒菲弗尔等将他们的思想直接运用到了翻译研究之中，对翻译研究产生了直接的影响。赫曼斯在《文学操控：文学翻译研究》一书中，在勒菲弗尔的建议之下首先使用了"操控"一词。另外，赫曼斯在书中还说："从目的语文学的角度来看，所有的翻译都是为了某种目的在一定程度上对原文的操控。"① 赫曼斯虽然首开先例地使用了"操控"一词，然而真正让"操控学派"声名鹊起，发展成翻译研究中一个独立门派的却是勒菲弗尔。勒菲弗尔是翻译研究界旗帜般的人物，他一生著作颇丰，其影响力也许只有奈达（Eugene Nida）、韦努蒂等少数研究者能与之比肩。概而言之，勒菲弗尔的影响力主要体现在三个方面：第一，他提出了"翻译即改写"的观点。勒菲弗尔在他的论

---

① Theo Hermans ed. , *The Manipulation of Literature*：*Studies in Literary Translation*，London & Sydney：Croom Helm，1985，p. 11.

文《为什么要花时间改写？另类视角中阐释和改写角色的问题》（Why Waste Our Time on Rewriters? The Trouble with Interpretation and the Role of Rewriting in an Alternative Paradigm）中提出了"改写"的概念，取代了他早期的"折射"（refraction）之说①。在勒菲弗尔看来，翻译与资料编撰、批评、历史撰写和文字编辑一样，都是某种形式的改写。"改写即操控"，翻译的改写是为特定的意识形态服务的②。第二，他提出了操控翻译的三要素：意识形态、诗学和赞助人。这三个要素直接体现了福柯对勒菲弗尔的影响。在笔者看来，我们可将这三个要素归结为一个，即福柯的权力话语。这样可能更为简洁，更为恰当。第三，他在与巴斯奈特（Susan Bassnett）合编的《翻译、历史、文化》（Translation, History, Culture）一书中提出了"翻译研究的文化转向"的口号。文化转向极大地改变了翻译研究的范式，从根本上改变了传统翻译研究的面貌。勒菲弗尔的翻译思想在收获肯定的同时，因他"改写"和"操控"之说过于偏激，也遭受了不少批评。相关的内容我们放到后面的章节中进行讨论。

"操控学派"是当今非常具有影响力的一个翻译研究学派，参与讨论的研究者众多。除了上面提到的这些代表人物外，国外相关话题的重要著作还有赫曼斯著的《系统中的翻译：描写与系统方法解说》（Translation in Systems: Descriptive and System – oriented Approaches Explained, 1999），班迪拉（Laura Bandiera）和萨格力亚（Diego Saglia）编的《英国浪漫主义和意大利文学：翻译、评论和改写》（British Romanticism and Italian Literature: Translating, Reviewing, Rewriting, 2005），桑塔米里亚（Jose Santaemilia）编的《性别、性与翻译：身份的操控》（Gender, Sex and Translation: The Manipulation of Identity, 2005）等。除此之外，还有大批的期刊论文和硕博学位论文，在此，笔者就不一一评述。

---

① André Lefevere, "Why Waste Our Time on Rewrites? The Trouble of Interpretation and the Role of Rewriting in an Alternate Paradigm", in Theo Hermans ed., *The Manipulation of Literature: Studies in Literary Translation*, Beckenham: Croom Helm, 1985, pp. 215–243.

② 刘军平：《西方翻译理论通史》，武汉大学出版社 2009 年版，第 418 页。

总体来说，"操控学派"对传统翻译思想而言是一个非常具有颠覆性的翻译研究流派，在这里，传统的"忠实"和"对等"等概念遭遇了巨大的挑战。"操控学派"以直接明了，甚至比较极端的语言表明了翻译并不单纯是一项语言转换的活动，而更多的是一种在权力支配下的话语活动。将研究的对象置于社会文化之中来考察，应该说是当今所有人文学科的一个共同的倾向，翻译研究当然也不例外。不过，"操控学派"在这方面似乎走得太远，走向了极端，因而难免遭受批评。另外，"操控学派"对权力话语的控制力强调得有点过分，在该理论之下，人似乎已经完全丧失了能动性。虽然单个的人在与社会的对抗之中，常常处于失败之境，但是，实际上人不仅会被动地适应社会，还会主动地改造社会。翻译活动也一样，翻译并非完全地屈服于权力的控制，翻译活动还具有颠覆与批判的一面。在很多时候，人对社会的主动改造和翻译等文学艺术活动对社会之批判都是难能可贵的，不应该完全否决掉。

尽管也遭受了不少批判，但"操控学派"对翻译研究的巨大贡献不应该抹杀。另外，"操控学派"与"多元系统学派""描写翻译研究学派""后殖民翻译研究学派"和"女性主义翻译研究学派"之间都具有紧密的联系，各个学派在思想上都有一定的共通性，因而对翻译研究具有特别重要的意义。

第四节　国外后殖民主义翻译思想述评

后殖民主义翻译研究是后现代翻译研究的重要流派之一，也是当今翻译界的热点话题之一。后殖民主义翻译研究是后殖民研究与翻译研究相结合的产物。后殖民主义研究兴起于20世纪四五十年代，那时，随着第二次世界大战的结束，欧洲帝国在战争中被削弱，亚洲、非洲和拉丁美洲的殖民地纷纷获得独立。世界从此由殖民时代进入后殖民时代。然而，后殖民主义研究并不局限于殖民地独立后的历史时段，也不局限于宗主国和原殖民地之间。罗宾逊在《翻译与帝国：后殖民理论解说》（*Translation and Empire*：*Postcolonial Theories Explained*）中给后殖民研究给出了三种定义：

（1）研究欧洲的前殖民地独立后的历史。研究它们独立后如何应对、适应、抵抗或克服殖民主义的文化遗留。在这里，"后殖民"指的是殖民统治结束后的文化。其所涵盖的历史时期大致为20世纪下半叶。(The study of Europe's former colonies since independence; how they have responded to, accommodated, resisted or overcome the cultural legacy of colonialism during independence. "Postcolonial" here refers to cultures after the end of colonialism. The historical period covered is roughly the second half of the twentieth century.)

（2）研究欧洲的前殖民地自殖民时期以来的历史。研究它们自成为殖民地以来是如何应对、适应、抵抗或克服殖民主义的文化遗留。"后殖民"这里指成为殖民地以后的文化，其历史时期从16世纪一直持续到现代时期。(The study of Europe's former colonies since they were colonized; how they have responded to, accommodated, resisted or overcome the cultural legacy of colonialism since its inception. "Postcolonial" here refers to cultures after the beginning of colonialism. The historical period covered is roughly the modern era, beginning in the sixteenth century.)

（3）研究所有的文化、社会、国家或民族之间的权力关系。研究征服者如何让被征服者屈从于他们的意志；被征服者是如何应对、适应、抵抗或战胜压迫。这里，"后殖民"指的是20世纪晚期对政治、文化、权力关系的思考。其所涵盖的历史时期就是整个人类历史。(The study of all cultures/societies/countries/nations in terms of their power relations with other cultures etc.; how conqueror cultures have bent conquered cultures to their will; how conquered cultures have responded to, accommodated, resisted or overcome that coercion. 'Postcolonial' here refers to our late-twentieth-century perspective on political and cultural power relations. The historical period covered is all human history.)①

---

① Douglas Robinson, *Translation and Empire. Postcolonial Theories Explained*, Manchester: St. Jerome, 1997, pp. 13-14.

这三个定义的范围一个比一个大，不同的研究者往往也根据自身的需要而采用不同的定义。在翻译界，起初"后殖民研究"多局限于第一种和第二种定义，学者们主要考察殖民者是怎样利用翻译来塑造殖民地的形象，翻译如何成为殖民者的"共谋"来加强殖民者的权力，维持殖民统治；同时，学者们也在思考，（原）殖民地的人民如何利用翻译来反抗宗主国的文化霸权。但是，现在翻译界越来越多的研究者倾向于采用罗宾逊提到的第三种定义，据此，后殖民翻译研究就是考察翻译在建构不同文化、社会、国家或民族之间的不平等权力关系中的历史与作用；征服者或强势文化如何利用翻译来推行文化霸权，让被征服者或弱势文化屈从；被征服者或弱势文化如何利用翻译抵抗、克服和瓦解征服者或强势文化的文化殖民主义。从此，后殖民翻译研究就跳出了宗主国—殖民地论域的限制，涵盖全人类的整个历史。这样，后殖民翻译理论就成为一个更具一般意义的翻译理论。

后殖民翻译研究的萌芽可以追溯到 20 世纪四五十年代。林哈德（Godfrey Lienhardt）等人类学家和历史学家在考察土著民文化的时候意识到"用自己的语言来描述遥远部落居民的思想在很大程度上就是翻译"①。因而，他们顺便从人类学的角度论及了"文化翻译"的话题。而后殖民翻译研究真正兴起已经是 20 世纪七八十年代的事了。后殖民研究的"三剑客"萨义德（Edward Said），斯皮瓦克和霍米·巴巴（Homi K. Bhabha）的研究为后殖民翻译研究奠定了基础。

萨义德在 1978 年发表的《东方学》（Orientalism）是后殖民研究的奠基之作。"东方学"原是研究东方各国的历史、文学、文化等学科的总称。然而，在萨义德看来，"东方学"所塑造的东方并不是真正的东方，是虚构的东方，它反映的是西方的偏见。"东方学"中的东方往往是落后、野蛮、愚昧、神秘和阴柔的，而相反西方却是进步、文明、开明、清晰和阳刚的，西方优越于东方。西方之所以将东方塑造成异己的他者，一方面是为了满足西方的猎奇心态，另一方面也是美化殖民统治，将殖民活动美化成开化活动。从本质上说"东方学"不过是西方

① Godfrey Lienhardt, "Modes of Thought", in E. E. Evans‑Pritchard et al. eds., *The Institutions of Primitive Society*, Oxford: Basil Blackwell, 1954, pp. 95–107.

为了控制东方而构建的一种政治教义。翻译跟文学创作、游记、新闻报道等一样，都是西方用来塑造、扭曲东方的话语工具。在翻译中，东方被变形和扭曲。在此过程中，东方没有话语权，不能表达自己，东方必须通过西方来表达。萨义德虽然并不是翻译理论家，但是他的理论对后殖民翻译研究具有重大的启发意义。西方虚构东方的历史事实告诉我们，翻译绝对不仅仅是一种语言转换的活动，它是殖民者用来征服殖民地、美化殖民统治的一种权力话语。

相对于萨义德而言，斯皮瓦克与翻译研究的关系更为直接。斯皮瓦克的研究兴趣十分广泛，涉及解构主义、女性主义、后殖民主义、马克思主义、翻译研究和比较文学等众多领域。她的《庶民能说话吗?》（Can the Subaltern Speak?，1985）一文也是后殖民理论的奠基作之一。同时，她还是德里达的著作《论文字学》的英文译者，并在其长序中向美国人介绍和评价了德里达的解构主义思想。斯皮瓦克的翻译思想主要体现在她的《翻译的政治》（The Politics of Translation，1992）一文中。斯皮瓦克认为翻译是最亲密的阅读行为（Translation is the most intimate act of reading）；在她看来，所有阅读都是翻译①。后殖民语境下的翻译是一项复杂的话语实践活动，它涉及政治、权力和文化等因素的介入。斯皮瓦克有关翻译的论述凸显了翻译中的政治因素，拓展了翻译研究的范围。

霍米·巴巴是世界著名的后殖民理论家，也是一位多产的理论家。他著作颇丰，其中在翻译界最具影响力的是他的《民族与叙事》（*Nation and Narration*，1990）和《文化定位》（*The Location of Culture*，1994）。在《民族与叙事》一书中，霍米·巴巴认为民族是一个通过想象而建构的社会共同体，而翻译作为一种话语实践活动参与了民族的建构②。他的《文化定位》一书被认为是文化批评研究及后殖民研究理论上进入成熟的标志，是有关文化、文学及历史研究方面分析最犀利、最深刻的著作，讨论后现代、后殖民的翻译研究如果不涉及该著作是不可

---

① Gayatri Spivak ed. , *Outside in the Teaching Machine*, New York：Routledge, 1993, pp. 179-200.

② Homi K. Bhabha ed. , *Nation and Narration*, London and New York：Routledge, 1990.

想象的①。在翻译研究中具有重要意义的概念"杂合"（hybridity）就是在该书中提出来的。霍米·巴巴用"杂合"一词，打破了传统上那种非此即彼的二元对立的桎梏。"杂合"就是你中有我，我中有你，它模糊了殖民者和被殖民者的界限，从而打破了殖民话语的权威。翻译从本质上来说就是一个"杂合"的产品。在后殖民语境下，翻译的"杂合"就是对殖民权力话语的一种抵抗和消解。霍米·巴巴的理论对翻译研究的启示并不局限在这一点上。刘军平认为霍米·巴巴的理论对翻译研究带来了四点崭新视角：首先，翻译不再是简单的技术复制，而是传递不同的文化价值观，话语实践活动是主流文化与边缘文化之间的一种角逐；其次，翻译作为一种文化活动可以构建"想象的共同体"，从而证明了意识形态强大的操纵能力，也说明了话语实践的行为性，翻译可以构造民族身份和认同；再次，翻译是一种文化间性行为，这种文化间性不是简单地将两种文化相加，其混杂性的内容比文化简单的结合要丰富得多；最后，翻译是代表不同族群、不同身份立场之间的一种谈判、调停和阐释②。刘军平对霍米·巴巴的总结无疑是比较完整的。

　　"三剑客"萨义德、斯皮瓦克和霍米·巴巴虽然为后殖民翻译研究奠定了基础，但是他们都不是严格意义上的翻译研究者，他们对翻译研究的贡献更多的是他们的作品对翻译研究的启发，而非直接论述翻译。最早将翻译与后殖民研究结合起来的翻译研究者要算尼南贾娜。在其博士学位论文《让文本变得可读：翻译、后结构主义和殖民语境》中，尼南贾娜阐述了翻译问题与后殖民状况的关联，并将萨义德的后殖民观和福柯的权力话语理论引入翻译研究。通过回顾印度的殖民翻译历史，她考察了殖民者为了维护殖民统治是怎样利用翻译来建构扭曲的东方形象，如何将殖民者的意识形态强加在殖民地身上的。尼南贾娜还在论文的结尾提出了"破坏性翻译"（translation as disruption）的观点，将翻译看作殖民地用来抵抗、破坏和消解西方殖民中心的策略。

　　在尼南贾娜之后，国际上后殖民翻译研究进入繁荣时期，一大批重

---

① 刘军平：《西方翻译理论通史》，武汉大学出版社 2009 年版，第 516—517 页。

② 同上书，第 517 页。

要的专著、论文集和论文相继发表出来。重要的专著有切菲兹（Eric Cheyfitz）的《帝国主义诗学：从暴风雨到人猿泰山的翻译与殖民化》（*The Poetics of Imperialism：Translation and Colonization from the Tempest to Tarzan*，1991）；拉斐尔（Vicente L. Rafael）的《缔结殖民主义：翻译与西班牙早期统治下的塔葛拉格社会中的基督教皈依》（*Contracting Colonialism：Translation and Christian Conversion in Tagalog Society under Early Spanish Rule*，1988）；罗宾逊的《翻译与帝国》；提莫志科（Maria Tymoczko）的《后殖民语境中的翻译：英语翻译中的早期爱尔兰文学》（*Translation in a Postcolonial Context：Early Irish Literature in English Translation*，1999），威尔·哈桑（Wail S. Hassan）的《移民叙事：阿拉伯裔美国和阿拉伯裔英国文学中的东方主义和文化翻译》（*Immigrant Narratives：Orientalism and Cultural Translation in Arab American and Arab British literature*，2011）等。具有影响力的论文集有阿尔瓦雷（Román Álvarez）和维达尔（M. Carmen-África Vidal）合编的《翻译、文化、颠覆》（*Translation，Power，Subversion*，1996）；巴斯奈特和特里维迪（Harish Trivedi）合编的《后殖民翻译：理论与实践》（*Post-colonial Translation：Theory and Practice*，1999）；西蒙（Sherry Simon）和圣皮埃尔（Paul St-Pierre）合编的《变换术语：后殖民时代的翻译》（*Changing the Terms：Translating in the Postcolonial Era*，2000）；提莫志科和根茨勒合编的《翻译与权力》（*Translation and Power*，2002）；博塔科（Simona Bertacco）编的《后殖民文学中的语言与翻译：多语语境与翻译文本》（*Language and Translation in Postcolonial Literatures：Multilingual Contexts and Translational Texts*，2014）等。博士学位论文有 Gertrudis Payas Puigarnau 的《翻译在民族身份构建中的角色：以 1521—1821 殖民统治下的墨西哥为例》［*The role of translation in the Building of National Identities：The Case of Colonial Mexico（1521—1821）*］。除此之外，还有大量的期刊、会议论文。后殖民翻译研究之繁荣，从此可以窥见一斑。

　　通过细读这些文献，笔者将国外后殖民主义翻译研究的内容归纳为如下几个方面：（1）回顾翻译与后殖民研究结合的历史，探究后殖民翻译研究的定义、研究范围以及翻译在后殖民研究中的作用，如阿萨德①（Talal Asad）、罗宾逊②等。（2）审查各个殖民地国家在殖民统治时期以及后殖民时期的翻译活动，揭露翻译如何与权力共谋来维护殖民统治，如尼南贾娜对印度殖民翻译历史的研究③；拉斐尔对西班牙殖民统治菲律宾时期的宗教翻译的研究④；提莫志科对早期爱尔兰文学英译的研究⑤；Jacobus A Naudé 和 Cynthia L Miller-Naudé 对《圣经》和《可兰经》在非洲的翻译情况的研究⑥等。（3）寻找恰当的翻译策略用以抵抗和消解文化殖民主义和文化霸权主义，如：尼南贾娜的"破坏性翻译"策略，霍米·巴巴的"杂合"策略，韦努蒂的"异化翻译"策略，巴西坎波斯兄弟（Augusto de Campos & Harold de Campos）提出的"食人主义"等翻译策略。（4）殖民语境下翻译与民族、种族和身份的构建之间的关系，如 David Winks⑦，Simon Gikandi⑧ 等。（5）考察"离散文学"（diaspora literature）的写作与翻译情况，如威尔·哈桑（Waïl Hassan）对阿拉伯裔美国文学和阿拉伯裔英国文学的研究⑨；班迪亚

---

① Talal Asad，"The Concept of Cultural Translation in British Social Anthropology"，in Clifford，J. & Marcus，G. E. eds.，*Writing Culture：The Poetics and Politics of Ethnography*，Berkeley &Los Angeles：University of California Press，1986.

② Douglas Robinson，*Translation and Empire. Postcolonial Theories Explained*，Manchester：St. Jerome，1997，pp. 13-14.

③ Tejaswini Niranjana，*Bringing the Text to Legibility：Translation，Poststructuralism，and the Colonial Context*，Ph. D. dissertation，University of California，1988.

④ Vicente L. Rafael，*Contracting Colonialism：Translation and Christian Conversion in Tagalog Society under Early Spanish Rule*，Durham：Duke University Press，1988.

⑤ Maria Tymoczko，*Translation in a Postcolonial Context：Early Irish Literature in English Translation*，Manchester：St. Jerome Publishing，1999.

⑥ Jacobus A Naudéand Cynthia L Miller-Naudé，"Colonial and Postcolonial Encounters with the indigenous：The Case of Religious Translation in Africa"，*Southern African Linguistics and Applied Language Studies*，Vol. 29，No. 3，2011，pp. 313-329.

⑦ David Winks，"Forging post-colonial identities through acts of translation?"，*Journal of African Cultural Studies*，Vol. 21，No. 1，2009，pp. 65-74.

⑧ Simon Gikandi，"Cultural Translation and the African Self A（post）Colonial Case Study"，*Interventions*，Vol. 3，2001，pp. 355-375.

⑨ Waïl Hassan，*Immigrant Narratives：Orientalism and Cultural Translation in Arab American and Arab British Literature*，Oxford：Oxford University Press，2011.

（*Paul F. Bandia*） 的论文集《法语话语的写作与翻译：非洲、加勒比及离散》（*Writing and Translating Francophone Discourse*：*Africa*，*the Caribbean*，*Diaspora*） 就是有关加勒比和非洲的法语区的流散写作和翻译的①。在后殖民翻译理论看来，离散作家的创作本身就是一种翻译行为。

　　从上面对后殖民翻译研究的历史回顾和研究内容的简单总结中，我们可以看到，后殖民翻译研究中的翻译事实上已经远远不是传统的文字转化意义上的翻译。翻译在后殖民语境下更多是一种维护和抵抗殖民统治的权力话语实践活动，是一种认知他者和建构自我身份的话语活动。因此，后殖民语境下的翻译研究已经摆脱了把翻译看作纯粹的语言工具的功能主义观念，而更多的是"通过翻译而思"。

第五节　国外女性主义翻译思想述评

　　女性主义翻译研究兴起于 20 世纪 80 年代，是女性主义运动与翻译相结合的产物。女性主义翻译研究深受德里达的解构主义思想的影响，通过揭示历史上一些将女性和翻译贬低为次要的、从属的隐喻和其他话语活动，对传统的男权中心、原作中心进行了猛烈的批判和解构。女性主义者将翻译视为一项为女性发声，争取权力的话语活动，女性主义者在翻译实践中不甘于做一个"透明的译者"，他们采取各种策略，积极显身，给译文打上女性的烙印。

　　女性主义翻译研究的兴起是以西方的女性主义运动为基础的。女性主义运动在西方大致经历了三个发展阶段。第一阶段为 19 世纪后期至 20 世纪初。在此阶段女性主义运动的主要目标是为女性在教育、法律和经济上争取平等权利。第二阶段为 20 世纪六七十年代。这时期的女性主义分化为"自由主义的女性主义""马克思主义的女性主义"和"激进主义的女性主义"等派别。"自由主义的女性主义"主张通过政治和法律改革来获得平等权利。"马克思主义的女性主义"认为女性受压迫的状况不仅是父权制的产物，更是资本主义私有制的产物，因而女

---

　　①　Paul F. Bandia, *Writing and Translating Francophone Discourse*：*Africa*，*the Caribbean*，*Diaspora*，Amsterdam：Rodopi，2014.

性的解放必须伴随以社会公正和经济公正。"激进主义的女性主义"试图以性别压迫来解释许多社会压迫，认为妇女受压迫的根本原因是以权力、统治、等级制为特征的父权制的存在，妇女要真正获得解放，不仅要摧毁这一体制的法律和政治结构，也要摧毁它的社会和文化结构，包括家庭、社会和学校①。

女性主义运动的第三次浪潮兴起于 20 世纪八九十年代。在此阶段，女性主义受后现代主义思想的影响，因而这一阶段的女性主义运动称为"后现代主义的女性主义"。这一阶段的代表人物有西苏（Hélène Cixous）、克里斯蒂娃（Julia Kristeva）和伊利格瑞（Luce Irigaray）等。她们认为，父权社会造就了男性的统治地位，将女性视为"他者"，从而导致了女性的备受压迫和边缘化。因此，女性主义者以性别为切入点，从历史、文化、社会和家庭等各方面全方位地揭示父权制对女性的迫害，试图颠覆男性中心，建立女性主义话语。这一时期的女性主义运动话题多样，涉及女性特异性、种族、外貌歧视、性取向、同性恋等诸多话题。这一时期的观点都比较激进，几乎对传统社会中一切有关两性的价值规范都提出了挑战。一些女性主义者为了给女性争取权力，不惜剑走偏锋，不但要消解传统的男主女次的权力结构，更是走向极端，提出女性统治男性的要求。当然，这些极端的观点也给女性主义招致了批评和骂名。

翻译研究与女性主义运动正是在第三个阶段内走到了一起。女性主义与翻译研究的结合有两点原因。一点是基于理论现实基础之上的，另一点是修辞喻说之上的。就理论现实基础而言，女性主义者认为性别（gender）并不是自然属性上的特征，而是社会属性的，是通过各种话语历史地构建的。女性不是生而为女性，女性不是生来就处于从属的、受压迫的边缘地位。在历史长河中，语言一直都是建构女性的性别和女性的地位的重要因素。因此，女性主义者一方面要全面揭示各种语言活动如何被男权利用来扭曲女性形象，压迫女性；另一方面她们也积极利用语言的场域，通过各种语言活动来瓦解男权话语，建构女性话语，从而为女性争取权力。女性主义者认为，"语言是意义争夺的场所，是主

---

① 　倪志娟：《女性主义研究的历史回顾和当代发展》，《江西社会科学》2005 年第 6 期。

体检验和自我证明的竞技场"。（... language as a site of contested meanings，as an arena in which subjects test and prove themselves.）① 同时，"女性通过语言而获得解放"（La libération des femmes passe par le langue）也是这个时期女性主义运动的重要口号之一。而翻译恰恰是一项重要的语言活动。因而，翻译研究与女性主义的结合就不足为奇了。

另外，在修辞上，翻译通常被比作女性。翻译与女性在传统的喻说中具有很大的相似性。这也是翻译研究与女性主义结合，从而产生"女性主义翻译研究"流派的重要原因之一。不论是弗洛里欧（John Florio）的总结"所有翻译都是有缺陷的，因而是女性的"，还是梅纳日（Giles de Ménage）的双关语"漂亮而不忠实"（les belles infidèles），还是哈伍德（Sussanne de Lotbinière-Harwood）的自嘲"我是翻译，因为我是女人"②，都揭示了翻译与女性的共同点：翻译和女性都是派生的，有缺陷的，次要的；翻译和女性都要忠实（忠实于原文或丈夫）。女性主义翻译研究正是抓住了这种修辞喻说上翻译与女性的共性，从而致力于揭示和批判那种将女性和翻译打入社会和文学底层的话语活动。这是女性主义翻译研究的重要内容之一。

翻译研究与女性主义相识于 20 世纪 70 年代，但正式结合于 80 年代。在 70 年代，女性主义者将传统的语言视为父权的语言，是男性构建的语言，是女性受压迫的根源之一。父权语言只反映男性的现实，因此，要想语言能反映女性的特殊性，必须对语言进行全面的改造。于是，女性主义作家纷纷通过实验写作来揭示传统语言中的性别歧视，改造语言，建构女性话语。然而，女性主义者来自欧洲、美洲以及第三世界各国，她们相互之间要沟通，就必定要通过翻译，就这样翻译与性别建立了联系。同时，对女性主义者而言，女性写作本身就是一种翻译。到了 20 世纪 80 年代，随着翻译研究的文化转向，翻译研究正式与性别研究结合，从而产生了女性主义翻译研究。

---

① Sherry Simon, *Gender in Translation*: *Cultural Identity and the Politics of Transmission*, London & New York: Routledge, 1996.

② Susanne de Lotbinière-Harwood, *The Body Bilingual*: *Translation as a Rewriting in the Feminine*, Montreal and Toronto: Les Éditions du remue-ménage and Women's Press, 1991, p. 95.

　　翻译研究与女性主义的结合对传统的翻译理论与实践带来了强烈的冲击，它拓展了翻译研究的领域，更新了人们对翻译的看法。女性主义翻译研究最早始于加拿大。1984 年女性主义者马拉特（Daphne Marlatt）、梅齐（Kathy Mezei）、戈达德（Barbara Godard）和司各特（Gail Scott）创办了期刊《特色拉》（*Tessera*），用以向其他人翻译和介绍加拿大魁北克女性主义者的作品，该杂志十分重视翻译问题。1985 年迪奥卡赫兹（Myriam Díaz-Diocaretz）出版了第一部有关女性主义与翻译研究的专著《翻译诗学话语：论艾德丽安·里奇女性主义策略的问题》（*Translating Poetic Discourse*：*Questions on Feminist Strategies in Adrienne Rich*）。该书似乎影响不大，国内外的研究者都很少关注到该书，以至于有的研究者误以为六年后哈伍德撰写的《双语人：女性主义的翻译改写》（*The Body Bilingual*：*Translation as a Rewriting in the Feminine*）才是首部女性主义翻译研究专著①。迪奥卡赫兹在书的序言部分就明白地表明，本书的目的之一就是通过分析译者在将北美的女性主义诗人艾德丽安·里奇的作品译介给西班牙语读者中所起的作用来揭示翻译和女性主义研究之间的联系。在书中，迪奥卡赫兹认为译者是一个先在信息的合创者（co-producer of a pre-existent message），译者被假设成了一个"无所不知的读者"（omniscient reader）和"积极的作者"（active writer），在原文和读者之间居中调节，并可以根据需要改变和修改原文。在这个过程中，她特别强调译者在写作行为过程中的意识形态动因。最后，作者认为，女性主义文本的翻译并不是一个简单的解码和重新编码的过程，而是一个跨文化性质的复杂的符号运作②。该书作者的观点明显受到符号学、功能学派和接受美学的影响。相较于后来的一些女性主义翻译家，作者的观点相对比较温和，这可能就是该书没有引起女性主义翻译研究者关注的原因。在该书前后还有两部论文集，分别是雷斯尼克（Margery Resnick）编的《翻译中的女性作家：参考书目注

　　①　刘亚儒：《加拿大女性主义翻译的起源、发展和现状》，《天津外国语学院学报》2005年第 2 期。

　　②　Myriam Diaz-Diocaretz, *Translating Poetic Discourse. Questions on Feminist Strategies in Adrienne Rich*, Amsterdamand Philedelphia：John Benjamins Publishing Company, 1985.

解 1945—1882 》（ *Woman　　Writers　　in　　Translation*：*An　Annotated Bibliography*，*1945—1982*，1984）和汉奈（Margaret Patterson Hannay）编的论文集《沉寂中的声音：都铎王朝时期宗教作品的女性赞助者、译者和作者》（*Silent But for the Word*：*Tudor Women as Patrons*，*Translators*，*and Writers of Religious Works*，1985）。这两本书都是在发掘和探讨女性译者的作用，对女性主义翻译研究有一定的影响。

　　1991 年哈伍德出版了她的专著《双语人》。和前面提到的三本书相比，该书对女性主义翻译研究具有重大的影响。该书用法语和英语两种语言写成，两部分内容既相互独立又相互关联。这种做法不仅暗指作者是一个生来就会两种语言的"双语人"，更是表明所有的女性都是"双语人"。在作者看来，在一个男权社会，语言绝对不是中性的，所有的女性都是双语的。因为女性是双语的，所以女性被认为更适合做翻译，因而翻译也是女性的。哈伍德推崇差异性和多样性，她在翻译中力图保存他者的形象和让女性显身。对于译者和作者的关系，她认为他们是政治上的串联（political tandem），出版商应该授予译者"共创者"（co-creator）的法律地位，评论家要承认译者的工作①。不得不说哈伍德的观点对传统翻译理论来说是一个很大的挑战。

　　在哈伍德之后，女性主义翻译研究还有两部重要的著作：西蒙的《翻译中的性别：文化身份和政治传播》（*Gender in Translation*：*Cultural Identity and Politics of Transmission*，1996）和弗洛托（Luise von Flotow）的《翻译与性别：女性主义时代的翻译》（*Translation and Gender*：*Translating in the Era of Feminism*，1997）。西蒙的《翻译中的性别》是第一部全面在翻译理论和实践中考察女性主义话题的专著。她在该书中明确表明女性主义翻译理论的目的就是要揭示和批判那些将女性和翻译归入社会和文学底层的观念。她对"忠实"的概念进行了解构，认为女性主义的忠实观既不是忠实于作者也不是忠实于读者，而是忠实于一项作者和译者共同参与的写作事业。她还通过考察历史上被忽视的女性翻译家的翻译活动，考察美国译者翻译法国女性主义作品时的扭曲和挪用，

---

① Susanne de Lotbinière-Harwood，*The Body Bilingual*：*Translation as a Rewriting in the Feminine*，Montreal and Toronto：Les Éditions du remue-ménage and Women's Press，1991.

考察当代女性主义者在翻译《圣经》时实施的干预策略，以此来说明翻译并不是简单的语言转换，而是在特定社会历史条件下实施的一种政治改写行为①。

弗洛托的《翻译与性别》也是女性主义翻译研究的一部力作。在这部著作中，弗洛托回顾了翻译与性别的关系；总结了女性主义者的实验性翻译策略和方法。她认为这些策略和方法揭示了传统语言对女性的歧视，彰显了女性翻译家的身份和女性意识，有利于建构女性话语。该书还修正了传统理论和神话中对女性和翻译的歧视，总结了来自女性主义内部和外部的对女性主义翻译理论的批评，并在最后为将来女性主义翻译研究的视角提出了建议②。弗洛托的这本书语言简洁，但覆盖的领域比较广，对后来的女性主义翻译研究具有重大影响。

女性主义翻译研究迄今为止已经成了翻译研究的热点之一。除了这三本奠基之作外，重要的著作还有卡迪什（Doris Y. Kadish）等编的《翻译奴隶：法国女性作品中的性别与种族》（*Translating Slavery*：*Gender and Race in French Women's Writing*，1994）；桑塔米里亚（José Santaemilia）编的《性别、性与翻译》（*Gender，Sex and Translation*：*The Manipulation of Identity*，2005）；桑塔米里亚和弗洛托合编的《女性与翻译：地理、声音和身份》（*Woman and Translation*：*Geographies*，*Voices and Identities*，2011）；费德里希（Eleonora Federici）编的《翻译性别》（*Translating Gender*，2011）；弗洛托编的《翻译女性》（*Translating Women*，2011）；阿尔瓦雷斯（Sonia E. Alvarez）等编的《跨越定位：拉美女性翻译的政治》（*Translocalities/ translocalidades*：*Feminist Politics of Translation in the Latin/ a Américas*，2014）等。

女性主义翻译研究现在已经非常繁荣，除了上面这些专著和论文集外，还有数十篇博士学位论文，诸如：加内塔（Isabel Garayta）的《妇占文本：女性主义、改写与翻译》（*Womanhandling the Text*：*Feminism*，

———————

① Sherry Simon，*Gender in Translation*：*Cultural Identity and the Politics of Transmission*，London & New York：Routledge，1996.

② Luise von Flotow，*Translation and Gender*：*Translating in the "Era of Feminism"*，Shanghai：Shanghai Foreign Language Education Press，2004.

Rewriting and Translation，1998），埃谢尔曼（David J. Eshelman）的
"女性主义译者"（*The Feminist Translator*，2006），厄贡（Emek Ergun）
的《作为本地和跨国激进主义的女性翻译》（*Doing Feminist Translation
as Local and Transnational Activism*，2015）等。还有一大批重要的期刊论
文，诸如：张伯伦的《性别与翻译的隐喻》（Gender and the Metaphorics
of Translation，1988），巴特勒（Judith Butler）的《性别困境：女性主
义与身份颠覆》（Gender Trouble：Feminism and the Subversion of Identity，
1990），阿罗约的《女性主义性高潮翻译理论及其悖论》（Feminist，
"Orgasmic" Theories of Translation and Their Contradictions，1995），迈尔
（Carol Maier）的《翻译中的女性：当今的交集、理论与实践》（Women
in Translation：Current Intersections，Theory，Practice，1992）等。

　　文献很多，不胜枚举。仔细分析这些文献，我们发现，国外的女性
主义翻译研究主要涉及以下一些内容：（1）调查语言中存在的性别歧
视现象，指出传统语言是父权的语言，只反映男性的现实，从而说明世
界上并不存在普世的、客观的真理。（2）从一些有关翻译和女性的比
喻性修辞表达和神话着手，从而揭示出女性和翻译一样，在历史上一直
处于派生的、从属的和边缘的地位。（3）研究文学、学术和宗教文本
翻译的历史，从中揭露女性形象是如何在翻译中被扭曲的，翻译是如何
被用来维护男性话语、压迫女性的。（4）重新发现和重视历史上被忽
视的女性译者和她们的作品，从而改写人类翻译的历史，建构女性话
语。（5）提出了一系列的女性主义翻译策略，强调在翻译中保留差异
性与多样性，彰显女性译者的身份。（6）将性别与种族、后殖民等话
题结合起来，从更宏观的层面说明翻译是一项政治活动，让女性主义翻
译研究更具普遍意义。（7）女性主义内部就翻译理论和翻译实践展开
的争论。

　　女性主义翻译研究从性别的视角来考察翻译活动，无疑给翻译研究
带来了一个新的视角。女性主义翻译研究的论述进一步揭示了语言并不
是透明的，不是价值中立的，这无疑会帮助我们更好地认识翻译和语
言。女性主义者对女翻译家的历史和女作家的作品翻译历史的发掘，可
以丰富和完善翻译史的研究。这些对翻译研究来说都是非常积极的贡
献。不过，个别的女性主义者的观点比较偏激，这给女性主义翻译研究

招来了一些批评的声音。女性主义翻译思想强调男女平等，强调女性的特异性，这些都是合理的诉求。但是，部分女性主义者试图颠倒原来的男女二元对立的结构，强调女性对男性的控制。这种偏激的观点无疑会造成新的二元对立，与后现代主义解构二元对立，实现多元共生的原则也是相悖的。俗话说"过犹不及"，女性主义翻译研究也应该注意理论的平衡性，不要走向自己反对的对立面。

第六节　小结

在本章，我们从阐释学翻译思想、解构主义翻译思想、操控学派翻译思想、后殖民主义翻译思想和女性主义翻译思想五个方面简要地介绍了后现代主义翻译思想在国外的发展历史和主要观点。当然，后现代主义翻译思想并不仅仅局限于这五个流派，不过笔者相信这五个流派是迄今后现代翻译思想的主要内容。

后现代主义翻译思想对翻译研究的贡献是巨大的，它将翻译放到更广阔的社会文化语境中来考察，积极从哲学、历史研究、文化研究、性别研究等相邻学科借鉴有益的经验和观点，这不仅拓宽了翻译研究的视野，开拓了翻译研究的领域，更是增加了翻译研究的理论深度和学理意识。后现代主义翻译思想将翻译与政治、权力、意识形态、诗学等话题结合，驳斥了语言价值中立、透明的神话，解开了笼罩在语言活动上的神秘面纱，让隐藏在语言背后的操纵与控制显示出了真面目。这无疑也会加深人们对语言的理解。另外，后现代主义翻译研究重视他者，强调差异性，提倡用多元取代一元，从而实现多元共生。这在当今的全球化语境下，对那些弱小民族和文化而言，无疑具有很强的现实意义。以往的一些思想流派往往标榜自己是价值中立的，以追求真理与公正，但是后现代主义者抛弃了这套虚假的言辞，明确表明了他们的立场，他们支持和同情的永远是那些处于被压迫、被剥削之下的弱势与边缘群体，所以后现代主义者偏激的言论之下隐藏的是一颗富有同情的人道主义之心。

当然，后现代主义翻译思想也并非没有缺陷。后现代主义者反对现行的逻辑，但是，在很大程度上他们的反对不得不建立在现行的逻辑之上。对于后现代主义者的这种困境，有一个形象的比喻：他们想抓着自己的头发将自己拖离地球。德里达等认为翻译是不可能的，但是他们自己也翻译，他们也允许别人翻译他们的作品。女性主义者认为现行语言是男性的语言，但她们却不得不用男性的语言来表达女性的诉求。这一方面反映出后现代主义者的无奈，另一方面也表明了其理论的局限。

另外，后现代主义翻译思想中派系众多，并且每个流派都有自己独特的理论诉求。明显的派系之分，可以说既是后现代翻译思想的优点，也是它的缺点。从好的一方面讲，派系容易召集具有类似观点的研究者，便于研究的展开和形成特色。但是，派系之间难免有理论上的冲突。比如，在后殖民翻译理论中，有人提倡用异化翻译来抵抗西方文化霸权和文化殖民主义，而巴西的食人主义翻译观却明显提倡的是归化翻译。在后现代主义翻译理论中，相似的悖论还很多，在后面的章节中，会有更详细的讨论。不过，理论的一致性并非后现代主义者的追求，对它们而言，矛盾与冲突才是常态。另外，这种派系色彩还会导致以偏概全、以局部代替整体的错误倾向。就后现代语言观而言，后现代主义者批判了语言的反映论，在很大程度上将语言与思想等同起来。就政治、意识形态和权力与语言的关系而言，语言在一定程度上反映了政治、意识形态和权力，但后殖民主义翻译研究和女性主义翻译研究等流派，却将语言等同于政治、意识形态和权力。这无疑犯了简化和极端化的错误。

还有，对于后现代主义翻译思想提倡的差异性和特异性，在运用之中，我们也应该持审慎的态度。差异性和特异性运用得当，会营造出一种多元共生、兼容并包的文化开放心态，这对世界各国文化的发展来说，当然是一种福音。但是，运用不当，差异性和特异性很容易转变成极端民族主义和排外倾向的借口，营造出一种保守主义的文化氛围。在当今世界，极端民族主义并不罕见。因此，我们应该特别小心。

总之，对于后现代主义翻译思想，我们应该在借鉴其合理成分的同时，对其可能带来的消极影响也不应视而不见。

第三章 国内后现代主义翻译思想概述

在第二章中，笔者详细介绍了后现代翻译思想的五个流派在国外发展的历史，并对五个流派的主要代表人物、主要著作和观点进行了介绍和简单的评论。在本章中，我们将详细介绍这五个流派在中国的传播发展情况。具体而言，本章将回答下面这些问题：后现代主义翻译思想的各个流派是什么时候被引进中国翻译界的？它们在中国的发展状况如何？后现代主义翻译思想的各个流派在中国主要有哪些研究内容？研究者们是如何看待、评价引进的各个流派的后现代主义翻译思想？本章将从上面这些问题着手，分别就五个后现代主义翻译思想流派展开综述。

第一节 国内阐释学翻译思想概述

现在中国翻译界所谈论的阐释学完全是一个引进来的"他者"，是舶来品。阐释学翻译理论的研究者们谈论的几乎都是施莱尔马赫、狄尔泰、海德格尔、伽达默尔、斯坦纳等人。的确，作为一个翻译研究的流派，阐释学翻译研究的主要内容几乎都是由上面提到的这些学者开创的。"阐释学"作为一个专有名词确实是一个外来词，但是，作为一门学问的"阐释学"在中国却有着悠久的传统。不过在中国，"阐释学"更恰当的名字是"考据学"。中国传统的"考据学"内容十分丰富，包含音韵、训诂、文字考释，也包括义疏、笺注、传疏、注释等多种解释方法。学者们通常认为中国的"考据学"起源于汉代，将刘向、郑玄、马融等视为第一代经学阐释大师。在笔者看来，中国的阐释学的起源可以追溯得更远。中国《易经》的起源、发展和理解的历史可谓是世界上最为悠久、最完备的阐释学历史。《系词·下》中云："古者包牺氏之王天下也，仰则观象于天，俯则观法于地……于是始作八卦，以通神明之德，以类万物之情。"可见，八卦符号是对"天象""地法"的模拟和阐释。如果能把八卦的创立作为中国阐释学的起源的话，那么中国的阐释学一开始就具有了本体上的意义，因为它是对世界的理解和阐释。《易》创立之初只有符号没有文字，那么，文王和周公撰写卦辞和爻辞就是对符号《易》的阐释。其后，孔子撰写《易传》更是对《易经》符号、卦辞和爻辞的阐释。孔子之后，从汉代一直到今天的各种"易说"或"易学"，毫无疑问就是对《易经》的各种阐释。可见，从《易经》的角度来看，中国的阐释学一直贯穿于整个中华文化的历史之中。除了《易经》外，中国的各种儒家经典和佛经都拥有非常悠久的阐释的历史。

可惜，中国翻译界至今鲜有人运用中国自己的阐释学思想来研究翻译，甚至很多翻译学者都没有意识到中国自己也有着悠久的阐释学历史。不过，中国哲学界的情况比翻译界好得多。中国哲学界很多研究者对中国悠久的阐释学历史有着较为清晰的认识，并就"建立中国的阐释学"话题进行了轰轰烈烈的谈论。汤一介先生曾在 2000 年和 2001 年发表五篇了文章，五论"创建中国解释学问题"。学者刘毅清[①]、邓新华[②]、洪汉鼎、李清良[③]等都发文论述过中国阐释学的建设问题。可见，中国是有阐释学传统的。作为翻译理论研究者，我们不但要引进国外的阐释学理论，也要挖掘自身的阐释学传统。

"阐释"一词，据西风考察，在中国首见于钱锺书 1979 年出版的《管锥编》，钱先生在书中的《左传正义·隐公元年》中首次提到了"阐释循环"[④]。同年，燕宏远翻译的东德学者拜尔（W. R. Beyer）的《何为"解释学?"》发表在《哲学译丛》第 5 期上。从此，阐释学在中国逐渐引起了学者的关注。至于阐释学与翻译在中国的首次结合，大

---

① 刘毅清：《重建中国解释学的起点：走出考据学的局限》，《文艺理论研究》2008 年第 4 期。

② 邓新华：《创建"中国文学解释学"的若干前提性问题》，《文学评论》2009 年第 6 期。

③ 洪汉鼎、李清良：《如何理解和筹建中国现代诠释学》，《湖南大学学报》2015 年第 5 期。

④ 参见西风《阐释学翻译观在中国的阐释》，《外语与外语教学》2009 年第 3 期。

多数学者将其追溯到 1987 年袁锦翔先生发表在《外语教学与研究》上的《一种新的翻译文体—阐译》一文①。其实，袁先生的文章只能算是阐释学与翻译研究在中国第一次"直接"的结合。类似阐释学翻译研究的翻译思想在中国早已存在。远一点的材料有唐朝释玄应所撰《众经音义》，该书就是对佛经翻译中翻译过来的令人难解的字词从音义方面进行注释与阐释。还有宋代法云编的《翻译名义集》，该书对音译梵文，一一举出异译、出处并进行解释。由此可见，《众经音义》与《翻译名义集》都是中国的阐释学"考据学"与翻译研究的结合。可惜的是，这种翻译研究传统在现代中国翻译研究界已经不多见。除了古代的材料外，我们还有近一点的材料。曾虚白在 1929 年的《真善美》上发表了一篇题为《翻译中的神韵与达》的文章，其中有一段对翻译标准的论述在笔者看来绝对是阐释学式的翻译思想。我们将这段话抄录如下：

> 我以为翻译的标准（这当然指绝对能了解原书的译者的标准说）只有一端，那就是把原书给我的感应忠实地表现出来。我绝不夸张地说，这就是原书，我只说，这是我见到的原书。批评家对于译本（当然指最少能得到"意似"的好译本）要下断语，决不可像安诺德般专断地说，"他不能表现原书"，只能说，"原书给我的感应是怎样的不同！"②

不说"这就是原书"，而只说"这是我见到的原书"，不就是说译文只是译者的理解吗？不就是翻译就是理解吗？不说"他不能表现原书"，只说"原书给我的感应是怎样的不同"，这不就是强调不同的人对同样的原文有不同的理解，而不同的理解同样具有合理性吗？曾氏的文章发表在 1929 年，这可是远远早于海德格尔、伽达默尔和斯坦纳等

---

①　邵宏在《翻译：对外来文化的阐释》（1987）一文中有这样一句话：杨周翰先生倡议从接受美学和阐释学的角度来研究翻译。按此，阐释学与翻译研究在中国的第一次结合可能早于 1987 年。但遗憾的是，笔者多方努力，却无从查出杨周翰先生倡议的出处。

②　曾旭白：《翻译中的神韵与达》，罗新璋、陈应年编《翻译论集》，商务印书馆 2008 年版，第 486—487 页。文中着重号为笔者所加。

人。可惜的是，曾氏在文章中没有对这段话展开论述。更为可惜的是，迄今为止，似乎还没有研究者意识到这段话所蕴含的阐释学翻译思想。

除了这段话外，鲁迅先生的一段话同样表达了深刻的阐释学思想。鲁迅先生在评论不同的人对文学巨著《红楼梦》的不同理解时说："单是命意，就因读者的眼光而有种种：经学家看见《易》，道学家看见淫，才子看见缠绵，革命家看见排满，流言家看见宫闱秘事……"① 其实，这段话除了强调不同的人会有不同的理解以外，鲁迅先生的话已经暗示了理解中"先见"的存在。这些人之所以对《红楼梦》有不同的理解，是因为他们在阅读《红楼梦》时，是带着他们经学家、道学家、才子、革命家和流言家的"先见"去理解的。

除了上面我们提到的这些内容外，我们相信在中国悠久的历史中，肯定还有很多蕴含阐释学思想的论述，有待于我们进行深入地挖掘。

1987 年是中国阐释学翻译研究的重要一年，除了袁锦翔的文章外，杨武能和邵宏都在同年发表了阐释学与翻译相关的文章。杨武能在《阐释、接受与创造性的循环——文学翻译断想》一文中认为，文学翻译者首先是阐释者；并将文学翻译的模式归结为作家—原著—翻译家—译本—读者②。邵宏在他的《翻译——对外来文化的阐释》中讨论了不可译问题，认为翻译就是对异质文化的阐释③。从 1987 年到现在，阐释学翻译研究在中国已经走过了 30 多年的历程，在这个过程中，我们对国外引进的阐释学翻译思想有介绍和应用，也有批判与反思。经过众多学者的努力，阐释学翻译研究已经成为中国翻译研究界一个非常热门的话题。下面，笔者将通过简单列举中国阐释学翻译研究的期刊论文、硕博学位论文、专著和论文集等情况来概述中国阐释学翻译研究的情况。

在中国知网中国期刊全文数据库中，在检索条件中选择"篇名"，分别输入检索词"阐释翻译""诠释学翻译""解释学翻译"和"释义学翻译"进行"模糊"检索，将四次检索的结果相加，共收集到期刊

---

① 鲁迅：《〈绛洞花主〉小引》，《集外集拾遗补编》，人民文学出版社 2005 年版，第 179 页。

② 杨武能：《阐释、接受与再创造的循环：文学翻译断想》，《中国翻译》1987 年第 6 期。

③ 邵宏：《翻译：对外来文化的阐释》，《中国翻译》1987 年第 6 期。

论文 562 篇，其中核心 140 篇，详见表 1①。在这里，要说明的是，之所以要以"阐释翻译"而非"阐释学翻译"为篇名进行检索，是因为如果以后者为篇名进行检索，检索结果会漏掉大量的题名中含有"阐释翻译"的阐释学翻译研究论文。当然，以"阐释翻译"为篇名进行检索，会增加一些虽然标题中含有"阐释翻译"，但却并非真正意义上的阐释学翻译研究的文章。不过，经观察，这样的文章数量并不多，对检索结果不会有太大影响。就其他三个检索词而言，如果以"诠释翻译""解释翻译"和"释义翻译"为篇名，而非"诠释学翻译""解释学翻译"和"释义学翻译"为篇名，就会检索到大量的并非真正讨论阐释学翻译研究的文章。当然，以"诠释学翻译""解释学翻译"和"释义学翻译"为篇名进行检索，可能会漏掉一些标题中含有"诠释翻译""解释翻译"和"释义翻译"的阐释学翻译研究文献，但经反复试验，漏掉的文章数量并不大。总之，表 1 中统计的数据只是一个大致情况，并非完全精确。

表 1　　　　　　　　**阐释学翻译研究期刊论文统计表**

年份	2016	2015	2014	2013	2012	2011	2010	2009	2008	2007	2006	2005	2004	2003	2002	核心②
数量	26	45	49	43	61	62	50	50	40	39	22	25	6	8	6	140
年份	2001	2000	1999	1998	1997	1996	1995	1994	1993	1992	1991	1990	1989	1988	1987	总计
数量	7	5	1	1	2	3	2	0	3	0	2	0	1	0	2	562

我们按照检索期刊论文同样的方式，在中国知网的"中国优秀硕士学位论文全文数据库"进行检索，共检索到硕士学位论文 167 篇，详见表 2。

表 2　　　　　　　　**阐释学翻译研究硕士学位论文统计表**

年份	2016	2015	2014	2013	2012	2011	2010	2009	2008	2007	2006	2005	2004	2002	2000	总计
数量	5	20	12	12	25	15	12	13	13	10	12	8	6	3	1	167

另外，笔者通过中国博士学位论文全文数据库、万方学位论文数据

---

① 检索时间为 2016 年 11 月 11 日晚。

② 本书中的核心包含中文核心期刊与 CSSCI。

库和国家图书馆，综合运用各种检索手段，检索到了 20 篇有关阐释学
翻译研究的博士学位论文，具体情况见表 3。

表 3　　　　　　　　　　阐释学翻译研究博士学位论文统计表①

编号	作者	题名	学校	年份
1	朱健平	翻译的跨文化解释—哲学诠释学和接受美学模式	华东师范大学	2003
2	李静滢	解释之维：朝向阐释学的翻译研究	南开大学	2004
3	章方	译者角色的传播学阐释	北京大学	2005
4	刘小刚	创造性叛逆：概念、理论与历史描述	复旦大学	2006
5	江艺	对话与融合：余光中诗歌翻译艺术研究	华东师范大学	2008
6	金学勤	《论语》英译：跨文化阐释：以理雅各、辜鸿铭《论语》英译为例	四川大学	2008
7	夏天	"阐释运作" 延展理论框架下的老舍小说英译研究	复旦大学	2009
8	李铮	跨文化的创造性阐释：普希金诗歌在中国的翻译与传播研究	北京师范大学	2009
9	谢云才	文本意义的诠释与翻译	上海外国语大学	2010
10	施佳胜	经典阐释翻译：《文心雕龙》英译研究	上海外国语大学	2010
11	杨贵章	基于主题与主题情态倾向的关联性融合：古汉语诗词英译之 "意美" 阐释视角	广东外语外贸大学	2012
12	沈岚	跨文化经典阐释：理雅各《诗经》译介研究	苏州大学	2013
13	张晓梅	翻译批评原则的诠释学研究：以伽达默尔哲学诠释学位中心的探讨	山东大学	2013
14	伍凌	论美学典籍英译之阐释模式	中国人民大学	2013
15	孙凯	安托纳·贝尔曼翻译批评论中的主体阐释研究	北京大学	2013
16	罗娜	基于接受美学召唤结构范畴建构的文学翻译意义阐释模式研究	广东外语外贸大学	2013
17	朱睿达	易道与译途：《易经》英译的跨文化阐释	北京语言大学	2014
18	孙雪瑛	诠释学视阈下的《聊斋志异》翻译研究	上海外国语大学	2014

① 此表中的博士论文绝大多数经整理后都已经以专著的形式出版，为了避免重复统计，凡在此表中已经列出的，均不再在后面的著作统计表中列出。

续表

编号	作者	题名	学校	年份
19	宋晓春	阐释人类学视阈下的《中庸》英译研究	湖南师范大学	2014
20	郭晨	《庄子》内篇寓言故事在英语世界的翻译与阐释	北京外国语大学	2015

除了上面提到的期刊论文和硕博学位论文外，研究者们还撰写或编著了为数不少的有关阐释学翻译研究的专著和论文集。在此，共收集到了16部，详见表4。

表4 **阐释学翻译研究著作统计表**

编号	作者	书名	出版社	年份
1	蔡新乐 郁东占	文学翻译的释义学原理	河南大学出版社	1997
2	罗选民 屠国元	阐释与解构：翻译研究文集（论文集）	安徽文艺出版社	2003
3	孙艺风	视角阐释文化：文学翻译与翻译理论	清华大学出版社	2004
4	李河	巴别塔的重建与解构：解释学视野中的翻译问题	云南大学出版社	2005
5	李砾	阐释和跨文化阐释：解释翻译介绍评价比较	广东人民出版社	2006
6	王宾	翻译与诠释（论文集）	上海外语教育出版社	2006
7	黄田 郭建红	文学翻译：多维视角阐释	中央文献出版社	2009
8	裘姬新	从独白走向对话：哲学诠释学视角下的文学翻译研究	浙江大学出版社	2009
9	于德英	"隔"与"不隔"的循环：钱锺书"化境"论的再阐释	上海译文出版社	2009
10	蔡新乐	译学新论：从翻译的间性到海德格尔的翻译思想	人民文学出版社	2010
11	吴赟	文学操纵与时代阐释：英美诗歌的译介研究（1949—1966）	复旦大学出版社	2012
12	姜燕	理雅各《诗经》翻译与儒教阐释	山东大学出版社	2013
13	徐朝友	阐释学译学研究	南京大学出版社	2013
14	罗志野	文学翻译中的阐释行为（论文集）	哈尔滨工业大学出版社	2014
15	李新德	明清时期西方传教士中国儒道释典籍之翻译与诠释	商务印书馆	2015

续表

编号	作者	书名	出版社	年份
16	蔡新乐	翻译哲学导论:《荷尔德林的赞美诗〈伊斯特〉》的阴阳之道观	南京大学出版社	2016

从上面的期刊论文、硕士学位论文、博士学位论文和出版的著作的统计情况可以看出,中国的阐释学翻译研究在过去的 30 多年已经取得了可喜的成就。通过对一些重要文献的仔细分析和总结,我们认为当前中国的阐释学翻译研究主要包括以下几个方面的内容:(1)引进和介绍西方的阐释学翻译理论。例如,卫茂平①、伍凌②、蔡新乐③和欧阳桃④等对海德格尔翻译思想的介绍;张德让⑤、黄琴、曹莉⑥和柴橚、袁洪庚⑦等对伽达默尔翻译思想的介绍;武光军⑧、张晓明⑨、杨晓琼⑩和顾晓燕⑪等介绍了保罗·利科的哲学翻译思想、不可译理论和翻译范式;金敬红、李思国⑫和夏天⑬介绍了斯坦纳的阐释学翻译理论。

(2)运用引进的阐释学翻译理论来分析具体文学作品的翻译。例

---

① 卫茂平:《海德格尔翻译思想试论》,《外国语》1999 年第 5 期。

② 伍凌:《思考与启示:伽达默尔的哲学思想与翻译研究》,《外语学刊》2005 年第 1 期。

③ 蔡新乐:《海德格尔的"你是谁"翻译观初探》,《外语与外语教学》2008 年第 9 期。

④ 欧阳桃:《海德格尔式现象学与翻译理论》,《内蒙古民族大学学报》2010 年第 6 期。

⑤ 张德让:《伽达默尔哲学解释学与翻译研究》,《中国翻译》2001 年第 4 期。

⑥ 黄琴、曹莉:《伽达默尔阐释学对翻译研究的影响》,《社会科学集刊》2005 年第 6 期。

⑦ 柴橚、袁洪庚:《身于译者主体性后的"视域融合"》,《兰州大学学报》2008 年第 5 期。

⑧ 武光军:《翻译即诠释:论保罗·利科的翻译哲学》,《中国翻译》2008 年第 3 期。

⑨ 张晓明:《"语言好客性"与"译'不可译'":保尔·利科翻译思想述评》,《外语学刊》2009 年第 5 期。

⑩ 杨晓琼:《"语言友好"的伦理关照下译"不可译":读保罗·利科的〈论翻译〉》,《外国语文研究》第 2015 年第 6 期。

⑪ 顾晓燕:《翻译的迂回:论保罗·利科的翻译范式》,《中国翻译》2016 年第 2 期。

⑫ 金敬红、李思国:《斯坦纳和勒代雷的阐释翻译理论评介》,《外语与外语教学》2003 年第 9 期。

⑬ 夏天:《斯坦纳阐释运作理论的应用:问题与方法》,《外语研究》2009 年第 3 期。

如，金学勤用阐释学理论分析理雅各和辜鸿铭的《论语》英译①；夏天用"阐释运作"理论分析老舍小说的英译②；孙雪瑛用诠释学视角来研究《聊斋志异》的翻译③；宋晓春用阐释人类学理论分析《中庸》的英译研究④。运用引进的理论来分析具体的翻译案例，这类研究在中国翻译界极为普遍。在中国阐释学翻译研究中，类似的文章占据了相当大的比例。

（3）深化和发展阐释学翻译理论。对中国翻译界而言，理论的引进和应用是有必要的，但理论上的深化、发展和创新对翻译研究来说更为可贵。中国的阐释学翻译研究不能仅仅停留在引进和运用的层面上，我们需要在国外的理论基础上有所创新。值得高兴的是，在过去三十多年的研究中，国内的研究的确在某些方面深化了阐释学翻译思想，在某些方面的确提出了一些新的见解。比如，蔡新乐在《文学翻译的释义学原理》一书中，以马克思唯物辩证法为指针，对海德格尔进行了批判性地消化和吸收，并将海德格尔有关"人"的论述引入翻译研究之中⑤。翻译研究中对"人"的关注是极为重要的。在过往的翻译理论中，人往往被遮蔽了。后现代翻译思想对"人"的关注无疑是翻译研究的一个重大进步。除此之外，谢天振引入埃斯皮卡（Robert Escarpit）的"翻译的创造性叛逆"思想，在翻译界引起热烈讨论，也是对阐释学翻译研究的一个重大发展⑥。还有，国内翻译界对"文本是否有确定意义？""不可译"等话题的讨论，也在一定程度上深化了阐释学翻译思

---

① 金学勤：《〈论语〉英译：跨文化阐释：以理雅各、辜鸿铭〈论语〉英译为例》，博士学位论文，四川大学，2008年。

② 夏天：《"阐释运作"延展理论框架下的老舍小说英译研究》，博士学位论文，复旦大学，2009年。

③ 孙雪瑛：《诠释学视阈下的〈聊斋志异〉翻译研究》，博士学位论文，上海外国语大学，2014年。

④ 宋晓春：《阐释人类学视阈下的〈中庸〉英译研究》，博士学位论文，湖南师范大学，2014年。

⑤ 蔡新乐、郁东占：《文学翻译的释义学原理》，河南大学出版社1997年版，第4—5页。

⑥ 谢天振：《论文学翻译的创造性叛逆》，《外国语》1992年第1期。

想。另外，朱健平①、李静滢②、李河③、裘姬新④和徐朝友⑤等的著述都非常有特色，都是对阐释学翻译理论的深化和发展。

（4）对阐释学翻译理论的批判与反思。阐释学翻译思想引进以后，学者们经过一段时间的思考，在肯定阐释学思想对翻译研究的贡献的同时，也对其中的一些观点进行了批判与反思。吕俊在肯定阐释学理论的积极影响的同时，认为如果过分强调读者的主观能动性作用，就会贬低文本本身的本体特性，很可能陷入主观唯心主义的泥潭⑥。谢天振也在《作者本意和本文本意》一文中对海德格尔和伽达默尔宣称"作者本意不存在"的观点进行了批判，认为从翻译学的角度来看，美国阐释学家赫施（Hirsch）的观点对翻译研究更具启发性⑦。耿强更是认为，阐释学可能导致翻译学科界限的模糊，文本阐释有效性被置换和价值虚无主义的盛行⑧。不过我们注意到，中国学者对阐释学翻译思想总体上持一种比较客观的态度，往往是肯定与批评同在。

（5）中西阐释学翻译思想的比较与融合。前面我们已经说过，中国自己其实已经有很悠久的阐释学传统。那么，中西两种阐释学翻译思想之比较就是中国阐释学翻译研究的应有之题。虽然目前中国翻译界少有研究者关注这方面的话题，但可喜的是，还是有少数研究者关注到了相关话题。方汉文曾对比分析了中国传统的考据学与西方的阐释学，认为两者原理是相通的，只是方法不同，两者之间可以互补互通⑨。于德

---

①　朱健平：《翻译的跨文化解释：哲学诠释学与接受美学模式》，博士学位论文，华东师范大学，2003 年。

②　李静滢：《解释之维：朝向阐释学的翻译研究》，博士学位论文，南开大学，2004 年。

③　李河：《巴别塔的重建与解构：解释学视野中的翻译问题》，云南大学出版社 2005 年版。

④　裘姬新：《从独白走向对话：哲学诠释学视角下的文学翻译研究》，浙江大学出版社 2009 年版。

⑤　徐朝友：《阐释学译学研究》，南京大学出版社 2013 年版。

⑥　吕俊：《翻译：从文本出发——对等效翻译的反思》，《外国语》1998 年第 3 期。

⑦　谢天振：《作者本意与文本本意：解释学理论与翻译研究》，《外国语》2000 年第 3 期。

⑧　耿强：《阐释学翻译研究反思》，《四川外语学院学报》，2006 年第 2 期。

⑨　方汉文：《中国传统考据学与西方阐释学》，《安徽师范大学学报》2003 年第 4 期。

英在其专著《"隔"与"不隔"的循环：钱锺书"化境"论的再阐释》中对中西的阐释传统有过简单的对比，并认为钱锺书的"阐释的循环"是中西阐释传统的融合，它既尊重作者和原文，又承认理解者多样性阐释的必然性①。王彬、王银泉对比分析了鲁迅与伽达默尔的翻译哲学观②。在中西阐释学翻译传统的比较方面做得最好的还要属蔡新乐，他的新著《翻译哲学导论》运用中国传统哲学的阴阳观来解读海德格尔的哲学观和翻译理论③。该书立意新奇、论述深刻，可谓是一个中西哲学比较、互证和融合的典型范例。

（6）回顾阐释学翻译思想在中国发展的历程。西方阐释学思想引入中国已经三十多年了。部分学者对阐释学翻译思想在中国三十多年的发展历程进行了回顾和总结。这方面的文章有朱健平的《现代阐释学和接受美学在我国翻译研究中的运行轨迹》④，西风的《阐释学翻译观在中国的阐释》⑤，赵丽娟的《阐释学翻译研究的回顾与展望》⑥，杨茜的《阐释学翻译研究综述》⑦ 等。

从上面的那些统计数据中可以看出，中国的阐释学翻译研究在 20 世纪的最后十几年中还只有零星的关注，但在 21 世纪的十几年中取得了突飞猛进的发展。杨柳在 2009 年时还曾评说："与阐释学在西方的'显学'地位相比，它在中国译界的效果还不是那么惊天动地。"⑧ 在十年以后的今天，当我们再来审视中国的阐释学翻译研究的时候，也许它还是算不上"惊天动地"，但上面的统计数据告诉我们，它至少也是中

① 于德英：《"隔"与"不隔"的循环：钱锺书"化境"论的再阐释》，上海译文出版社 2009 年版。

② 王彬、王银泉：《鲁迅与伽达默尔的翻译哲学观比较》，《疯狂英语》（教师版）2010 年第 4 期。

③ 蔡新乐：《翻译哲学导论：〈荷尔德林的赞美诗伊斯特〉的阴阳之道观》，南京大学出版社 2016 年版。

④ 朱健平：《现代阐释学和接受美学在我国翻译研究中的运行轨迹》，《上海科技翻译》2002 年第 1 期。

⑤ 西风：《阐释学翻译观在中国的阐释》，《外语与外语教学》2009 年 3 期。

⑥ 赵丽娟：《阐释学翻译研究的回顾与展望》，《兰州交通大学学报》2010 第 5 期。

⑦ 杨茜：《阐释学翻译研究综述》，《读与写杂志》2014 年第 8 期。

⑧ 杨柳：《20 世纪西方翻译理论在中国的接受史》，上海外语教育出版社 2009 年版，第 110 页。

国翻译界的一大热点。我们大致可以将中国阐释学翻译研究的历史以 1997 年蔡新乐、郁东占的《文学翻译中的释义学原理》为界，将其划分为两个阶段。在 1997 年之前，中国的阐释学翻译研究只有零星的关注，研究成果极少；研究内容主要是引进和介绍西方的阐释学翻译思想；对待阐释学这一新引进的理论，研究者在这一阶段多持肯定的态度。1997 年之后，关注者越来越多，成果数量持续增长，最终成为译界的热点之一；研究的内容逐渐多元化，不仅有引进、介绍和应用，还有比较、增补与发展；研究的态度也逐渐摆脱了开初的新奇与肯定，批判与反思的理论思辨开始呈现。虽然当前中国的阐释学翻译研究还仍然落后于西方，但是，如果我们能充分挖掘中国悠久的阐释学传统，并将其应用到翻译研究中，无疑会极大地促进中国阐释学翻译研究的发展。

第二节　国内解构主义翻译思想评述

相较于阐释学翻译思想，解构主义翻译思想在中国就是一个真正的舶来品。在伦理道德和实用主义风行的传统中国社会中，是不太可能孕育出像解构主义这样"离经叛道"同时又"玄乎其神"的哲学思想的。在传统的中国社会中，发出像罗兰·巴特（Roland Barthes）的"作者已死"那样的呼告是不可想象的。甚幸的是，自从改革开放以后，中国社会也逐渐变得开放和宽容，这让像解构主义这样的理论能够被引进中国。即使如此，在当代中国，迎接解构主义的也是批评多于肯定。

解构主义兴起于 20 世纪六七十年代的西方，然而，那时中国正处于与西方隔绝的状态和混乱之中。所以解构主义传到中国已经是 20 世纪 80 年代的事情了。1980 年，李幼蒸翻译出版了布洛克曼（Broekman）的《结构主义：莫斯科—布拉格—巴黎》一书，书中介绍了德里达的《论文字学》①。1983 年，张隆溪发表了《结构的消失：后结构主义的消解式批评》，从对逻各斯中心主义的批判、符号的游戏、

---

① ［比］布洛克曼：《结构主义：莫斯科—布拉格—巴黎》，李幼蒸译，商务印书馆 1980 年版。

对读者的强调和虚无主义四个方面介绍了德里达的解构主义理论①。
1986 年，王晓朝发表了《后解构主义的兴起：德里达消解哲学简介》。
同年，徐崇温出版了专著《结构主义与后结构主义》，介绍了德里达的
解构主义思想。徐珂认为该书的出版标志着解构主义从学术自发传播达
到了学术自觉阐释的境地②。1988 年，陆扬发表了论文《解构主义批评
简评》，该文也是一篇颇具影响力的介绍文章③。经过前期的介绍，解
构主义逐渐在中国传播、发展和深入。截至 2016 年 11 月 14 日，在中
国期刊全文数据库中，笔者以"解构主义"为篇名进行模糊检索，共
检索到论文 1318 篇。由此可见，解构主义研究在中国已经具有了一定
的规模。

在中国，解构主义与翻译研究的结合则是更晚的事。从中国期刊全
文数据库中查到的第一篇"解构主义"与"翻译"联系到一起的文章
是一位读者写给《世界建筑》杂志编辑的一封信。在信中，作者谈论
了 deconstructionism 在建筑学里面的翻译，认为把 deconstruction 翻译成
"解构"太肤浅，太不确切，应该翻译成"散构"，从而避免"解构"
的消极破坏意义④。该文谈的是翻译实践，并非翻译理论。另外，作者
的建议也并不高明，显然也并未被后来的学者采用。解构主义翻译研究
在中国的开端还得推迟到 1995 年，蒋骁华在《外语教学与研究》上发
表的《解构主义翻译观探析》一文，介绍了本雅明的翻译思想，认为
解构主义给翻译研究带来启迪的同时也带来了消极影响⑤。此后，经刘
军平⑥、郭建中⑦、何加红⑧等的评介，解构主义翻译研究在中国逐渐发
展起来，并很快成为翻译研究界的焦点之一。2016 年 11 月 14 日，笔
者在"中国期刊论文全文数据库"和"中国优秀硕士学位论文全文数

---

① 张隆溪：《结构的消失：后结构主义的消解式批评》，《读书》1983 年第 12 期。
② 徐珂：《解构主义在中国的传播和研究综论》，《社会科学辑刊》2001 年第 4 期。
③ 陆扬：《解构主义批评简述》，《学术月刊》1988 年第 2 期。
④ 周卜颐：《解构乎？散构乎？散架乎？》，《世界建筑》1990 年第 1 期。
⑤ 蒋骁华：《解构主义翻译观探析》，《外语教学与研究》1995 年第 4 期。
⑥ 刘军平：《解构主义翻译观》，《外国语》1997 年第 2 期。
⑦ 郭建中：《论解构主义翻译思想》，《上海科技翻译》1999 年第 4 期。
⑧ 何加红：《跨越文本的障碍：解构主义对翻译学理论的启示》，《西南民族学院学报》
1999 年增刊。

据库"中，分别以"解构翻译"为篇名进行模糊检索，共检索到期刊论文 337 篇，硕士学位论文 47 篇，详情分别见表 5 和表 6。

表 5　　　　　　　　　　解构主义翻译研究期刊论文统计表

年份	1995	1996	1997	1998	1999	2000	2001	2002	2003	2004	2005	核心
篇数	1	0	1	1	2	2	7	5	4	9	14	100
年份	06	07	08	09	10	11	12	13	14	15	16	总计
篇数	17	30	40	37	37	28	32	22	27	11	10	337

表 6　　　　　　　　　　解构主义翻译研究硕士学位论文统计表

年份	2005	2006	2007	2008	2009	2010	2011	2012	2013	2014	2015	总计
篇数	3	7	3	6	4	7	6	5	5	7	6	47

　　另外，笔者在"中国博士学位论文全文数据库""万方数据库"和"中国国家图书馆"中，综合运用各种检索手段，共收集到有关解构主义翻译研究的博士论文 9 篇，论著 4 部，详情分别见表 7 和表 8。

表 7　　　　　　　　　　解构主义翻译研究博士学位论文统计表

作者	篇名	学校	年份
王军	翻译中语篇解构与重构的思维模式	上海外国语大学	2002
曾微	廷异与责任的回声——论德里达与翻译	中国人民大学	2006
封一函	结构与解构：从乔姆斯基到韦努蒂——论翻译的归化、异化与文化身份	首都师范大学	2006
李龙泉	解构主义翻译观之借鉴与批评	上海外国语大学	2006
乔颖	趋向"他者的翻译"——德里达翻译思想的伦理指向研究	河南大学	2007
蒋童	从异化翻译理论的确立到存异理论的解构——劳伦斯·韦努蒂翻译理论研究	首都师范大学	2008
高玉兰	解构主义视阈下的文化翻译研究——以《红楼梦》英译为例	上海外国语大学	2010
刘育文	解构主义视角下的文学翻译批评	上海外国语大学	2011
金敬红	解构视角下翻译中的二元对立分析	上海外国语大学	2012
李宏鸿	多声部的和谐：解构主义翻译观研究——以本雅明和德里达为例	华东师范大学	2013

表 8 解构主义翻译研究著作统计表①

编号	作者	书名	出版社	年份
1	罗选民 屠国元	阐释与解构：翻译研究文集（论文集）	安徽文艺出版社	2003
2	李河	巴别塔的重建与解构：解释学视野中的翻译问题	云南大学出版社	2005
3	蔡新乐	翻译与汉语：解构主义视角下的译学研究	中央编译出版社	2006
4	罗选民	结构·解构·建构：翻译理论研究（论文集）	上海外语教育出版社	2009

从 1995 年蒋骁华的《解构主义翻译观探析》一文的发表到今天，解构主义翻译研究在中国已经走过了 20 多年的历史。大致来说，在 2004 年以前，我国的解构主义翻译研究主要是一些零星的介绍性文章，其中以蒋骁华、刘军平、郭建中、何加红为代表。蒋骁华的文章刚刚笔者已经简要介绍过，此处不再重复。刘军平在《解构主义的翻译观》一文中，从延异、解构主义翻译的定义和翻译的解构与再生三个方面介绍了德里达的翻译思想。他认为，我们确实应当接受德里达的鼓动，对翻译理论的形而上学基础作认真的清理工作，并进而由此检讨翻译理论的决定论，同时转而正视解构主义本身给翻译带来的巨大魅力，只有这样才能带来翻译理论研究的真正转向②。刘军平是对解构主义翻译思想持完全肯定的少数几个学者之一。何加红也对解构主义翻译思想持肯定的态度，她认为，所谓"信、达、雅"的理想标准在很大程度上只是一个难以企及的还原主义之梦。任何一种翻译都是对于原文本的当前解构与重构过程③。郭建中在《论解构主义翻译思想》一文中介绍了罗兰·巴特、本雅明、德里达和尼南贾娜等的解构主义翻译思想，他认为，解构主义翻译思想有助于人们认识翻译的本质，理解翻译的作用和

---

① 统计论著时，为了避免重复，没有统计由表 8 中的博士论文出版而来的专著。另外，表 9 中的 1 和 2 同样出现在表 4 中的专著统计中，这也反映了后现代翻译思想不同流派之间有重叠与交错，相互之间具有紧密的联系。

② 刘军平：《解构主义的翻译观》，《外国语》1997 年第 2 期。

③ 何加红：《跨越文本的障碍：解构主义对翻译学理论的启示》，《西南民族学院学报》1999 年增刊。

地位，改写西方的翻译史；同时，他也指出，解构主义否定意义的确定性和译文与原文之间的相似性，走向了另一个极端，会给翻译带来负面影响，会抹杀翻译本身①。类似的肯定与批评并存的态度，也是中国大多数学者对解构主义翻译思想的态度。

2005—2016 年，解构主义翻译研究在中国取得了较快发展。在这十多年间，不论是论文发表的数量，还是讨论的深度、话题涉及的广度上都较前一个时期有了长足的发展。这一时期研究总结起来主要包含以下几个方面的内容：（1）进一步引进、介绍解构主义翻译研究的主要概念和观点，如刘亚猛评介了韦努蒂的翻译伦理，认为韦努蒂在构筑"存异伦理"和"化同伦理"这一二元对立的同时也在对它进行解构，其最终目的是要消解二元对立，将翻译伦理定为"一尊"，也就是不管是归化还是异化，只要能促进文化更新和变化的都是好翻译②。刘亚猛的研究结果无疑给那些提倡"21 世纪的翻译要以异化为主"的学者提了一个醒：你们误读了韦努蒂的翻译理论。其实，"以……为主"的提法本身就是与解构主义消解中心的思想相矛盾的。在笔者看来，"翻译应该以异化为主"的提法完全是对韦努蒂翻译思想的误读与挪用。王宁是解构主义翻译思想的拥护者和提倡者，他发表过多篇有关介绍和评价解构主义翻译思想的论文。通常，学者们批评解构主义翻译思想的虚无主义倾向，批评它只解构不建构。但王宁在《翻译研究的文化转向：解构主义的推进》一文中给出了不同的说法，他认为，解构主义的翻译理论家没有虚无地对待翻译理论和实践中的各种问题，他们不断地对既定的传统成规和翻译原则提出怀疑甚至解构，使得传统意义上的诸如忠实、标准、原作、可译性和不可译性等核心原则都失去了其原有的意义，从而在解构的过程中又重新建立起了一套新的成规和原则③。其他的评介性的研究还有李红满④、

---

① 郭建中：《论解构主义翻译思想》，《上海科技翻译》1999 年第 4 期。

② 刘亚猛：《韦努蒂的"翻译伦理"及其自我解构》，《中国翻译》2005 年第 1 期。

③ 王宁：《解构、后殖民和文化翻译——韦努蒂的翻译理论研究》，《外语与外语教学》2009 年第 4 期。

④ 李红满：《解构主义对传统翻译理论的冲击》，《解放军外国语学院学报》2001 年第 3 期。

黄汉平①、任淑坤②、单继刚③、封一函④、杨晓琼⑤等。

（2）对解构主义翻译思想进行反思和批判。解构主义翻译理论可谓是当今最受争议的翻译理论，从引进之初开始，中国翻译界对它的批判之声就不绝于耳。绝大多数研究者对解构主义翻译思想都是部分肯定，部分否定，但也有少数研究者对其几乎持完全否定的态度。唐述宗在《"巴别塔"理论可以休矣》一文中，将德里达的文章《巴别塔》说成"解构主义把它的触须伸向翻译领域而抛出的一株毒草"，并提醒研究者，解构主义所提倡的译本需要不断更新的主张是不切实际的，原文依赖译文而存活的观点是荒谬的⑥。刘全福在《当"信"与"化境"被消解时——解构主义翻译观质疑》⑦《解构主义翻译观的非文化取向及其他》⑧和《批评视角：我国解构主义翻译研究的本土化进程》⑨三篇文章中都对解构主义翻译思想进行了批判。虽然作者也承认解构主义为翻译研究注入了活力，但总体上，他对解构主义翻译思想是持批判态度的。张传彪指出，德里达的意义不确定性是基于西方表音文字的能指与所指之间不稳定的指涉关系，而汉语是表意文字，意义不随语音的变化而变化，他依据这种不同，对德里达的解构主义理论提出了质疑，并认为解构主义等学派只是借翻译研究来炫耀展示自己罢了⑩。

（3）探讨解构主义翻译理论在翻译实践中的运用。学者们对解构

①　黄汉平：《德里达的解构翻译理论初探》，《学术研究》2004 年第 6 期。

②　任淑坤：《解构主义翻译观刍议：兼论韦努蒂的翻译思想和策略》，《外语与外语教学》2004 年 11 期。

③　单继刚：《德里达：翻译与解构》，《世界哲学》2006 年第 1 期。

④　封一函：《论劳伦斯·韦努蒂的解构主义翻译策略》，《文艺研究》2006 年第 3 期。

⑤　杨晓琼：《德里达对传统翻译理论的解构》，《湖北社会科学》2010 年第 9 期。

⑥　唐述宗：《"巴别塔"理论可以休：对德里达解构主义翻译理论的再解构》，《山东外语教学》2004 年第 2 期。

⑦　刘全福：《当"信"与"化境"被消解时：解构主义翻译观质疑》，《中国翻译》2005 年第 4 期。

⑧　刘全福：《解构主义翻译观的非文化取向及其他：兼评"国内文学翻译研究的一大突破"一文》，《外语研究》2006 年第 6 期。

⑨　刘全福：《批评视角：我国解构主义翻译研究的本土化进程》，《解放军外国语学院学报》2010 年第 1 期。

⑩　张传彪：《从汉字源头看解构主义翻译理论》，《四川外语学院学报》2006 年第 4 期。

主义翻译思想的批评之一就是它只能提供理论上的启发，不能用来指导翻译实践。这种批评并不完全正确，事实上，德里达论述翻译的几篇论文都是基于翻译实践的例子。不过，也得承认，解构主义翻译思想更多的是从哲学上思考翻译的本质，它与翻译实践之间确实存在隔阂，所以用解构主义翻译思想来分析翻译实践的文章相对比较少。尽管如此，还是有不少学者做过尝试，例如，金敬红以林语堂的 *Moment in Peking* 及其译本《京华烟云》为例，分析了解构主义视角下翻译中的二元对立①；徐方赋以 Liberalism 重译为例，分析了翻译过程中的互文解构与重构②；文军、王亚娟从解构主义视角分析了《白鲸》译本的翻译③，等等。

（4）超越解构主义翻译思想的建构或对解构主义翻译思想的深入发展。例如，吕俊连续发表数篇文章，提出用哈贝马斯的普遍语用学为哲学基础，来重建翻译研究④⑤⑥。蔡新乐在其专著《翻译与汉语：解构主义视角下的译学研究》中认为，钱锺书的"翻译不隔"说体现了与现象学的倾向的一致性，可以作为一个起点，摆脱解构主义的虚无，找到一条可行性较强的道路⑦。封一函在其博士学位论文《结构与解构：从乔姆斯基到韦努蒂——论翻译的归化、异化与文化身份》中指出，异化翻译在西方作为一种翻译伦理是带有欺骗性的，是以合法身份出现的一种策略。反对普世主义，尊重异域文化独特性是假，维护西方

---

①　金敬红：《解构视角下翻译中的二元对立分析：以 *Moment in Peking* 和〈京华烟云〉为例》，博士学位论文，上海外国语大学，2012 年。

②　徐方赋：《翻译过程中的互文性解构和重构：以 Liberalism 重译为例》，《解放军外国语学院学报》2013 年第 11 期。

③　文军、王亚娟：《〈白鲸〉译本的解构主义解析》，《重庆大学学报》2004 年第 1 期。

④　吕俊：《结构·解构·建构：我国翻译研究的回顾与展望》，《中国翻译》2001 年第 6 期。

⑤　吕俊：《翻译研究：走过解构通向交往：哈贝马斯普遍语用学对翻译学的建构意义》，《外语与外语教学》2001 年第 11 期。

⑥　吕俊：《翻译学应从解构主义那里学些什么：对九十年代中期以来我国译学研究的反思》，《外国语》2002 年第 5 期。

⑦　蔡新乐：《翻译与汉语：解构主义视角下的译学研究》，中央编译出版社，2006 年版。

文化特权，保持东西文化在全球化的语境中的悬殊态势是真①。另外、曾微②、李龙泉③、乔颖④、刘育文⑤、李宏鸿⑥等的博士学位论文都很有特色，在某些方面深化了解构主义翻译思想。

（5）对解构主义翻译思想的回顾与综述性研究。这方面的文章有杨柳的《解构主义翻译观在中国的理论旅行》⑦，江承志的《历史的谱系：解构主义翻译观之"源"与"流"》⑧和蔡龙文、宫齐的《回顾与展望：我国解构主义翻译研究（2000—2010）》⑨等。这些研究对2010年前的中国解构主义翻译研究状况进行了回顾与总结。2010年之后，解构主义翻译研究的内容没有什么大的变化，并且研究的热度有所下降，进入相对沉寂的时期。经过二十多年的引进、介绍、反思和批判之后，解构主义翻译研究应有新的突破。

从上面的统计数据和我们的内容总结来看，解构主义翻译研究在中国成就颇丰。在对待解构主义翻译思想的态度上，大致可以分为三类。第一类是对其持肯定的态度，如刘军平、王宁、黄汉平等。第二类持部分肯定，部分否定的态度，如蒋骁华、郭建中、吕俊等。第三类以批判为主，如唐述宗、刘全福、张传彪等。第一类和第三类都是少数，第二

---

① 封一函：《结构与解构：从乔姆斯基到韦努蒂：论翻译的归化、异化与文化身份》，博士学位论文，首都师范大学，2006年。

② 曾微：《延异与责任的回声：论德里达与翻译》，博士学位论文，中国人民大学，2006年。

③ 李龙泉：《解构主义翻译观之借鉴与批评》，博士学位论文，上海外国语大学，2006年。

④ 乔颖：《趋向"他者的翻译"：德里达翻译思想的伦理指向研究》，博士学位论文，河南大学，2007年。

⑤ 刘育文：《解构主义视角下的文学翻译批评》，博士学位论文，上海外国语大学，2011年。

⑥ 李宏鸿：《多声部的和谐：解构主义翻译观研究：以本雅明和德里达为例》，博士学位论文，华东师范大学，2013年。

⑦ 杨柳：《解构主义翻译观在中国的理论"旅行"》，《外国语》2007年第3期。

⑧ 江承志：《历史的谱系：解构主义翻译观之"源"与"流"》，《外国语》2011年第6期。

⑨ 蔡龙文、宫齐：《回顾与展望：我国解构主义翻译研究（2000—2010）》，《兰州大学学报》2011年第4期。

类占了研究者的绝大多数。中国的学者之所以批判解构主义翻译思想，主要是以下几点原因造成的。(1) 解构主义翻译思想对"忠实"标准的解构有违中国的传统伦理。中国社会是一个重视伦理道德的社会，"忠"在中国伦理中具有压倒一切的重要性。这一点，从"忠、孝、仁、义"中"忠"排在第一位就可以看出。解构主义翻译思想解构"忠实"容易引起人们道德上的反感。其实，从哲学上来说，翻译"忠实"之不可能是没有任何疑问的。古希腊哲学家赫拉克利特 (Heraclitus) 曾说过："人不能两次踏进同一条河流。"那么，处于不同时空，操不同语言的作者和译者怎能两次表达出同一思想呢？中国学者对"忠实"的坚持更多是伦理道德上的高要求，而非哲理上的。而德里达的理论主要是哲理上的。当然，学者们对不可能之"忠实"的坚持是有积极意义的，正所谓"取法乎上，得乎其中"。(2) 解构主义翻译思想主要是哲理上的启发，对翻译实践的指导性并不强。而中国社会具有很强的实用主义传统，人们不喜欢纯理论的"空谈"。不过笔者倒是认为，作为学术研究，我们应该少一点实用主义，多一点纯理论的追求。(3) 德里达等为了对传统哲学思想进行批判，采取了有别于传统哲学的话语逻辑，他们的论述中充满了典故、神话故事、奇特的想象和格言。事实上，后现代主义者有意模糊了哲学和文学的界限，他们的论述多是一种哲学与文学的混合体。这种情况下，要从逻辑上批倒德里达等是一件很容易的事，因为他们的写作本来就没有完全遵守现行的逻辑规则。笔者认为，理解后现代主义者时，我们应该关注他们说了什么，而不必太在意他们是怎么说的。借用维特根斯坦的话，"不要想，而要看"①。

第三节　国内操控学派翻译思想评述

根据操控学派的理论，翻译是译者在意识形态、权力话语、赞助者等权力因素控制下对原文进行的一种改写行为，又称为改写理论。作为一种系统的翻译理论，改写理论在中国无疑也是一个舶来品。不过，作

---

① ［英］维特根斯坦：《哲学研究》，陈嘉映译，上海人民出版社 2001 年版，第 48 页。

为一种翻译实践的现象，改写在古今中外都是普遍存在的。道安的"五失本"其实就是讲佛经翻译中的改写现象。仔细分析，"五失本"中除了第一条"胡语尽倒，而使从秦"是就语言层面而言外，其余四条都是就诗学层面而言，即因梵文的诗学传统不同于汉文而产生的改写。可见，中国的古人早已注意到翻译中改写现象的存在。只不过从古代到近代，中国的学者大多对这种改写现象持否定的态度，认为应该尽力避免。这一态度从道安用"失本"一词来描述翻译中的改写现象就可以看出。中国学者对翻译改写的厌恶之情还可以从近代翻译史上的一段公案中窥见一斑。1945 年，伊万·金（Evan King）出版了他翻译的老舍的名著《骆驼祥子》。在他的翻译中，伊万·金为了迎合美国的社会需求，对《骆驼祥子》进行了大肆改写，甚至将原作的悲剧结局改为了大团圆式的喜剧结局。伊万·金的翻译在美国获得了极大的成功，成为畅销书。但老舍对伊万·金的改写极为不满。当伊万·金再次翻译他的作品《离婚》时，老舍甚至与之对簿公堂。迄今，仍有人将老舍与诺贝尔文学奖失之交臂的事情归罪于伊万·金的改写翻译[①]。老舍对《骆驼祥子》改写的态度，是千百年来中国学者对翻译改写态度的一个缩影。由此可见，为什么像改写这样的理论会出现在西方而不是中国是有深刻的社会根源的。

　　不过，随着改革开放的深入，中国社会也逐渐走向开放与多元。这不仅让翻译界可以引进像改写这样的西方翻译理论，而且国内自身也出现了类似改写理论的"变译"理论。黄忠廉在 20 世纪 90 年代末提出了变译理论，迄今已经发表了数十篇论文，出版了《翻译变体研究》[②]《变译理论》[③]《严复变译思想考》[④] 等多部相关专著，其理论仍然在不断地充实与完善之中。黄忠廉的变译理论与勒菲弗尔的改写理论有一定的相似性，但是两者的着眼点却不同：变译理论重在描写翻译之变的现象、技巧与规律；改写理论重在揭示促成翻译之变背后的社会文化因

---

①　王文静：《〈骆驼祥子〉英译本擅改结尾或令老舍错失诺奖？》，http：//cul.sohu.com/20141016/n405154827.shtml，2014 年 10 月 16 日。

②　黄忠廉：《翻译变体研究》，中国对外翻译出版公司 2000 年版。

③　黄忠廉：《变译理论》，中国对外翻译出版公司 2002 年版。

④　黄忠廉：《严复变译思想考》，商务印书馆 2016 年版。

素。从理论渊源上，黄忠廉的变译理论可视为中国传统译论的突破与创新，而勒菲弗尔的改写理论却是福柯等的解构主义理论在翻译领域的运用与发展。因此，在本书的讨论中，笔者不会将变译理论纳入后现代翻译思想的范畴之内。

　　操控学派在西方形成于 20 世纪八九十年代，而引进到国内时已经是 20 世纪末 21 世纪初了。根据笔者收集到的文献来看，率先引进操控学派理论的应该是王晓元于 1999 年发表在《中国翻译》上的《意识形态与文学翻译的互动关系》。从写作的内容看，该文并非基于操控学派理论，不过文章中明确提到了勒菲弗尔有关意识形态与翻译关系的论述[①]。2001 年侯晶晶发表了《论文化对翻译的操控现象》[②]《从中国近现代翻译史看政治对翻译的操控》[③] 和《论翻译中的操控现象》[④] 三篇文章。同年，秦文华发表了论文《翻译：一种双重权力话语制约下的再创造活动》[⑤]，张瑜发表了论文《权力话语制约下的翻译活动》[⑥]，两篇文章都运用了福柯的权力话语理论，分析了各种权力话语对翻译活动的制约。这些文章对操控学派的理论在中国的传播起到了推动作用。此后，陆续有期刊论文、硕博学位论文、论文集和专著出版，让操控学派的理论在短短十几年内成为中国翻译界最受关注的理论之一。

　　要详尽统计有关翻译操控理论的文献是一件极为困难的事情。在这里，笔者根据操控学派一些常用的关键词，分别以"操控翻译""改写翻译""权力翻译""意识形态翻译""诗学翻译""摆布翻译"和"赞助翻译"为篇名在"中国期刊全文数据库"和"中国优秀硕士学位论文库"中进行模糊检索，并将分别检索的结果相加，一共检索到期刊论

---

① 王晓元：《意识形态与文学翻译的互动关系》，《中国翻译》1999 年第 2 期。

② 侯晶晶：《论文化对翻译的操控现象》，《山西师大学报》（社会科学版）2001 年第 1 期。

③ 侯晶晶：《从中国近现代翻译史看政治对翻译的操控》，《深圳大学学报》（人文社会科学版）2001 年第 6 期。

④ 侯晶晶：《论翻译中的操控现象》，《外语与外语教学》2001 年第 7 期。

⑤ 秦文华：《翻译：一种双重权力话语制约下的再创造活动》，《外语学刊》2001 年第 3 期。

⑥ 张瑜：《权力话语制约下的翻译活动》，《解放军外国语学院学报》2001 年第 5 期。

文 909 篇，其中核心期刊论文 196 篇；检索到硕士学位论文 418 篇①。在这里笔者想强调一点，这样检索的结果中肯定会有重复统计的文献，也肯定会有遗漏掉的文献。不过，经观察，重复和遗漏的文献数量不会太多，所以，这里统计的数据基本上能反映出操控学派翻译研究的现状。统计的结果详见表 9 与表 10。

表 9　　　　　　　　　操控学派翻译研究期刊论文统计表

年份	1999	2000	2001	2002	2003	2004	2005	2006	2007	核心
篇数	1	1	6	7	13	16	27	42	56	196
年份	2008	2009	2010	2011	2012	2013	2014	2015	2016	总计
篇数	75	86	99	71	112	83	86	73	43	909

表 10　　　　　　　　操控学派翻译研究硕士学位论文统计表

年份	2003	2004	2005	2006	2007	2008	2009	2010	2011	2012	2013	2014	2015	2016	总计
篇数	2	7	24	29	39	30	40	40	47	40	34	36	41	9	418

另外，笔者综合运用多种检索方法，从国家图书馆、中国博士学位全文数据库、万方数据库、华东师范大学图书馆等地方检索到操控学派翻译研究的博士学位论文 11 篇，专著 6 部，详见表 11 和表 12。

表 11　　　　　　　　操控学派翻译研究博士学位论文统计表

作者	篇名	学校	年份
查明建	意识形态、诗学与文学翻译选择规范：20 世纪 50—80 年代中国的（后）现代主义文学翻译研究	岭南大学	2003
贺显斌	论权力关系对翻译的操控	厦门大学	2004
费小平	翻译的政治：翻译研究与文化研究	四川大学	2004
王晓元	翻译、意识形态与话语：中国 1895—1911 年文学翻译研究	岭南大学	2006
侯萍萍	意识形态，权力与翻译：对《毛泽东选集》英译的批评性分析	山东大学	2008
陈鸣	操控理论视角观照下当代中国的外国文学翻译研究	山东大学	2009

---

① 检索时间为 2016 年 11 月 22 日。

续表

作者	篇名	学校	年份
孙志祥	文本意识形态批评分析及其翻译研究	南京师范大学	2009
曾记	从同一到差异——翻译研究的差异主题和政治、伦理维度	中山大学	2009
鲁伟	老舍作品翻译的文学再现与权力运作	山东大学	2013
冉诗洋	翻译过程中的权力关系：以英译《红楼梦》为例	山东大学	2013
申连云	从"操控"到"投降"——全球化背景下翻译伦理模式构想	南京师范大学	2014

表 12　　　　　　　　操控学派翻译研究专著统计表①

作者	篇名	出版社	年份
许宝强 袁伟选	语言与翻译的政治（选译集）	中央编译出版社	2001
赵彦春	翻译学归结论	上海外语教育出版社	2005
王宪明	语言、翻译与政治：严复译《社会通诠》研究	北京大学出版社	2005
赵文静	翻译的文化操控：胡适的改写与新文化的建构	复旦大学出版社	2006
杨柳	翻译诗学与意识形态	科学出版社	2010
朱耀先 张香宇	政治·文化·翻译	河南人民出版社	2010

从上面四个表格的统计数据来看，操控学派的翻译研究在中国十分繁荣，这是与勒菲弗尔作为文化转向的棋手在中国拥有巨大的影响力分不开的。由于文献众多，在有限的时间内笔者只能选择一些重要的，有影响力的文献进行分析。通过对这些文献粗略地分析，我们认为中国的操控学派的翻译研究包含以下几个方面的内容。

（1）对操控学派翻译理论的评介。2001 年，张瑜在《权力话语制约下的翻译活动》一文中，介绍福柯的权力话语理论，并分析了社会历史、政治、经济、意识形态和伦理道德等因素对翻译活动的制约②。2003 年，王东风在《一只看不见的手：意识形态对翻译实践的操纵》中，介绍了翻译与意识形态的关系，指出传统翻译观的最高准则就是

---

① 这里的统计同样不包含由表 19 中的博士学位论文出版而来的专著。
② 张瑜：《权力话语制约下的翻译活动》，《解放军外国语学院学报》2001 年第 5 期。

"忠"，但在这个最高准则之上还有一只无形的手操控着翻译活动，那就是意识形态①。2005 年，何绍斌发表了《作为文学"改写"形式的翻译：André Lefevere 翻译思想研究》，在该文中，作者将勒菲弗尔的翻译思想划分为传统、转折和发展成熟三个阶段，指出勒菲弗尔与其他翻译观最大的不同是他将改写视为翻译的本质②。在中国，这类评介性的研究成果在操控学派的翻译研究中占有较大的比例，数量十分庞大，在此就不一一列举了。不过，在分析现有文献的过程中，笔者发现，这种评介主要局限在福柯和勒菲弗尔的理论之上，对操控学派的其他成员的研究鲜有提及。由此观之，操控学派理论的评介还可以更加深入与系统。

（2）运用研究。这类的研究成果在中国操控学派的翻译研究中占据了绝大部分。根据笔者在文献统计过程中的观察，运用性的研究在该学派的研究中所占比例至少在五成以上。其中，具有代表性的是查明建、王友贵、赵文静、冉诗洋等的研究成果。查明建的博士学位论文以佐哈尔的多元系统论作为基本理论框架，以勒菲弗尔等人的理论作为探讨具体翻译现象的理论视点，在当代中国文化多元系统动态演进的时空中，分析意识形态、诗学、文学体制与文学翻译选择规范的形成和嬗变的关系，由此阐释（后）现代主义文学在中国 20 世纪 50—70 年代被边缘化，在 80 年代被中心化的意识形态和诗学原因③。王友贵以勒菲弗尔、赫曼斯和本雅明等人的理论为出发点，考察了 1899—1979 年意识形态对中国翻译文学史的影响和操控。该文从宏观视角考察了意识形态在不同时期的演变对翻译所产生的影响，指出国家之间的翻译关系可以折射出国与国之间在政治、文化、文学话语权方面的现实关系和历史关系④。赵

---

① 王东风：《一只看不见的手：意识形态对翻译实践的操纵》，《中国翻译》2003 年第 5 期。

② 何绍斌：《作为文学"改写"形式的翻译：André Lefevere 翻译思想研究》，《解放军外国语学院学报》2005 年第 5 期。

③ 查明建：《意识形态、诗学与文学翻译选择规范：20 世纪 50—80 年代中国的（后）现代主义文学翻译研究》，博士学位论文，岭南大学，2003 年。

④ 王友贵：《意识形态与 20 世纪中国翻译文学史（1899—1979）》，《中国翻译》2003 年第 5 期。

文静运用操控学派的改写理论分析了胡适的创作和翻译，她指出，胡适的创作如文章《文学改良刍议》和《论短篇小说》，诗歌《尝试集》和独幕剧《终身大事》等都可以纳入改写的范围研究；而胡适在翻译时，改写是极为谨慎的，除个别地方考虑到接受者的意识形态而改动外，很少在原文的基础上进行增减①。冉诗洋的博士学位论文系统地分析了政治、经济和文化三种权力关系对翻译过程产生影响的可能性、影响程度和影响原因，在对比分析《红楼梦》的两个译本后指出，杨译本和霍译本受到不同的政治、经济和文化权力的制约，因此在文本选择、翻译原则和翻译方法方面有所不同，从而形成了差异明显的译本②。除此之外，王宪明③、王晓元④、侯萍萍⑤、陈鸣⑥、鲁伟⑦等的研究也属于应用研究之列。这些应用研究的成功，一方面介绍了操控学派的翻译观点，推动了其在中国的传播；另一方面也揭示了中国一些翻译作品和现象背后的社会文化因素，有助于加深我们对社会和翻译的理解。

（3）理论上的深化与发展。操控学派的翻译研究在中国十分繁荣，除了大量的介绍性和运用性研究外，也有一些学者在理论上进行了可贵的探索，在一定程度上促进了操控学派理论的发展与完善，如费小平、孙志祥、王晓元等的研究。费小平的博士论文《翻译的政治：翻译研究与文化研究》是国内最早将"翻译与政治"纳入学理层面考察的研究之一。作者在论文中爬梳中西历史语境中的翻译政治话题，揭示了翻译

①　赵文静：《翻译的文化操控：胡适的改写与新文化的建构》，复旦大学出版社 2006年版。

②　冉诗洋：《翻译过程中的权力关系：以英译〈红楼梦〉为例》，博士学位论文，山东大学，2013 年。

③　王宪明：《语言、翻译与政治：严复译〈社会通诠〉研究》，北京大学出版社，2005年版。

④　王晓元：《翻译、意识形态与话语：中国 1895—1911 年文学翻译研究》，博士学位论文，岭南大学，2006 年。

⑤　侯萍萍：《意识形态、权力与翻译——对〈毛泽东选集〉英译的批评性分析》，博士学位论文，山东大学，2008 年。

⑥　陈鸣：《操控理论视角观照下当代中国的外国文学翻译研究（1949—2008）》，博士学位论文，山东大学，2009 年。

⑦　鲁伟：《老舍作品翻译的文学再现与权力运作》，博士学位论文，山东大学，2013 年。

背后的政治因素，从而证明翻译并不是一项单纯的语言工作①。作者的分析并不局限于此，进而提出了重建文化层面的翻译诗学的说法。"翻译诗学"的概念将译介学对"翻译文学"的关注扩大至与思想、历史、传媒等诸多领域相关联的整个翻译研究之中，有助于今后更好地拓宽翻译研究的深度与广度②。孙志祥的博士学位论文《文本意识形态批评分析及其翻译研究》是一篇在研究意识形态与翻译关系方面非常好的成果。勒菲弗尔的意识形态主要关注的是显性的意识形态（文本外的意识形态），而孙志祥的研究则是以隐性的意识形态（文本内的意识形态）为主。他指出，译者的选择并不一定是意识形态等外部因素有意识选择的结果，可能是翻译者无意识的抉择，研究者不能简单地通过主流意识形态来确定译者的意识形态，翻译很多时候是文本内与文本外意识形态博弈的结果③。孙志祥的隐性的意识形态研究无疑是对勒菲弗尔等翻译思想的补充与纠正，并且他的研究并非简单的理论套用，而是基于深度的文本分析与阐释，因而显得非常具有说服力。杨柳的专著《翻译诗学与意识形态》将翻译诗学与意识形态结合起来，国内在这方面的研究还比较少见。她从意识形态与隐形的翻译诗学，意识形态的多样性与诗学的改写，审美意识形态与诗学的"离间"，个体意识形态与现当代诗学的传译，文化意识形态与译者的诗学策略，政治意识形态与翻译诗学的构建，意识形态前结构与诗学的误读，经济的意识形态与商标的翻译诗学，媒介意识形态与翻译诗学的嬗变，后现代意识形态与对话的翻译诗学十个方面对意识形态与翻译的关系进行了探讨④。该书的内容十分丰富，提出了不少新的概念与观点，对操控学派的观点来说是一次丰富与发展。在理论上具有研究深度的成果还很多，笔者就不在此一一列举。

（4）批评与质疑。与其他的后现代主义翻译流派的研究一样，国内操控学派翻译研究中一直伴随着批判与质疑。对操控学派翻译研究持

① 费小平：《翻译的政治：翻译研究与文化研究》，博士学位论文，四川大学，2004 年。

② 刘静：《翻译的政治谱系与翻译研究新视角：评费小平的〈翻译的政治：翻译研究与文化研究〉》，《中国比较文学》2006 年第 1 期。

③ 孙志祥：《文本意识形态批评分析及其翻译研究》，博士学位论文，南京师范大学，2009 年。

④ 杨柳：《翻译诗学与意识形态》，科学出版社 2010 年版。

批判态度的有赵彦春、彭长江、申连云等。赵彦春在《对"摆布派"译论的译学反思》一文中就指出，摆布派理论有"重换喻轻隐喻，重译文轻原文"的缺点①。赵彦春的专著《翻译学归结论》更是一部对操控学派等后现代主义翻译流派的反思与批判之作。作者指出，操控与改写是翻译非本质的、特异的、偏态的，而非本质的、普遍的、常态的特性；并提出以归结主义的方法来揭示翻译的本质②。相对而言，赵彦春的批评是比较客观的、冷静的，而另外一些批评者就没那么客气了。彭长江、廖红龙认为操控理论下的复合文本研究不能鸠占鹊巢，将自己视为正宗的翻译学③。李龙泉认为，操控理论呈现在"读者眼前的更多的只是一个以顺从、讨好、献媚他人意志为能事，徒具肉体却没有独立精神与灵魂的改写者形象，凸显译者主体地位一说完全不能成立"④。申连云将操控理论视为"以自我为中心，以自我为尺度的利己主义"⑤。这些批评与质疑在一定程度上揭示了操控学派的局限，但他们的批评也有点言过其实，在一定程度上是对操控学派理论的误读。遗憾的是，对操控学派理论持肯定态度的研究者不少，但少有人站出来，回应这些批评与质疑。在笔者看来，这些批评一方面是源于批评者非此即彼的二元对立思维，另一方面他们忽略了包含操控学派在内的文化学派的理论在提出之初，甚至现在仍是一种边缘理论的事实，非要将其视为中心与主流。是中心还是边缘，这对理解后现代主义范畴之下的翻译理论是有根本性差异的。在本书后面的章节，将对这些批判和质疑进行更为详细、更系统的解释，在此就不再赘言。

从上面的统计与分析中，我们可以看到操控学派的翻译研究在中国已经取得了一定的成就。操控等文化学派理论的引入对于略显保守的中国译界具有非常重要的意义。这些理论不仅拓展了翻译研究的领域，更为重要的是它们让翻译摆脱了语言转换技能的工具观，增强了翻译研究

① 赵彦春：《对"摆布派"译论的译学反思》，《外国语》2003 年第 4 期。

② 赵彦春：《翻译学归结论》，上海外语教育出版社 2005 年版。

③ 彭长江、廖红龙：《论"重写、摆布"论的本质与地位为"忠实"原则辩护》，《外语与翻译》2006 年第 3 期。

④ 李龙泉：《"改写论"的缘由及弊端》，《上海翻译》2009 年第 1 期。

⑤ 申连云：《翻译伦理模式研究中的操控论与投降论》，《外国语》2016 年第 2 期。

的学理意识。

第四节　国内后殖民翻译思想评述

殖民统治与殖民反抗对中国来说并不陌生，中国的台湾、香港和澳门都有过被殖民统治的历史，中国大陆也有过不短的半殖民地半封建时期。尽管如此，"后殖民研究"在中国也还是完全的舶来品。有但并不完全的殖民经历再加上舶来品的理论，这两个事实放在一起，足以在中国学界激起种种纷争。首先，并不完全的殖民经历就产生了"后殖民研究"这样的理论适不适合中国学界的疑问。反对后殖民理论的学者认为，中国并没有被完全殖民化过，"后殖民研究"主要是针对前殖民地独立后的状况，因此，"后殖民研究"并不适合中国的语境。这种观点也有一定的道理。不过，在前面第二章中，我们提到过，罗宾逊曾总结过"后殖民研究"的三个层次的定义。这里，部分学者的观点显然是基于罗宾逊的第一个层次的定义。在第三个层次的定义中，罗宾逊明确指明，"后殖民研究"研究的是所有文化、社会、国家和民族与其他文化之间的权利关系，其涵盖的范围包含整个人类历史[1]。所以，从定义上将中国文化同其他文化的关系纳入"后殖民研究"的范围是没有问题的。退一步说，即使从定义上认定中国不属于"后殖民研究"的范围，中国从清朝末年起遭受西方列强的侵略和中国目前相较于西方文化仍处于弱势的事实也表明："后殖民研究"反对西方文化霸权和倡导多元的议题对中国来说也是有启发意义的。

"后殖民翻译研究"在中国的历史并不长。研究者们（如柳林[2]、陈橙[3]、杨柳[4]、胡作友[5]等）通常将2001年许宝强和袁伟选编的《语言与翻译的政治》一书作为后殖民翻译研究的起点。该书包含了中国学

---

① Douglas Robinson, *Translation and Empire*：*Postcolonial Theories Explained*, Beijing：Foreign Language Teaching and Research Press, 2012, pp. 13-14.

② 柳林：《后殖民翻译研究的中国话语》，《中国翻译》2007 年第 3 期。

③ 陈橙：《后殖民主义翻译理论在中国的"旅行"》，《社会科学研究》2008 年 6 期。

④ 杨柳：《20 世纪西方翻译理论在中国的接受史》，上海外语教育出版社 2009 年版。

⑤ 胡作友：《后殖民主义翻译理论在中国的接受》，《学术界》2014 年第 6 期。

者所翻译的福柯、尼南贾娜、斯皮瓦克、西蒙、韦努蒂等人的文章。从
该书在中国翻译界的影响力来说，确实可以在某种程度上将该书作为中
国后殖民翻译研究的起点。但就历史事实而言，这与真实的情况相去甚
远。对国外学者有关后殖民理论的翻译在文学批评界早已有之。1991
年，王逢振等主编的《最新西方文论》中就翻译了萨义德的论文《世
界·文本·批评家》。1998 年盛宁和韩敏翻译出版了英国学者博埃默
（Elleke Boehmer）的《殖民与后殖民文学》（*Colonial & Postcolonial Lit-
erature*）。1999 年，王宇根翻译出版了萨义德的代表作《东方学》，被
认为"填补了国内学界的一大空白"[1]。除了理论的译介外，后殖民翻
译理论的研究在 2001 年前也早已存在。早在 1979 年，马祖毅在《鸦片
战争后五四运动前的翻译》一文中就揭露了殖民主义者和传教士将西方
图书翻译到中国，来美化殖民侵略，从精神上控制中国的事实，现我们
将相关论述引录如下：

> 他们在有些编译的书籍里，谈到西方资产阶级革命时，则说其
> 为"乱党弑君"，和"洪水猛兽"一样，犯下了"滔天大罪"，竭
> 力反对中国走这条路。有些书则拼命美化帝国主义的侵略，说什么
> 帝国主义掠夺殖民地是出于"不得已"，是如何"合情合理"等
> 等。该会还出版《万国公报》月刊，多载时事论文及中外重大政治
> 法令。后期又刊行《大同报》，登载哲学、教育、历史、宗教、农
> 业、动植物等方面的译著。他们之所以大量出版书籍和刊物，而且
> 免费赠送，是要利用满清政府中所谓"维新"人物企求富强的目
> 的，利用中日战争后全国士大夫阶级趋向"新学"的潮流，来垄断
> 中国这一文化新潮流的发展，企图把旧的士大夫阶级加以改造，使
> 之服从传教士的"精神领导"[2]。

揭露翻译在殖民构建中的"共谋"作用是后殖民翻译研究的核心

① 张德明：《后殖民理论在中国语境的旅行（1992—2012）》，《浙江大学学报》（人文
社会科学版）2014 年第 1 期。
② 马祖毅：《鸦片战争后五四运动前的翻译》，《安徽大学学报》1979 年第 1 期。

议题之一。显然，马祖毅的这段论述触及了后殖民翻译研究的核心话题。

在这之后的 1996 年，韩加明在《中国翻译》上发表了《"翻译研究"学派的发展》一文，文中介绍了摆布学派、后殖民翻译研究和女性主义翻译研究；在该文中作者还较为详细地介绍了巴西的食人主义翻译观，并指出这种后殖民主义翻译研究实际上表明了弱者与强者抗衡的努力①。在这篇文章中，作者直接使用了"后殖民翻译研究"一词，这比罗宾逊在《翻译与帝国》中正式提出"后殖民翻译研究"（Postcolonial Translation Studies）还早一年。1998 年林克难在《天津外国语学院学报》上发表了《美国大学翻译课》一文，总结了作者在美国做高级访问学者期间听相关课程的感受，包括杰特森（Donald Gjertsen）的"翻译的问题与方法"（Problems and Methods in Translation），提莫志科的"翻译理论与实践"（Theory and Practice of Translation），根茨勒的"翻译与后殖民主义"（Translation and Postcolonialism），并指出文学派翻译理论②的最大特点是根本不谈直译和意译这样的具体的翻译问题，可以通过两种语言对译数量上的悬殊，联系到发达国家与发展中国家之间的权力平衡问题，并认为这种悬殊反映的是一种文化霸权主义③。1999 年，刘禾出版了专著《语际书写：现代思想史写作批判纲要》，她在"可译性"的大主题下探讨了后殖民批评理论中的一个重要命题："理论的旅行"与跨文化交际的可能性问题④。2000 年，陈德鸿与张南峰合编的《西方翻译理论精选》在绪论中提到了"后殖民学派"，并在"解构学派"一节包含了吴兆朋翻译的韦努蒂的《翻译再思》（Rethinking Translation）的前言⑤。同年，还出现了一篇针对后殖民理论翻译的批评文章。刘须明和王旭东发表了《斯皮瓦克与后殖民理论翻译批评小议》，对王丽丽翻译的斯皮瓦克的《三位妇女

---

① 韩加明：《"翻译研究"学派的发展》，《中国翻译》1996 年第 5 期。

② 按现在的理解，应该是指"文化学派的翻译理论"。

③ 林克难：《美国大学翻译课》，《天津外国语学院学报》1998 年第 4 期。

④ 刘禾：《语际书写：现代思想史写作批判纲要》，生活·读书·新知三联书店 1999 年版。

⑤ 陈德鸿、张南峰编：《西方翻译理论精选》，香港城市大学出版社 2000 年版。

的文本与帝国主义的批判》一文中出现的一些误读和误译进行了批
评①。不知道出于什么原因，在现有的回顾和综述后殖民翻译研究的
成果中，研究者多对上面笔者提到的这些文献选择了忽视。可见，在
文献挖掘方面，我们还有大量的工作可以做。

　　从 2001 年起，国内有关后殖民翻译研究的文章和著作不断出现，
后殖民翻译研究也逐渐成为翻译研究中的一个热点。2016 年 11 月 17
日，笔者在"中国期刊全文数据库"和"中国优秀硕士学位论文全文
数据库"中以"后殖民翻译"为篇名进行模糊检索，检索到期刊文章
216 篇，其中核心期刊文章 40 篇，硕士学位论文 87 篇，详细情况见表
13 和表 14。

表 13　　　　　　　　后殖民翻译研究期刊论文统计表

年份	2001	2002	2003	2004	2005	2006	2007	2008	2009
篇数	1	2	2	7	5	8	12	15	20
年份	2010	2011	2012	2013	2014	2015	2016	核心	总计
篇数	16	24	23	16	23	15	10	40	216

表 14　　　　　　　　后殖民翻译研究硕士学位论文统计表

年份	2003	2004	2005	2006	2007	2008	2009	2010	2011	2012	2013	2014	2015	总计
篇数	1	4	3	6	12	5	7	6	10	9	11	3	10	87

　　在"中国博士学位论文数据库""万方数据库"和"中国国家图书
馆"中，笔者综合运用各种检索手段，检索到有关后殖民翻译研究的博
士学位论文 8 篇，详见表 15。

表 15　　　　　　　　后殖民翻译研究博士学位论文统计表

序号	作者	篇名	学校	年份
1	韩子满	文学翻译中的杂合现象	解放学军外国语学院	2002

---

① 刘须明、王旭东：《斯皮瓦克与后殖民理论翻译小议》，《淮阴师范学院学报》（哲
学社会科学版）2000 年第 5 期。

续表

序号	作者	篇名	学校	年份
2	孙会军	普遍与差异：后殖民批评视阈下的翻译研究	南京大学	2002
3	关熔珍	斯皮瓦克研究	四川大学	2007
4	王富	后殖民翻译研究反思	中山大学	2009
5	唐艳芳	赛珍珠《水浒传》翻译研究——后殖民理论的视角	华东师范大学	2009
6	张锷	Homi Bhabha 后殖民理论阐释及其对翻译研究启示的案例研究	华东师范大学	2011
7	杜涛	"此"与"彼"：后殖民视阈下的流散美国华人文学文化翻译研究	上海外国语大学	2012
8	王惠萍	后殖民视阈下的戴乃迭文化身份与译介活动研究	上海外国语大学	2014

另外，笔者还通过各种途径，收集到有关后殖民翻译研究的专著 6 部，详见表 16。为了避免重复统计，表 16 中的专著不包含由表 15 中的博士论文出版而来的专著。

表 16　　后殖民翻译研究论著统计表

序号	作者	书名	出版社	年份
1	吴文安	后殖民翻译研究：翻译和权力关系	外语教学与研究出版社	2008
2	朱惠足	现代的移植与翻译：日治时期台湾小说的后殖民思考	麦田出版	2009
3	张君玫	后殖民的阴性情境：语文、翻译和欲望	群学出版有限公司	2012
4	刘佳	后殖民、翻译、权力话语：后殖民主义译论与当代中国翻译	四川大学出版社	2014
5	杨司桂、李霞、贺桂华	对话与共谋：翻译中的后殖民主义和女性主义研究	四川大学出版社	2014
6	王晓莺	离散译者张爱玲的中英翻译：一个后殖民女性主义的解读	中山大学出版社	2015

纵观这些文献，中国的后殖民翻译研究大致包含以下几个方面的内容：

（1）对后殖民翻译理论基本概念和著作的引进和评介。林克难在《文化翻译的一部力作》中评介了提莫志科的《后殖民语境中的翻译》一书①。蒋骁华介绍了巴西"吃人"理论源流与演变，并详细介绍了坎波斯（Campos）"吃人"翻译理论的内涵与实践。他指出，虽然巴西的"吃人"翻译理论不同于韦努蒂的异化翻译，是一种归化翻译策略，但二者殊途同归，互为补充，都旨在反对文化霸权主义、提高弱势文化的地位和促进多元共生与发展②。李红满扼要评述了西方后殖民翻译研究的重要代表性著作，指出该理论注重分析蕴含在翻译文本之中的权力关系和历史语境，为新世纪的翻译研究提供了全新的视角和思维方法③。陈永国在《从解构到翻译：斯皮瓦克的属下研究》一文中集中探讨了斯皮瓦克应用德里达的解构主义批评方法进行的属下研究④。徐朝友评介了阿尔伯特·布兰奇戴尔（Albert Branchadell）与洛弗尔·玛格丽特·韦斯特（Lovell Margaret West）合编的《较少翻译的语言》（*Less Translated languages*）一书⑤。邵璐对西蒙和皮埃尔合编的《变换术语：后殖民时代的翻译》进行了介绍与评价⑥。从收集到的文献来看，现阶段中国的后殖民翻译研究中评介性的研究占了较大比重。

（2）以后殖民主义翻译理论为指导，分析具体的翻译实践。陈历明对比分析了《红楼梦》的两个英译本，认为霍译本体现了"殖民者的凝视"，杨译本则体现了一种"非殖民化的对峙"⑦。王辉从后殖民视角分析了辜鸿铭翻译的《中庸》译本，他指出，辜鸿铭广引西书，以证儒学，与韦努蒂提倡的"异化"翻译大异其趣；并认为，辜鸿铭的

---

① 林克难：《文化翻译研究的一部力作》，《外语教学与研究》2001 年第 2 期。

② 蒋骁华：《巴西的翻译："吃人"翻译理论与实践及其文化内涵》，《外国语》2003 年第 1 期。

③ 李红满：《翻译研究的后殖民话语》，《山东外语教学》2003 年第 2 期。

④ 陈永国：《从解构到翻译：斯皮瓦克的属下研究》，《外国文学》2005 年第 5 期。

⑤ 徐朝友：《后殖民翻译研究的新收获：评〈较少被翻译的语言〉》，《中国翻译》2006 年第 4 期。

⑥ 邵璐：《〈变换术语：后殖民时代的翻译〉评介》，《外语与外语教学》2006 年第 12 期。

⑦ 陈历明：《从后殖民主义视角看〈红楼梦〉的两个英译本》，《四川外语学院学报》2004 年第 6 期。

翻译打破了由传教士、汉学家垄断中学西渐、制造中国形象的局面，夺回了代表中国发言的话语权。他的翻译具有反对殖民主义，尤其是文化殖民的初衷与色彩①。唐艳芳②和张志强③分别从后殖民视角对赛珍珠翻译的《水浒传》进行了考察，得出了相似的结论。他们认为赛珍珠译本是一个典型的"杂糅"译本，有利于反抗殖民主义文化霸权，实现多元共存。杜涛从后殖民视角考察了流散美国华人文学文化翻译，指出早期的美国华人有自我东方化的倾向，他们牺牲自我，迎合他者的期待视野；20世纪60年代后，他们开始构建华裔的族群特性，但是他们的双重身份让他们处于一种非此非彼的状态；20世纪90年代以后，他们不再拘泥于身份，不再强调族群特性，安于边缘，也乐于从边缘发出怀疑④。除此之外，朱惠足的专著《现代的移植与翻译：日治时期台湾小说的后殖民思考》⑤、王惠萍的博士学位论文《后殖民视阈下的戴乃迭文化身份与译介活动研究》⑥ 和王晓莺的专著《离散译者张爱玲的中英翻译：一个后殖民女性主义的解读》⑦ 等都是运用后殖民翻译理论分析翻译实践的佳作。

（3）后殖民翻译研究的深化与发展。后殖民翻译研究虽然在中国的历史并不长，但研究者们也没有仅仅停留在介绍和运用的层面上，不少研究成果都在国外理论的基础上有了突破。韩子满的博士学位论文《文学翻译杂合研究》就是一个不错的例子。该论文从杂合与文学翻译

① 王辉：《后殖民视域下的辜鸿铭〈中庸〉译本》，《解放军外国语学院学报》2007年第1期。

② 唐艳芳：《赛珍珠〈水浒传〉翻译研究：后殖民理论的视角》，博士学位论文，华东师范大学，2009年。

③ 张志强：《后殖民翻译理论观照下的赛珍珠〈水浒传〉译本》，《中国翻译》2010年第2期。

④ 杜涛：《"此"与"彼"：后殖民视阈下的流散美国华人文学文化翻译研究》，博士学位论文，上海外国语大学，2012年。

⑤ 朱惠足：《现代的移植与翻译：日治时期台湾小说的后殖民思考》，麦田出版2009年版。

⑥ 王惠萍：《后殖民视阈下的戴乃迭文化身份与译介活动研究》，博士学位论文，上海外国语大学，2014年。

⑦ 王晓莺：《离散译者张爱玲的中英翻译：一个后殖民女性主义的解读》，中山大学出版社2015年版。

研究的关系，文学翻译中的原文杂合，文学翻译中的译文杂合，有关翻译的理论思考和全球化与翻译杂合等层面全面地研究了文学翻译中的各种杂合现象，指出译文的杂合不仅是必然的，也是值得提倡的①。孙会军的博士学位论文《普遍与差异：后殖民批评视域下的翻译研究》也是中国后殖民翻译研究的一项重要成果。作者先以后殖民批评中的一对概念——普遍性与差异性为切入点，以福柯的权力话语为理论基础，对西方文化的语言、文化和思想的普世性进行了质疑，对翻译活动或译学构建中体现出来的本族文化中心主义进行了抨击；然后作者运用了哈贝马斯的交往行动理论来指导翻译学的重建②。吴文安的专著《后殖民翻译研究：翻译和权力关系》涵盖的内容十分丰富，探讨了解构主义与后殖民翻译研究的关系，后殖民写作与后殖民翻译的关系，误译、权力关系参照下的翻译研究等，对后殖民翻译研究具有一定的启发③。此外，关熔珍④、王富⑤、刘佳⑥等的研究成果也颇具启发性。

（4）综述后殖民翻译研究在中国的发展轨迹。这方面的研究包括柳林的《后殖民翻译研究的中国话语》⑦，陈橙的《后殖民主义翻译理论在中国的"旅行"》⑧，胡作友《后殖民主义翻译理论在中国的接受》⑨ 等。这些研究勾勒出了后殖民翻译研究在中国起源与发展的轨迹，对国内后殖民翻译研究的内容进行了总结，指出了取得的成就和不足。不过，正如我们在前面指出那样，现有的研究对国内后殖民翻译研究文献的爬梳与总结多有遗漏，在这里，笔者略微做了一些补充。我们相信，在这方面还有很多材料有待挖掘。

---

① 韩子满：《文学翻译中的杂合现象》，博士学位论文，解放学军外国语学院，2002 年。

② 孙会军：《普遍与差异：后殖民批评视阈下的翻译研究》，博士学位论文，南京大学，2002 年。

③ 吴文安：《后殖民翻译研究：翻译和权力关系》，外语教学与研究出版社 2008 年版。

④ 关熔珍：《斯皮瓦克研究》，博士学位论文，四川大学，2007 年。

⑤ 王富：《后殖民翻译研究反思》，博士学位论文，中山大学，2009 年。

⑥ 刘佳：《后殖民、翻译、权力话语：后殖民主义译论与当代中国翻译》，四川大学出版社 2014 年版。

⑦ 柳林：《后殖民翻译研究的中国话语》，《中国翻译》2007 年第 3 期。

⑧ 陈橙：《后殖民主义翻译理论在中国的"旅行"》，《社会科学研究》2008 年 6 期。

⑨ 胡作友：《后殖民主义翻译理论在中国的接受》，《学术界》2014 年第 6 期。

从上面收集到的数据和我们的总结可以看出，中国的后殖民翻译研究取得了不错的成绩。但是，我们在分析时也发现中国的后殖民翻译研究还存在很多问题。有的问题是与其他的后现代主义翻译研究流派共有的，将在本章结束时再分析。在这里，简单分析一下我国后殖民翻译研究特有的一些问题。首先，中国的后殖民翻译研究存在着误读国外理论的问题。我们以归化、异化为例。韦努蒂提倡异化翻译是有特定语境、有特定策略和特定目的。而中国很多研究者没有仔细考虑这些因素，就跟着喊出翻译要以异化为主。仔细对比一下，中国学者理解的异化和韦努蒂提倡的异化其实有很大的差异。韦努蒂的异化是针对译入而言，要反对的是译入国的主流诗学和民族中心主义；而中国的异化很大程度上是针对译出而言，要反对的是国外的文化霸权主义。韦努蒂的异化是要反对同一，提倡差异，与忠实的关系并不大；而国内很多学者提倡异化是为了忠实于原文。韦努蒂的异化主要是用异于译入国的主流话语（如方言和古语）来实现；而在中国，方言和古语被认为是极端的归化现象。韦努蒂虽然提倡异化，但是从未说过要以异化为主；而国内很多学者一开口就是要以异化为主。显然，国内的异化在很大程度上不过是对韦努蒂理论的误读和挪用罢了。

另外，中国的后殖民翻译研究有一股强烈的民族主义和排外、仇外的情绪在里面。在理论上，我们过于强调后殖民翻译理论的对抗性。国与国之间的文化交流，不仅仅有对抗和冲突，还有和谐与融合。但我们的部分研究者只看到了对抗，没看到融合。在翻译批评上，国内的部分学者存在因人而异，区别对待的现象。同样是归化翻译，辜鸿铭的翻译就被认为是抵抗殖民文化，而霍克斯（David Hawkes）就是"殖民者的凝视"；同样是异化，中国学者的翻译就是抵抗文化霸权主义，而西方学者的翻译就是迎合西方人猎奇的心态。对比同一部作品的翻译，只要既有中国译者的翻译又有外国译者的翻译，那么外国译者就会被贴上"东方主义"的标签。从理雅各（James Legge）到赛珍珠（Pearl S. Buck），从霍克斯到葛浩文（Howard Goldblatt），不管他们在译介中国文化方面有多大贡献，一律逃不掉被贴上"东方主义"标签的命运。刘禾在《黑色的雅典：最近关于西方文明起源的论争》一文中曾说："我认为，对西方文化霸权的批判，是必要的，甚至是相当迫切的。但这种批判必须超越苦大仇深的境界，才能趋向成熟。"① 看来，二十多年过去了，我们依然还未成熟。

第五节　国内女性主义翻译思想评述

女性主义（feminism）早在"五四运动"时期就已经介绍到了中国，彼时多译为"女权主义"，因为那时候的女权运动主要是争取男女平等的权利。然而，由于中国特有的社会文化传统，女权运动在中国并没有像在西方社会那样发展成一支独立的力量。之后，女权运动再次来到中国并产生影响已经是 20 世纪 80 年代初的事情了。此时的女权运动因此更多的是强调性别差异和文化意识，feminism 更多的是翻译成"女性主义"。据赵稀方考察，20 世纪 80 年代初，最先将女性主义引进中国的是朱虹，她在 1981 年和 1983 年分别选编的《美国女作家作品选》和《美国女作家短篇小说选》的序言中对西方女性主义的作品进行了初步的介绍②。1986 年桑竹和南珊翻译的波伏娃（Simone de Beauvoir）的代表作《第二性》由湖南文艺出版社出版，产生了深远的影响。随后，西方女性主义思想和作品陆续引进中国。迄今为止，女性主义在中国的研究已经非常深入，在社会、文化、文学等领域都具有广泛的影响。然而，由于中国特殊的社会文化氛围以及法律对男女平等权利的保障，严格说来，中国鲜有或少有真正意义上的女性主义者，有的只是女性主义研究者。由于这个原因，部分研究者认为女性主义这种舶来品不值得引进，没有什么研究意义。然而，笔者的看法刚好相反。严格意义上的女性主义者的缺失更说明了中国女性尚待觉醒，需要国外理论的启迪。另外，中国两千多年的封建统治下形成的"重男轻女"的传统根深蒂固。要改变这种传统，除了法律和政治上的保障外，更需要的是女性意识的觉醒。

相较于文学批评界，女性主义翻译研究在中国的历史更短。在笔者

---

① 刘禾：《黑色的雅典：最近关于西方文明起源的论争》，《读书》1992 年第 10 期。
② 赵稀方：《翻译与新时期的话语实践》，中国社会科学出版社 2003 年版，第 115 页。

收集到的文献中，研究者（如杨柳①、胡作友②、蔡晓东和朱健平③等）通常将女性主义翻译研究在中国的开端追溯到 2000 年廖七一编写的《当代西方翻译理论探索》。而笔者在收集文献的过程中有了新的发现。1994 年，罗林泉与穆雷的论文《加拿大翻译传统》一文发表在《语言与翻译》上。他们认为，"就文学翻译的形式来说，不能忽视女性主义译员们那种强烈的、独创性的，甚至是标新立异的翻译方法"，并指出"他们翻译的作品都坚定地根植于女性主义理想"④。显然，这里已经正式提及了加拿大的女性主义翻译传统。这才是女性主义翻译研究在中国最早的文献。另外，1996 年，韩加明的论文《"翻译研究"学派的发展》发表在《中国翻译》杂志上，文中有一大段是介绍加拿大女性主义翻译研究的⑤。1997 年，谢天振在《启迪与冲击：论翻译研究的最新进展与比较文学的学科困惑》一文中认为："女性主义批评家对翻译研究的加入为当代的翻译研究吹入了一股新风"，作者用了两大段的内容，详细地介绍了女性主义的翻译观⑥。1998 年孔慧怡在《中国比较文学》上发表了论文《晚清翻译小说中的妇女形象》，分析了国外"金发碧眼"的女性形象是如何被翻译成"黑发黑眼"的中国女性形象的⑦。显然，这些文献都在 2000 年之前，所以中国女性主义翻译研究的历史至少可以追溯到 1994 年。

在这之后，女性主义翻译研究的文献逐年增多。2004 年的《中国翻译》就女性主义翻译理论进行了专题讨论，一下刊登了 4 篇文章，分别是：刘军平的《女性主义翻译理论研究的中西话语》、蒋骁华的《女性主义对翻译理论的影响》、徐来的《在女性的名义下"重写"》以及张景华的《女性主义对传统译论的颠覆及其局限性》。这四篇文章的发

---

① 杨柳：《中国语境下的女性主义翻译研究》，《外语与外语教学》2007 年第 6 期。

② 胡作友：《女性主义翻译理论在中国的接受》，《学术界》2013 年第 3 期。

③ 蔡晓东、朱健平：《哲学诠释学对女性主义译论的解构》，《解放军外国语学院学报》2011 第 1 期。

④ 罗林泉、穆雷：《加拿大翻译传统》，《语言与翻译》1994 年第 1 期。

⑤ 韩加明：《"翻译研究"学派的发展》，《中国翻译》1996 年第 5 期。

⑥ 谢天振：《启迪与冲击：论翻译研究的最新进展与比较文学的学科困惑》，《中国比较文学》1997 年第 1 期。

⑦ 孔慧怡：《晚清翻译小说中的妇女形象》，《中国比较文学》1998 年第 2 期。

表极大地促进了中国女性主义翻译理论的研究，从而使女性主义翻译研究在中国走向繁荣。这一点从下面四个表格中对女性主义翻译研究期刊论文、硕士学位论文、博士学位论文和专著的统计情况中可以窥见一斑。

在"中国期刊全文数据库"和"中国优秀硕士学位论文数据库"中，笔者以"女性翻译"为篇名进行模糊检索，共检索到期刊论文443篇，其中核心论文69篇；检索到硕士学位论文216篇①，详情见表17和表18。从总量而言，不论是期刊论文还是硕士学位论文，相较于后现代主义翻译思想的其他流派，女性主义翻译研究的数量都是很大的。但遗憾的是，核心期刊论文的数量略微偏少，这反映出中国女性主义翻译研究的层次偏低，有待深入。

表 17　　　　　　　　　女性主义翻译研究期刊论文统计表

年份	1999	2002	2003	2004	2005	2006	2007	2008	核心
篇数	1	3	3	5	15	23	33	45	69
年份	2009	2010	2011	2012	2013	2014	2015	2016	总计
篇数	43	43	32	41	52	42	32	28	443

表 18　　　　　　　　女性主义翻译研究硕士学位论文统计表

年份	2004	2005	2006	2007	2008	2009	2010	2011	2012	2013	2014	2015	2016	总计
篇数	3	6	14	17	7	25	16	19	22	28	28	19	12	216

另外，笔者综合运用各种检索手段，从国家图书馆、中国知网、华东师范大学图书馆等处收集到女性主义翻译研究博士学位论文7篇，专著9部，详见表19和表20。

表 19　　　　　　　女性主义翻译研究博士学位论文统计表

编号	作者	篇名	学校	年份
1	陈喜荣	加拿大女性主义翻译研究中的性别：罗比涅荷—哈伍德与费拉德翻译理论之比较研究	上海外国语大学	2007

---

① 检索日期 2016 年 11 月 19 日。

续表

编号	作者	篇名	学校	年份
2	朱静	清末民初外国文学翻译中的女译者研究	北京大学	2007
3	关熔珍	斯皮瓦克研究	四川大学	2007
4	李红玉	浮出翻译史地表：性别视角下新时期以来英美女作家作品翻译研究	上海外国语大学	2009
5	沈珂	西蒙娜·德·波伏瓦在中国的译介与接受研究	南京大学	2011
6	郝莉	中国当代女性作家作品英译史研究：性别视角	山东大学	2013
7	王惠萍	后殖民视阈下的戴乃迭文化身份与译介活动研究	上海外国语大学	2014

表 20　　　　　　　　　　女性主义翻译研究专著统计表①

编号	作者	篇名	出版社	年份
1	穆雷	翻译中的性别视角	武汉大学出版社	2008
2	王方路	中国古诗词的女性隐喻与翻译研究	湖南人民出版社	2008
3	罗列	女性形象与女权话语——20 世纪初叶中国西方文学女性形象译介研究	四川辞书出版社	2008
4	胡缨	翻译的传说：中国新女性的形成（1989—1918）	江苏人民出版社	2009
5	罗列	性别视角下的译者规范：20 世纪初叶中国首个本土女性译者群体研究	北京师范大学出版社	2014
6	杨司桂、李霞、贺桂华	对话与共谋：翻译中的后殖民主义和女性主义研究	四川大学出版社	2014
7	王晓莺	离散译者张爱玲的中英翻译：一个后殖民女性主义的解读	中山大学出版社	2015
8	刘剑雯	性别与话语权：女性主义小说的翻译	中华书局	2016
9	王政、高彦颐	女权主义在中国的翻译历程	复旦大学出版社	2016

　　从上面四个表格统计的数据来看，女性主义翻译研究在中国是十分繁荣的。纵观女性主义翻译研究在中国发展的二十多年的历史，我们可以大致以 2004 年《中国翻译》发表女性主义翻译研究专栏为界将其大

---

① 为了避免重复统计，表 17 中的专著同样不包含由表 16 中的博士论文出版而来的专著。

致划分为两个阶段。第一个阶段从 1994 年到 2004 年。在此期间，中国的女性主义翻译研究主要是以零星的介绍和评价西方的理论为主。第二阶段从 2005 年一直到今天。从上面的统计表中可以看到，从 2005 年开始，中国的女性主义翻译研究成果开始快速增长，进入高速发展阶段。

就研究内容而言，中国的女性主义翻译研究大致包含女性主义翻译理论的评介、女性译者翻译史的挖掘、女作家作品的翻译研究、女性主义翻译理论家研究、女性主义翻译理论运用分析和女性主义翻译研究历史的回顾与综述等方面。

（1）理论的评价和介绍是中国女性主义翻译研究的主要内容之一。评介方面的研究成果除了上面我们已经提到的外，还有刘亚儒、葛校琴、陈琳等。刘亚儒在《语言的"重新性化"：谈女权主义的翻译观》一文中介绍了女性主义翻译研究的代表人物之一哈伍德的翻译观，指出对女性主义译者而言，翻译就是改写，而改写的最本质原则就是重新性化语言①。在他的另一篇文章中，他通过评述重大事件、代表人物和代表著作，介绍了加拿大女性主义翻译研究的起源、发展和现状②。葛校琴在介绍女性主义翻译观和翻译方法后，指出女性主义翻译思想的理论来源是拉康的心理分析理论，巴特和德里达的解构主义思想③。陈琳从女性主义翻译理论、翻译史中译者的性别、翻译研究的社会政治背景和意识形态三个方面详细地介绍了加拿大的女性主义翻译研究思想④。

（2）发觉被遗忘的、被忽视的女性译者是女性主义翻译研究的重要内容之一。中国的女性主义研究也体现了这一点。朱静在其博士学位论文中对清末民初的女性译者的翻译活动进行了考察⑤。朱静的研究在这方面是个很好的尝试，在一定程度上可以帮助我们重新认识中国的翻

---

① 刘亚儒：《语言的"重新性化"：谈女权主义的翻译观》，《海南大学学报》（人文社会科学版）2001 年第 4 期。

② 刘亚儒：《加拿大女性主义翻译的起源、发展和现状》，《天津外国语学院学报》2005 年第 2 期。

③ 葛校琴：《女性主义翻译之本质》，《外语研究》2003 年第 6 期。

④ 陈琳：《近十年加拿大翻译理论研究评介》，《中国翻译》2004 年第 2 期。

⑤ 朱静：《清末民初外国文学翻译中的女译者研究》，博士学位论文，北京大学，2007 年。

译历史。蒋林和潘雨晴在论文《世纪回眸：中国女性翻译家管窥》中
将 20 世纪初至今的女性翻译家分为四个时期，并就其中主要代表人物
翻译的作品、译作的影响力和意义等方面进行梳理与分析①。王惠萍的
博士学位论文从后殖民视角研究了戴乃迭的文化身份和译介活动，指出
戴乃迭女性加上融合东西方文化的特殊身份给其翻译活动带来了错综复
杂的影响②。罗列运用图里的规范理论对 20 世纪初的中国首个本土女性
译者群进行了研究③。这与朱静的研究具有相似性。王晓莺的研究以张
爱玲由大陆游离到香港再到美国的经历为基础，指出张爱玲的中英翻译
实践在不同的时段具有不同的特点④。王晓莺的研究不但可以帮我们更
好地认识张爱玲，而且这是一个很好的研究离散作者（译者）的案例。
王晓莺的研究与王惠萍的研究十分相近：都是对离散译者的研究。因而
她们研究的结论也相去不远：译者复杂的文化身份和经历给她们的翻译
活动带来了复杂的影响。

（3）女性作家作品的翻译研究也是女性主义翻译研究的主要内容
之一。李红玉和郝莉两人的博士学位论文关注的就是这个话题。不过两
人的研究方向刚好相反，李红玉考察的是译入的情况，而郝莉考察的是
译出的情况。李红玉的研究表明，在翻译英美女作家作品时，所体现的
性别意识经历了由 70 年代末 80 年代初的"无性别意识"到 80 年代中
后期的"性别意识的觉醒"，再由 90 年代的"性别意识提高"到 20 世
纪初的"性别意识回落"的发展历程⑤。郝莉的研究考察了"五四"以
来的中国女性作家作品英译情况，她将这段历史划分为 30 年代至 60 年
代，70 年代至 80 和 90 年代至今三个时期，并分析了三个时期作品外译

---

① 蒋林、潘雨晴：《世纪回眸：中国女性翻译家管窥》，《中国翻译》2013 年第 6 期。

② 王惠萍：《后殖民视阈下的戴乃迭文化身份与译介活动研究》，博士学位论文，上海外
国语大学，2014 年。

③ 罗列：《性别视角下的译者规范：20 世纪初叶中国首个本土女性译者群体研究》，北
京师范大学出版社 2014 年版。

④ 王晓莺：《离散译者张爱玲的中英翻译：一个后殖民女性主义的解读》，中山大学出版
社 2015 年版。

⑤ 李红玉：《浮出翻译史地表：性别视角下新时期以来英美女作家作品翻译研究》，博士
学位论文，上海外国语大学，2009 年。

的特点，有助于帮助研究者了解这一时期的翻译历史①。

（4）对女性主义翻译理论家的评介和研究也是中国女性主义翻译研究的重要内容之一。迄今为止，西方主要的女性主义翻译家的观点和思想几乎在中国都有介绍和研究。陈喜荣在其博士学位论文中对比分析了女性主义翻译研究的两个代表人物哈伍德和弗洛托的翻译观。作者指出，两位虽然同为女性主义者，但其翻译观却相差甚远：哈伍德强调两性对立，将男性排除在她的翻译理论与实践之外，强调女性的共性，在翻译中采取直接的干预措施来颠覆父权语言；弗洛托却反对简单的两性对立，其翻译理论和实践也并不排斥男性，同时，她还强调女性共性之下的差异性②。应该说陈喜荣的研究已经摆脱了简单、笼统的介绍，比较具体和深入，具有一定的启发性。关熔珍的博士学位论文全面介绍了斯皮瓦克在翻译研究、解构主义研究、后殖民研究和女性主义研究等领域的成果，是迄今为止一篇比较完整介绍斯皮瓦克思想的论文③。沈珂的博士学位论文研究了波伏娃在中国的译介与接受情况④。这方面的研究还有余演⑤、李红玉⑥、栾海燕、苗菊⑦等。

（5）对女性主义翻译理论进行批判性反思。女性主义翻译思想在中国一开始就是毁誉相伴。一方面研究者们对女性主义翻译思想对传统的挑战和对翻译研究的开拓击节赞赏，另一方面又对女性主义翻译思想激进的干预策略心怀不满。在中国，很少有对女性主义翻译思想持完全

---

① 郝莉：《中国当代女性作家作品英译史研究：性别视角》，博士学位论文，山东大学，2013 年。

② 陈喜荣：《加拿大女性主义翻译研究中的性别：罗比涅荷-哈伍德与费拉德翻译理论之比较研究》，博士学位论文，上海外国语大学，2007 年。

③ 关熔珍：《斯皮瓦克研究》，博士学位论文，四川大学，2007 年。

④ 沈珂：《西蒙娜·德·波伏瓦在中国的译介与接受研究》，博士学位论文，南京大学，2011 年。

⑤ 余演：《性别与隐喻：洛丽·张伯伦女性主义翻译理论述评》，《探索与争鸣》（理论月刊）2006 年第 3 期。

⑥ 李红玉：《浮出翻译史地表：性别视角下新时期以来英美女作家作品翻译研究》，博士学位论文，上海外国语大学，2009 年。

⑦ 栾海燕、苗菊：《翻译研究纵横：从女性主义到文化外交：路易斯·冯·弗拉德教授访谈录》，《中国翻译》2015 年第 3 期。

赞同或完全否定的研究者，人们往往是肯定与质疑并举。葛校琴认为女性主义者过分张扬女性经验有堕入色情文学之嫌，她们的过激语言表达会造成新的二元对立，她们的翻译策略与翻译效果之间有矛盾之处①。张景华也认为，女性主义者把非理性作为理性，过于强调译者的干预和操控，偏离甚至歪曲了翻译活动的本质②。相似的批评同样见于刘爱英③、刘瑾玉④、蔡晓东、朱健平⑤等。总体来说，中国译界对女性主义翻译思想的反思和批判还不够深入，还未超越美国批评家苏珊娜·吉尔·莱文⑥和巴西女性主义批评家阿罗约⑦等对女性主义翻译思想的批评。

（6）回顾和综述女性主义翻译研究在中国的发展历程。虽然女性主义翻译研究在中国的历史并不长，但回顾性与综述性的研究却并不少见。这方面代表性的研究有杨柳的论文《中国语境下的女性主义翻译研究》⑧，穆雷的专著《翻译研究中的性别视角》中也专门有章节回顾女性主义翻译研究在中国的发展历史⑨。还有胡作友的论文《女性主义翻译理论在中国的接受》⑩ 等。这些研究在一定程度上可以帮助研究者了解女性主义翻译研究在中国的源流、现状、成就及局限。但是，由于成果发表时间的限制和统计中的疏漏，现有的研究并未能完整和全面地反

---

① 葛校琴：《女性主义翻译之本质》，《外语研究》2003 年第 6 期。

② 张景华：《女性主义对传统译论的颠覆及其局限性》，《中国翻译》2004 年第 4 期。

③ 刘爱英：《女性身份·翻译行为·政治行动：对女性主义翻译观的反思》，《四川外语学院学报》2006 年第 1 期。

④ 刘瑾玉：《后现代主义框架中女性主义翻译理论及其局限性》，《内蒙古大学学报》2008 年第 1 期。

⑤ 蔡晓东、朱健平：《哲学诠释学对女性主义译论的解构》，《解放军外国语学院学报》2011 年第 1 期。

⑥ Sunzanne J. Levine, "Translation as Subversion: on Translating Infante's inferno, Substance", in Lawrence Venuti, ed., *Rethinking Translation Discourse*, *Subjectivity*, *Ideology*, London: Routledge, 1992, pp. 78–85.

⑦ Rosemary Arrojo, "Feminist, 'Orgasmic' Theories of Translation and Other Contradictions", *Tradterm*, Vol. 2, 1995, pp. 67–75.

⑧ 杨柳：《中国语境下的女性主义翻译研究》，《外语与外语教学》2007 年第 6 期。

⑨ 穆雷：《翻译中的性别视角》，武汉大学出版社 2008 年版。

⑩ 胡作友：《女性主义翻译理论在中国的接受》，《学术界》2013 年第 3 期。

映出女性主义翻译研究在中国的完整面貌。本书在这里的统计与分析可视为在这方面的补充。

　　从上面的统计和分析来看，中国女性主义翻译研究的成果不仅数量可观，而且研究的内容几乎涵盖了西方女性主义翻译思想的所有方面。但是，我们也应该看到，我们的研究还主要停留在引进、介绍和运用的层面，在理论上我们还没有什么新的创建。这一方面固然是因为女性主义翻译思想传入中国的历史不长，需要花时间来消化和沉淀。另一方面，也与中国的社会文化传统有关。就如我们前面所言，中国鲜有或少有真正的女性主义者，有的只是女性主义的研究者。研究者只是旁观者，不是参与者。虽然俗语说"旁观者清"，但此话也未必正确。如一运动项目，你看得再清，如不亲身参与，也无法提高你在该项目上的能力与技巧。女性主义翻译思想也是如此，如果一个研究者都不认同女性主义翻译思想，谈何深入与创新。

第六节　小结与分析

　　从上面对后现代主义翻译思想的五个流派的爬梳与分析中，我们可以清晰地看到，这五个流派的翻译研究在中国的发展拥有极其相似的轨迹。它们都是在 20 世纪末 21 世纪初引入中国；其研究内容都包含评介、运用、深入发展、批评反思和回顾综述等方面。只有将后现代翻译思想的这些主要流派放在一起来考察，我们才能从中发现共同的规律与特点，才能揭示各个流派相互之间的关联。

　　通过上面对五个流派翻译研究历史与文献的回顾，笔者认为，中国的后现代主义翻译研究是成就与局限并存。具体而言，成就包含四个方面的内容。（1）引进与介绍的全面性。从上面的回顾中我们可以看到，中国的翻译研究者已经将这五个流派的主要代表人物、有影响力的著作和各个流派的主要观点都悉数介绍到了中国。我们可以毫不夸张地说，以上五个流派的任何一个代表人物、任何一部代表作和任何一个主要观点在中国都能找到。研究者对西方后现代翻译思想的引进、介绍与评价无疑极大地促进了中国翻译研究的发展。

　　（2）理论运用的丰富性。在这五个流派的研究中，除解构主义学派外，运用相关理论分析各种翻译实践活动、翻译现象和翻译历史的研究都至少占据各个流派研究的半壁江山以上。有时候，同一个翻译文本、同一种翻译现象、同一段翻译历史，研究者们运用不同的理论、从不同的视角进行反复的研究，得出不同的或相似的结果。以《红楼梦》英译为例，它的两个英译本几乎被所有的翻译理论从不同的、相同的视角分析了无数遍。这极大地改变了中国传统的翻译研究只关注技巧与标准的单调性，增强了翻译研究的多元性、多样性和趣味性。

（3）专题研究的开拓性。虽然各个学派在中国的历史并不长，但是中国的研究者在各个专题的研究上都取得了一定的突破，在一定程度上丰富和发展了原来的理论。笔者相信，假以时日，中国的研究者会取得更大的成就，会通之后，定有超胜。

（4）批评与反思的洞见性。中国的研究者对后现代主义翻译思想的各个流派的理论并不局限于简单的评介与应用，也有深化，有批评与反思。在前面的文献回顾中，我们已经看到，各个流派的研究中，都有一定数量的批评与反思之声。虽然少数批评者有一定的情绪化，但大多数学者都能秉持较为公允的态度，他们的批评富有真知灼见。

在看到中国后现代翻译思想研究取得成就的同时，我们也应该保持清醒的头脑，认识到现有研究之不足。在这里，笔者同样将这些不足总结为四个方面。（1）评价与运用居多，开拓与创建少见。在各个流派的研究中，评价与运用的成果都差不多要占据所有成果的70%以上。虽然评价与运用的研究也是必不可少的，并且对推动中国翻译研究的发展功不可没。但是，如果这两类的研究所占比例太大，中国译界的研究就成为检验西方翻译理论的试验田。中国翻译研究界必须注重开拓与创建，只有这样我们才能改变西方生产理论，我们消费理论的局面。

（2）点和线的研究居多，面和体的研究少见。后现代主义翻译思想流派众多，大多数研究者就只抓住某个流派或某个点进行研究，交叉与综合的研究所占比例不大。点和线的研究虽然容易深入，但同样也有只见树木不见森林的局限。这样的研究往往缺乏整体观和全局性，会导致同一个人在研究不同对象时得出自相矛盾的结论。比如，国内有些研究者对解构主义翻译理论大加鞭挞，却对改写理论极为赞赏，殊不知两者在很大层面上是相通的。有的研究者对韦努蒂的异化嗤之以鼻，却对贝尔曼的"异之考验"（Trial of foreign）赞赏有加，难道两者在深层次上，即对差异和他者的强调上不是一致的吗？产生这种现象的原因就是由于研究者视角单一，缺少交叉，缺少对不同流派之间关联的把握。这也是为什么笔者想从整体上，而不是单个点，对后现代翻译思想展开研究。

（3）洞见与偏见、深化与误读并存。虽然前面我们已经介绍了，不少研究者的研究非常具有洞见，深化了后现代翻译思想，但是国内部分研究者对后现代主义存有很强的敌意和偏见。在他们眼中，后现代主义就是离经叛道，是空谈，与中国的社会现实不相符合。有的研究者用一句"中国有女性主义者吗？"就否定了整个女性主义研究。按照这类研究者的逻辑，中国有多少东西该否定掉呢？后现代主义确实有一些局限，但我们不能因为这些局限就对其合理之处也视而不见。试问，世上有哪种理论是完美无缺的呢？这样的理论至少在人文社会科学中是不存在的。还有一部分研究者误读了后现代翻译思想。后现代主义重视边缘与弱势，对抗强权与霸权，但是这绝不意味着后现代主义要颠倒原来的二元对立结构，让弱势和边缘走向中心，造就新的二元对立。很多研究者完全不理会这点，成天呼喊着"走向中心"，说出许多偏激之语，给批判者以口实。这样的偏见和误读还很多，在后面的章节中我们会详细地分析。

（4）研究还存在空白与盲点。虽然现有的介绍、评价与研究已经相对比较全面和系统，但是空白与盲点仍然存在。例如，上面我们提到的对操控学派的那些质疑与批判就鲜有研究者作出回应。还有，后现代主义翻译理论家和译者是一个什么样的群体？他们为什么要提倡后现代主义翻译思想？似乎也没有研究者系统地总结过。这些工作都有待于我们去开展。

本书的研究试图在一定层面上去弥补现有后现代翻译思想的局限。在后面的章节中，我们先就对后现代翻译思想的批评进行回应，然后就后现代翻译思想的一些重要特点展开讨论。

第四章 对后现代主义翻译 思想的偏见与误解

后现代主义与翻译研究的结合极大地促进了翻译研究的发展，它不仅拓展了翻译研究的范围，将翻译研究从语言学和文学的视域中解放出来，更是视翻译研究为同哲学、历史、文学、语言学、文化研究等学科平齐的综合学科，极大地提升了翻译研究的地位。可以说，翻译研究当今的繁荣，后现代主义翻译思想功不可没。但是，后现代主义翻译思想也如后现代主义一样，自从其诞生之初，就一直伴随着争议。有人视后现代主义翻译思想为完全的舶来品，认为其不适合中国的情况。有人视后现代主义翻译思想为洪水猛兽、毒草，一听到"后现代主义"这样的字眼就表现出反感、厌恶之情。也有人认为后现代主义翻译思想过于偏激，是以偏概全、以特殊取代了普遍。还有研究者认为后现代主义翻译研究过于偏重社会文化因素研究，而忽略了文本分析，而文本分析才是翻译研究最重要的。

对后现代主义翻译思想的批判可谓林林总总。但仔细甄别这些批判，有的批评是相对客观的，而有的却是完全基于对后现代主义翻译思想的偏见和误解。比如，有的研究者一方面对后现代主义翻译思想表示不屑，但另一方面又大谈异化翻译、他者、多样性这样的话题。事实上，异化、他者、多样性这样的话题正是后现代主义翻译思想中的一些主要话题。由此可见，他们在批评后现代主义翻译思想的时候并不真正了解什么是后现代主义翻译思想。因此，笔者认为，在我们讨论后现代主义翻译思想之前，我们有必要指出后现代主义翻译思想研究中的一些偏见和误解。在前面的文献综述中，笔者已经提及一些研究者对后现代主义翻译思想的部分偏见与误解，在本章中，笔者将进一步从四个方面指出研究者对后现代主义翻译思想的偏见与误解。

第一节　普遍性的缺失

对后现代主义翻译思想最常见的批判是认为后现代主义翻译思想太偏激，是以偏概全，以特殊取代普遍，不能作为一般的翻译理论。皮姆曾在《对解构主义作为一般翻译理论之质疑》（Doubts about Deconstruction as a General Theory of Translation）一文中通过对比芭芭拉·约翰逊（Barbara Johnson）、安德鲁·本杰明（Andrew Benjamin）和阿罗约（Rosemary Arrojo）三人对德里达在《柏拉图的药》一文中的一句话 Avec ce problème de traduction nous n'aurons affaire à rien de moins qu'au problème du passage à la philosophie 的翻译，对解构主义与翻译理论的普遍相关性表示了怀疑①。赵彦春在《翻译学归结论》一书中对操控学派翻译研究、女性主义翻译研究等流派进行了反思，认为文化学派的翻译研究抛弃忠实、抛弃对等是错误的，是把翻译的特殊规律当作了一般规律，或把下位概念当作了上位概念，因而是不符合逻辑的②。平心而论，两位学者的批评是中肯的，是有道理的。不过，这里面有几点需要强调。

首先，后现代主义翻译思想本身是反本质主义的，它否认有普遍真理的存在，因而它本来就不追求建立一种具有普遍解释力的理论，所以，后现代主义翻译理论当然不是一般的翻译理论，而是特殊的翻译理论。批评后现代主义翻译理论不具普遍性就像批评一个讨厌吃辣椒的人不吃辣椒一样，并不具备多大意义。在笔者看来，所有的翻译理论都是特殊的翻译理论，而非一般的翻译理论，因为没有哪种翻译理论具有普遍的解释力。后现代主义翻译思想的各个流派不具有普遍的解释力，以"忠实"为基础的传统翻译理论也不具有普遍的解释力，同样以"对等"为核心的语言学派的翻译理论也不具有普遍的解释力。任何流派的翻译理论其实都只是揭示了翻译的某一方面的特性。至少到目前为止，

---

① Anthony Pym, "Doubts about Deconstruction as a General Theory of Translation", *Tradterm*, Vol. 2, 1995, p. 11.

② 赵彦春:《翻译学归结论》，上海外语教育出版社 2005 年版，第 83 页。

并没有能揭示翻译全貌的翻译理论。所以，在这一点上，所有的翻译理论都是特殊的，不能将后现代主义翻译理论拿出来特殊对待。

　　其次，研究者们认为后现代主义翻译思想比较偏激主要是因为后现代主义翻译思想认为忠实和对等是不可能的，认为意义是不确定的。不过，研究者们似乎忽略了一点，即后现代主义翻译思想认为忠实与对等之不可能更多的是从哲学意义上而言的，严格说来是说绝对的忠实和绝对的对等之不可能。哲学早就证实了世上没有两个完全一样的事物，海德格尔和伽达默尔的阐释学也已经证明了译者的理解必然带有译者自己的先见，那么，怎么可能有绝对的忠实，绝对的对等呢？如果有人认同相对忠实，相对对等的话，那其实与后现代主义翻译思想的立场就没有什么分歧了。后现代主义翻译思想在否认绝对忠实与对等的时候，并不否认相对忠实与对等的存在。比如，虽然德里达用"延异"解构了文本意义的确定性，但他还提出了"踪迹"的概念，认为文本还是有迹可循的。同样，斯皮瓦克在反对普遍的本质主义的存在的同时，也提倡一种"策略上的本质主义"（strategic essentialism）。"踪迹"和"策略上的本质主义"事实上表明了后现代主义者相对主义的立场。

　　最后，关于后现代主义者观点比较偏激、喜欢剑走偏锋的批评也是客观的。许多后现代主义者确实喜欢走极端，大有语不惊人死不休之感。这种偏激之语，当然是有其弊端的。但是，也是可以理解的。其实这也算不上缺陷。我们中国人笃信"中庸"之道，但策略上我们却往往是"取法乎上"的。更何况精于"voice or vanish"之道的西方研究者呢？为了引起关注和捍卫权利，后现代主义者在语言策略上难免稍显偏激。简而言之，偏激其实就是后现代主义者的一种话语策略。作为边缘存在的后现代主义者，要想吸引到更多的关注，在其用语上势必有所出格，这也是情非得已。正如古代的平民含冤者冒着生死危险去拦路告御状一样，并非绝对明智之举。因为告御状者很有可能被误认为歹徒，在冤屈得以澄清前就被击杀。事实上，社会的进步是螺旋式上升，波浪式前进。任何理论在初始阶段都比较激进。英国资产阶级革命和法国大革命开始都比较激进，然后几经周折，慢慢变得平和。连语言学派的翻译理论也一样。奈达早期完全否认语言形式的作用，但是到了后期，他的观点就明显变化，认为语言形式也是有意义的，不能随便抛弃。或者，我们甚至可以这样通俗地来理解后现代主义者的偏激之语：它就如买者与小贩之间的讨价还价。小贩开始会给出一个较高的价格，但是买者可以还价，最终交易以一个比较适中的价格达成。如果小贩开始就给出一个适中的价格，买者心理上还是会认为价钱较高，进行还价。而这时小贩的价格已经没有多少让步的空间，交易很可能因此失败。如果我们按这样的方式来理解后现代主义者的偏激之语的话，也许，批评者就不会再那么义愤填膺了。

第二节　反理性主义与虚无主义

在后现代主义看来，传统理性的权威是建立在对感性、直觉、情感、意志等非理性因素的排斥、扭曲和压制的基础之上的。因而，后现代主义反对过分强调理性，转而重视非理性因素。故而，批评者认为后现代主义是反理性的。另外，因为后现代主义反本质主义，具有相对主义和怀疑主义的特点，它认为事物没有本质，真理是相对的，因而，批评者又认为后现代主义是虚无主义。那么，后现代主义真的是反理性主义和虚无主义吗？

首先，后现代主义是反理性的吗？在笔者看来，后现代主义并不是反理性的。如果硬要说后现代主义是反理性的话，那么它反的也是工具理性，反的是理性主义所声称的那种普遍的、放之四海皆准的原理和规则，反的是那种过度强调科学性和客观性而完全忽视人的情感和意志的理性。严格说来，这样的理性也并非真正的理性。以翻译研究为例，传统的翻译理论要求译者完全抛弃自己的主观偏见和情感，从而客观真实地再现原文。这样的要求听起来不错，但实际上却是不合理。人非机器，完全不带偏见和情感是不可能的。即使是机器人，也不可能做到完全的客观，因为机器人在某种程度上也反映设计者的主观意愿。所以，后现代主义抛弃了这种所谓理性的不切实际的幻想。以海德格尔和伽达默尔为代表的哲学阐释学就为"偏见"正名，视所有的意见均为偏见。伽达默尔还提出了"理解的历史性"和"视域融合"的概念。"理解的历史性"将理解活动置于特定的历史环境中来考察，认为任何理解都是特定历史条件下的理解。"视域融合"视理解为主体与客体的融合，消解了主体和客体的区分。可见，不论是"理解的历史性"还是"视域融合"都消解了理解的客观性，在理解中植入了主体的因素。另外，操控学派、后殖民主义学派和女性主义学派在翻译研究中引入社会文化因素，视翻译为一项权力操控下的政治行为。在某种程度上说，其实就是将翻译放到了具体的历史环境中来考察。罗宾逊在批判翻译研究中的所谓的"理性主义"上非常具有特色，他的"翻译身体学"就是要考察真实存在的译者，而非那种理想化的、被抽空了情感和意志的机器人般的译者。

所以，后现代主义并非真正的反理性主义，它要表达的其实是理性与非理性同样重要，不要排斥和歪曲非理性因素。为什么人们会认为后现代主义是反理性的呢？我们认为，这一方面是因为研究者往往忽略了后现代主义兴起的背景。后现代主义是在理性主义被过度高扬，从而在社会中显露出诸多弊端的情况下兴起的。后现代主义批判的是过度高扬理性主义的弊端，而人们却错误地认为是在批判理性；另一方面，研究者认为后现代主义是反理性主义，也是研究者头脑中二元对立思想作祟的结果。人们习惯了非此即彼的二元对立思想，认为后现代主义在批判理性的缺陷，那么就一定是非理性的。其实，任何人都是既具有理性又具有非理性，二者是可以同时存在的。

其次，后现代主义是虚无主义吗？这个问题和上面一个问题是类似的。传统的本质主义的观点认为，任何事物下面都隐藏着一个唯一的本质，知识的任务就是透过现象去揭示这个唯一的本质。而后现代主义者却普遍反对这样的唯一本质的存在。维特根斯坦用"语言游戏"解构了语言的本质。德里达也认为"文本之外别无他物"（There is nothing outside of the text）①。巴特将文本比作没有中心只有表皮的洋葱，都是为了消解文本的本质。福柯用"谱系学"和"知识考古学"是要寻找历史的断裂和偶然，而并非历史的本质。利奥塔反对元话语和宏大叙事，强调微小叙事，也具有反本质主义的特点。几乎所有的后现代主义者都否认本质的存在。据此，批评者认为后现代主义肆意解构，而不建

---

① Jacques Derrida, *Of Grammatology*, trans. Gayatri Spivak, Maryland: The Johns Hopkins University Press, 1997, p. 158.

构，是典型的虚无主义。事实真的是这样吗？

首先，就本质而言，一个事物具有诸多特点，如果非要人为地从中认定一个为本质特征，其他的为非本质特征，这样的做法本身就是有问题的。比如，赫拉克利特曾将"火"视为是世界的本质；而中国的"五行说"将金、木、水、火、土五种元素作为世界的本质。这样的说法虽然富含哲理，但是，其荒谬性也是不言而喻的。其后，理念说、共相说、上帝说、人性说、绝对精神说等各种本质主义观点都竞相受到批判，并没有哪种本质得到公认。事实上，具有众多的本质说本身就表明所谓的本质不过是人为构建的结果，并非客观存在的。

另外，认为后现代主义肆意解构、破坏，而不建构，这样的看法其实也是片面的。就如英文单词 deconstruction（解构）的拼写所暗示那样，解构中本已包含了建构（construction）。把一事物打碎，让其从一种状态成为另一种状态，其实也是一种建构。比如，解构掉作者的中心地位，那么读者和译者的地位相应地得到提高，这对读者和译者而言就是一种建构。解构掉意义的确定性，从而产生了意义的多样性，同样也是一种建构。后现代主义就是要解构人为建构的本质，揭示出事物的本源状态，让那些被人为地划入非本质而处于压迫和从属地位的因素解放出来，从而让世界从单一的一元世界变为多样的多元世界。

就翻译研究而言，后现代主义翻译思想秉承了后现代主义反本质主义的特点，对翻译研究中的意义的确定性、意义透明再现的可能性和传统翻译的忠实和对等观念进行了解构。因而，部分研究者担心，解构了确定性、解构了忠实，会导致翻译界胡译、乱译之风，让翻译研究失去标准，从而陷入虚无主义。关于意义确定性的解构，前面的章节中已经有很多论述，在此就不再多言语了。笔者只想简单地举个事实：想想复译现象吧。现在，西方的《圣经》，中国的《周易》《论语》等，每个文本都拥有数十个译本。如果意义是确定的，怎么解释一个文本具有多个译本的事实。是其中某个译本把握住了原文的意义，还是所有译本都没把握住？显然，承认意义的多样性是更符合实际情况的。

另外，关于后现代主义翻译思想与胡译、乱译之间的关系，笔者认为两者根本没有任何联系。首先，在没有后现代主义翻译思想之前，在人类历史的各个阶段，胡译、乱译的现象都存在，它们并非在后现代主义翻译思想诞生以后才有的。其次，胡译、乱译现象主要是受市场的驱动而产生的，反映出的是市场管理的混乱和监督的缺失，并没有哪种理论提倡胡译、乱译。最后，后现代主义翻译思想的提倡者很多也从事过翻译实践，比如，斯皮瓦克、韦努蒂、罗宾逊等。迄今为止，也未有研究者批评他们的翻译是胡译、乱译。相反，斯皮瓦克倒是因为翻译德里达的《论文字学》而一举成名。由此可见，胡译、乱译并非后现代主义译者的行为。那么，担心后现代主义思想会导致胡译、乱译，而将其归入虚无主义的做法也就是没有任何依据的。

第三节　重文化轻语言文本

过度强调社会文化因素，而忽视文本分析，这也是批评者对后现代主义翻译思想的主要批评之一。笔者在收集资料时，收集到了一批以"文化翻译研究反思"或者"翻译研究回归本体"为题的文章，这些文章的基本立足点就是翻译研究过度强调社会文化因素，忽略了语言或者文本的本体。例如，吕俊在《论翻译研究的本体回归：对翻译研究"文化转向"的反思》一文中就指出，"文化研究属于文本的外部研究，而语言研究才是内部研究，是翻译研究的本体，翻译研究的进一步发展更有赖于本体的研究"①。曾文雄认为，文化转向脱离传统翻译的本体研究，夸大了文化的制约作用②。姜艳在《论翻译的文化转向对翻译本体论的消解》一文中认为，"文化学派的理论过分强调文本外因素对翻译的制约作用，试图否定传统的翻译观和方法论，形成了对翻译本体论的消解"③。曹明伦在《翻译之道：理论与实践》一书中也指出，"文化转向只是在特定历史条件下的研究重心转移，且多元交叉往往是共时平行交叉，容易使人忽略各个学科本身的历史传承，从而忽略本学科的基本问题和核心问题"④。类似的观点还很多，在此就不一一列举。

---

① 吕俊：《论翻译研究的本体回归—对翻译研究文化转向的反思》，《外国语》2004 年第4 期。

② 曾文雄：《对翻译研究"文化转向"的反思》，《外语研究》2006 年第 3 期。

③ 姜艳：《论翻译的文化转向对翻译本体论的消解》，《上海翻译》2006 第 3 期。

④ 曹明伦：《翻译之道：理论与实践》，河北大学出版社 2007 年版，第 3 页。

　　从这些批评者的观点来看，他们并不是完全反对后现代主义翻译思想中的文化翻译研究，而是认为文化学派过于强调社会文化因素而忽略了文本（或语言）这个本体。文化学派真的过于强调社会文化因素了吗？我们知道，文化学派兴起的主要背景就是不满足于传统的翻译理论把翻译仅仅视为一项语言活动，转而认为翻译不仅是一种语言活动，同时也是一种社会文化活动。正是由于传统的翻译理论忽略了社会文化因素，而文化学派才要强调社会文化因素。批评者往往把对社会文化因素的强调视为对语言学派的抛弃，对文本的放弃。其实并不是抛弃，而是拓展，从单纯的语言拓展到了语言文化；从独立的文本研究拓展到了文化语境下的文本研究。文化学派的翻译研究者并没有空泛地谈论文化，而是和语言、文本结合在一起来谈论文化。所以，那种"文化学派把翻译活动抽象化为纯粹的文化翻译"和"文化学派对翻译的语言学派采取全盘否定的态度"的说法完全是言过其实。另外，翻译研究对文化因素的强调真的到了过分的程度了吗？曹明伦曾言："文化转向之前的两千年基本是内向型本体翻译理论，转向之后的二十年基本是外向型综合理论。"① 二十年对两千年，显然不是过分，而是强调得不够。何况这二十年内文化学派的翻译理论还是与其他学派的翻译理论共存的。这哪里是过分，分明就是长期压抑下的一个小小的爆发。

　　另外，翻译研究中，文化是外在的、非本体的，语言或文本是内在的、是本体的，这样的划分真的是客观的吗？语言本身就是文化的产物，是文化的载体。语言文化是融合在一起的，所以，认为语言是内在的、本体的，文化是外在的、非本体的这样的观点并不恰当。再说，这种内在与外在，本体与非本体的划分明显是传统的本质主义和中心主义观念的一个体现。其实，这种本质、中心也好，内与外、本体与非本体也好，只不过是人们主观设定的一个看法，并非客观真实的反映。对于同一事物的内在因素与外在因素，本体因素与非本体因素，不同的人本就有不同的看法。况且，后现代主义本身是反本质主义、反中心主义的。它反对内外，本体非本体这样的划分，因为这样的划分会造成内部因素压制外部因素，本体因素压制非本体因素的不平等权力结构。后现

---

① 曹明伦：《翻译之道：理论与实践》，河北大学出版社 2007 年版，第 3 页。

代主义提倡的是各种因素多元平等共生。

从翻译研究的现实情况而言，后现代主义者的翻译研究也没有忽视语言（或文本）。阐释学派的核心问题就是如何阐释文本。解构主义的解构也是从文本开始的。操控学派正是基于文本对比，发现原文和译文的差异，才得出翻译是权力操控下的改写的结论。后殖民主义也是通过文本分析才发现在殖民统治的历史中翻译成为殖民者的共谋。女性主义者更是喊出了"让女性通过语言而获得解放"的口号。可见，后现代主义翻译思想并不忽视语言和文本。

第四节　不适用于中国

在中国，对后现代主义翻译思想的最大的批判无疑是认为后现代主义这个舶来品不适合中国的实际情况。部分研究者认为，后现代主义是对西方主要资本主义国家进入后工业社会或者高度发达的资本主义社会进行批判的产物，而我们中国正在工业化的进程中，或正处于现代化的进程中，后现代主义对于中国太过于超前。具体到翻译研究而言，有研究者认为像后殖民主义翻译研究和女性主义翻译研究等流派并不适合中国。因为，中国并没有完全沦为殖民地的历史；中国因特殊的社会文化原因也并没有真正的女性主义者。

在笔者看来，后现代主义适不适合中国，这不是一个可以一概而论的问题。中国正处于现代化进程中，这是没错的。但是中国的地区发展极为不平衡。我们有比较落后的农村，也有现代化程度丝毫不逊于西方发达国家大都市的北京、上海、深圳、广州等大城市。这种发展的不平衡，让现代主义、后现代主义，甚至是一些古代的传统价值观念在中国都有一定的存在环境。因此，我们不能笼统地说哪种理论适合或者不适合中国。事实上，也没有哪种理论能够绝对地适合某个国家。另外，因中国的主体还在现代化的进程中就断定后现代主义不适合中国也是武断的。俗话说，"前事不忘，后事之师"。西方发达资本主义国家在工业化和现代化的过程中所暴露出来的问题正是我们现代化进程中的前车之鉴。以环境污染为例，西方在工业化的过程中曾经造成过严重的环境污染，以至于伦敦在很长一段时间内被称为是"雾都"。中国现在的工业化进程也造成了类似的后果。雾霾、河流污染、土地污染这些都是片面强调工业化的恶果。如果中国的工业化能够从西方的工业化历史中吸取教训，我们今天面临的环境问题就不会这么严重。而这种过度工业化造成的恶果正是后现代主义所要批判的。

回到翻译研究的话题。虽然中国没有完全沦为殖民地的历史，但是我们也有不短的半殖民地半封建社会历史，甚至有中国的台湾、香港、澳门等地区完全沦为西方帝国主义殖民地的历史，所以那些认为后殖民主义翻译理论完全不适合中国翻译研究的观点未免太过于武断。更何况，根据罗宾逊在《翻译与帝国》一书中给后殖民主义下的定义，后殖民研究并不仅仅局限于前殖民地和宗主国之间，而是研究"任何文化、社会、国家和民族之间的权力关系"①。所以，后殖民翻译理论是适用于中国的。

就女性主义翻译研究而言，中国由于特殊的历史文化原因，少有西方严格意义上的女性主义者，不过也并非没有。正如笔者在前面的章节所论述的那样，中国严格意义上的女性主义者的缺失正表明中国的女性还有待觉醒。由于中国长达数千年的重男轻女的封建思想的影响，不同程度的性别歧视现象在中国还是普遍存在的现象。只要有性别歧视现象存在，笔者认为在中国就有女性主义翻译研究存在的理由。另外，抛开性别歧视不谈，单单是"性别差异对翻译的影响"就是翻译研究中一个有趣的话题。另外，女性主义翻译研究就权力因素对翻译的影响，原文与译文、作者与译者关系的思考对整个翻译研究来说都是具有启发意义的，它至少能加深人们对翻译的认识。当然，女性主义翻译研究中的某些理论过于偏激，存在着矫枉过正的缺陷，对此，我们也要有着清醒的认识。

最后，笔者还想说明一点：虽然中国翻译理论的发展并不完全与西方翻译理论的发展同步，但是这并不能成为我们排斥后现代主义翻译思想的理由。西方翻译理论由传统翻译理论走向现代主义翻译理论，再由现代主义翻译理论走向后现代主义翻译理论，这在一定程度上是与社会

---

① Douglas Robinson, *Translation and Empire: Postcolonial Theories Explained*, Beijing: Foreign Language Teaching and Research Press, 2012, pp. 13–14.

的发展轨迹一致的。我们不能因为自己社会发展的滞后，就拒绝与其对话。当今世界是一个全球化的世界，任何国家、任何行业、任何专业都不可能在封闭的状态下取得长足的发展。中国的翻译研究应该主动求变，融入世界翻译研究发展的大潮流，才有机会在国际上与其他国家平等对话。

第五节　小结

后现代主义翻译思想是当今翻译界关注的焦点，众多的研究者从不同的视角对后现代主义翻译思想进行了深入的研究。对于后现代主义翻译思想，研究者们褒贬不一。纵观翻译界对后现代主义翻译思想的批评，其中不乏客观、公正的见解，但也有不少是基于偏见和误识。对后现代主义翻译思想持肯定态度的研究者不少，但是却鲜有研究者对这些批评作出系统的回应和解释。

在本章中，笔者对后现代主义翻译思想是否具有普遍性，是否是反理性的虚无主义，是否忽视了文本研究，是否适用于中国的特殊国情这四个方面的误解和偏见进行了批驳。笔者认为，后现代主义本身就反对统一性、一致性，所以现代主义翻译思想同其他翻译思想一样只是一种特殊的翻译理论，它并不追求普遍的解释力；虽然后现代主义翻译思想反对绝对的理性，重视非理性因素，但后现代翻译思想与胡译、乱译的虚无主义做法没有任何关系；虽然后现代主义翻译思想中不乏偏激之语，但这种偏激之语只是为了打破研究者迷信绝对忠实，试图建立具有普遍解释力的翻译理论的迷梦；虽然后现代主义翻译思想强调社会文化因素研究，但也绝对没有忽视对语言或文本的研究；虽然中国正处于工业化、现代化的进程中，但是后现代主义对现代主义的批判可以为中国提供经验教训。

为何研究者会对后现代主义翻译思想有这样或那样的偏见与误解呢？笔者认为原因有以下几个方面。其一，有关后现代主义翻译思想的研究缺乏整体性，显得比较零散，碎片化严重，鲜有研究者从整体上陈述后现代主义翻译思想的内在逻辑，这样就阻碍了其他研究者对后现代主义翻译思想的理解与认同。其二，后现代主义翻译思想内部流派众多，各流派之间时而有相悖之处，缺乏一致性，并且，少数研究者话语偏激。这也是后现代主义翻译思想遭受偏见与误解的原因。其三，后现代主义翻译思想遭受偏见和误解也是由于世界社会文化发展不均衡造成的。当今世界发展极不均衡，有的国家已经进入后工业化时代，有的国家工业化刚刚兴起，有的国家还处于传统的农业社会状态。一般而言，处于不同社会发展阶段的人相应地会拥有不同的社会文化和思想，这一点是显而易见的。因此，处于农业社会和工业化进程状态中的人们往往很难认同作为后工业化社会产物的后现代主义思想。

　　总之，在本章，笔者从四个方面总结了研究者对后现代主义翻译思想的偏见与误解，并对这些偏见和误解进行了解释。笔者希望，这些总结和解释能或多或少帮助研究者正确认识后现代主义翻译思想。

第五章　翻译思想之传统、现代与后现代

　　在讨论后现代主义翻译思想的主要特点之前，笔者认为我们有必要弄清楚后现代主义翻译思想在整个翻译思想史上的地位。在本章中，笔者将整个翻译思想史划分为传统翻译思想、现代主义翻译思想和后现代主义翻译思想三种，并详细地讨论了三种翻译思想各自的定义、范围、特点及它们相互之间的关系。

　　传统、现代主义和后现代主义这些概念本身蕴含着时间先后的顺序，但是笔者在这里要强调的是，本书中这些概念更多的是就话语特征而言，而非时间上的先后。基本上，现有的有关翻译史的划分都是按时间顺序进行的，例如，谭载喜在《西方翻译简史》中将西方翻译史分为古代、中世纪、文艺复兴时期、近代和现、当代五个时期①。刘军平在《西方翻译理论通史》一书中将西方翻译史划分为传统、现代和当代。传统阶段是从公元前 4 世纪到 16 世纪的文艺复兴时期；现代阶段是从 17 世纪到 19 世纪末；当代阶段是从 20 世纪初到现在②。在我们收集到的文献中只有刘华文的划分有所不同，他受福柯话语类型的启发，从话语表现模式角度将翻译理论划分为现实主义、现代主义和后现代主义三种③。刘华文的划分对于翻译思想史的研究来说，颇具启发。然而，刘华文的研究论述过于简略，只提出了划分的标准，没有对他所区分的三种翻译研究的概念和内涵进行深入阐释。另外，笔者认为"现实主义"的提法也颇有问题。从刘华文的表述来看，"现实主义"翻译理论更多的是指以"忠实"为标准的传统翻译理论。传统翻译理论多是

---

① 谭载喜：《西方翻译简史》，商务印书馆 2004 年版。
② 刘军平：《西方翻译理论通史》，武汉大学出版社 2009 年版，第 8 页。
③ 刘华文：《翻译研究何以封"后"》，《外语研究》2008 年第 1 期。

一些片段式的、感悟式的理论，而"主义"一词往往给人系统化、纲领化和宗派化的印象；另外"现实主义"似乎也不能涵盖所有的传统翻译理论。因而，笔者认为用"现实主义"翻译理论来指代传统翻译理论是不合适的。

笔者之所以将翻译思想分为传统翻译思想、现代主义翻译思想和后现代主义翻译思想，除了是从翻译理论的思想特征和话语特征方面的考量外，还因为从时间轴上划分翻译思想史，往往每个阶段都有明确的起止时间，而这并不符合翻译思想史的实际状况。事实上，在当今翻译界，传统翻译思想、现代主义翻译思想与后现代主义翻译思想是并存的。纵观今天的翻译研究的文献，从后现代主义视角研究翻译的人不少，而坚持现代主义翻译思想和传统翻译思想的也大有人在。社会科学研究范式的转换与自然科学不同，不同的范式之间是可以共存的。美国科学哲学家库恩（Thomas Kuhn）在《科学革命的结构》（*The Structure of Science Revolution*）一书中提出了"范式革命"。所谓的范式革命就是一种范式代替另一种范式。在库恩看来，不同的范式是不可通约的，就像一个人不能既相信上帝又相信进化论。或者，正如一个人在看彼得·保尔高脚杯图形（图 1）时，不能同时说它既是一个杯子又是两个人的头像。但是，库恩的范式革命并不完全适用于社会科学。吕俊曾指出："自然科学中的新范式的出现往往是完全取代旧范式，使旧范式消亡，但在社科人文领域，新旧范式可以并存，并不是非取代之不可，这样就可以使不同范式（或者说不同学派），在争论中并存，在共存中竞争，实现百家争鸣的局面。"① 确实如此。自然科学的进步往往意味着新的理论淘汰了旧的理论，比如，当"地心说"发展到"日心说"的时候，就意味着"地心说"的寿终正寝，这是一种完全的更新换代②。社会科学理论的发展虽然也有以新替旧的一面，但很多时候当一个新的理论出现的时候，它只是横向地增加了一个观察事物、解释事物的角度，而并

---

① 吕俊：《范式批评与问题意识：对译学研究的两种路径的批评研究》，《外国语》2008年第 5 期。

② 当然，自然科学的进步也不必然意味着旧的理论的消亡，比如现代物理学由牛顿的经典力学发展到了爱因斯坦的相对论，但是牛顿的经典力学理论并未消亡。

不必然意味着新理论对旧理论的取代或者新理论比旧理论高明。比如，当翻译研究由语言学派转向文化学派时，这只是增加了一个观察翻译的视角，而并不是说从此语言学派就偃旗息鼓了，也不是说翻译研究的文化学派比语言学派高明、进步。

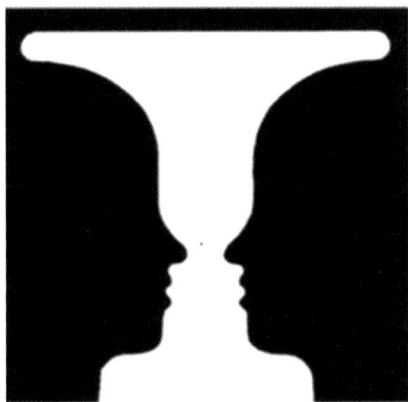

图 1　彼得·保尔高脚杯

因此，我们不能简单地将自然科学的范式革命套到社会科学上。就拿彼得·保尔高脚杯图形来说，虽然一个人不能同时相信它既是一只高脚杯又是两个人的头像，但是，只要观察者稍稍调整视线就可以得出这张图片可能是一只高脚杯或两个人头像的结论。而对自然科学而言，一旦你相信了"日心说"，无论你怎样变换视角，你也不会再相信"地心说"。就翻译研究的范式而言，现代主义翻译思想与后现代主义翻译思想之间的分野绝不像"地心说"与"日心说"那样泾渭分明。两者之间其实有很多共同之处。

另外，拿"既相信上帝又相信进化论"来解释范式之间的不可通约也不恰当。"信仰上帝"是宗教活动，属于社会科学，而"进化论"属于自然科学，我们不能把两个不同属性的事物放在一起来论说。具体有没有既信仰上帝又相信进化论的人存在，笔者不敢妄言。但是很多科学家有宗教信仰却也是不容争辩的事实。这种在传统上看起来自相矛盾的现象，在后现代主义理论中很好理解：人不总是理性的，人身上也包含着非理性的因素。科学是理性的，宗教是非理性的，两者可以共存于一人。我们不是要提倡非理性，只是想表明非理性是客观存在的，是不容抹杀的。就翻译实践而言，我们都希望译者能完全摒弃个人偏见，百分之百忠实地翻译出原文，然而不带偏见的译者是找不到的，偏见是普遍存在的。并且，非理性的因素其功效也并不都是破坏性的，也有其建设性的一面。例如，情绪的宣泄通常认为是非理性的，具有破坏性，但研究表明，适度的情绪宣泄对维持一个人的身心健康是有积极意义的。又如，矛盾冲突是非理性的，往往具有破坏性，但是冲突也是解决问题的途径之一，在这个意义上，冲突也有建设性的一面。

因而，笔者认为，对于翻译思想的传统、现代主义和后现代主义的划分，我们可以说清楚各自的"起点"，但没必要明确各自的"终点"。我们既要看到他们之间相互否定的一面，也要看到彼此之间具有联系的一面。我们的划分不应该仅仅从历史时段上考虑，更多地应该从思想特征着手。

总之，虽然笔者将翻译思想划分为传统翻译思想，现代主义翻译思想和后现代主义翻译思想，但是笔者并不认为后一种翻译思想的萌发就意味着前一种翻译思想的终结；各种翻译思想之间的关系也不是像库恩的自然科学的不同范式之间那样不可通约。三种翻译思想之间有相互排斥的一面，也有继承与发展的一面。例如，通常研究者们认为后现代主义是对现代主义的反动与批判。事实上，现代主义与后现代主义在很多方面具有相似的一面。两者之间的关系其实可以从 postmodernism 一词的构词就可以看出：postmodernism 萌发于 modernism，postmodernism 中又包含有 modernism。另外，前缀 post 除了表达两者时间的前后外，还表达了两者既继承又冲突的矛盾关系。又如，通常人们看到了后现代主义翻译思想对传统翻译思想的"忠实"概念，对作者—译者和原文—译文二元对立结构及这种结构所建构的不平等关系的批判，但是没看到后现代主义翻译思想关注译者的情绪、直觉和灵感等非理性因素，这在某种程度上是对传统翻译思想的一种回归。现在很多针对后现代主义翻译思想的批评就是源于研究者只看到了后现代主义翻译思想对传统翻译思想和现代主义翻译思想的反动的一面，而没看到他们之间有相通的一面。在本章以下的内容中，笔者将详细论述三种翻译思想的内涵、范围、特点及相互之间的关系。

第一节　传统翻译思想

一　定义

何为传统的翻译思想？很多研究者曾讨论过这些问题。虽然他们给出的答案不尽相同，但总的来说这些问题已经有了比较清晰的认识。潘文国曾将从古代的西塞罗到 1959 年雅克布逊发表著名的论文《翻译的语言面面观》（On Linguistic Aspects of Translation）之前的翻译研究称为西方传统译学研究，并认为该阶段的特点是基本上没有什么学科意识，理论均零碎而不成系统，作者大多是翻译实践家，理论大多是经验性的[①]。王宏印、刘士聪在《中国传统译论经典的现代诠释：作为建立翻译学的一种努力》一文中详细探讨了中国传统译论的界定、分期、特点、缺陷以及对传统译论进行现代诠释的方法和限度，他们认为："凡在中国现代译论产生以前，在中国学术领域内产生的关于翻译的一切理论，都属于广义的中国传统译论。"[②] 方梦之在其《译学辞典》中是这样界定传统译论的："与现代译论相对存在的、不同历史时期流传下来的有关翻译的论述，包括对前人的译论有系统、有目的地整理和评论。"[③] 在本书中，在借鉴各位前辈的研究成果的基础上，笔者将"传统翻译思想"界定为：不论古今中外，凡是那些没有明显学科意识和理论意识的经验式和感悟式的翻译思想皆为传统翻译思想。该定义与以前的定义最大的不同在于笔者并不将传统翻译思想限定在某一个特定的历史时段，而是从思想特征上将任何时段，任何国家的符合这一特征的翻译论述都纳入传统翻译思想范围之类。这样，传统翻译思想不但包含了雅克布逊的"翻译的语言面面观"之前的翻译论述，也包含之后，直到今天的很多经验式的、感悟式的翻译论述。

[①] 潘文国：《当代西方的翻译学研究——兼谈"翻译学"的学科性质》，《中国翻译》2002 年第 1 期。

[②] 王宏印，刘士聪：《中国传统译论经典的现代诠释——作为建立翻译学的一种努力》，《中国翻译》2002 年第 2 期。

[③] 方梦之：《译学辞典》，上海外语教育出版社 2004 年版，第 63 页。

二　范围

按照笔者的界定，传统翻译思想涵盖的内容就非常广泛。在西方，尽管罗宾逊在《西方翻译史：从希罗多德到尼采》（*Western Translation Theory：From Herodotus to Nietzsche*）一书中越过了西塞罗，将西方翻译理论向前追溯到了古希腊历史学家希罗多德（Herodotus，约 480—425 BC），但事实上，希罗多德的那几篇文献只是有关翻译活动的历史记载，他并没有对其发表任何议论，算不上翻译理论。根据现有的资料，西方翻译思想的开端可以追溯到《亚里斯提书信》（*Letter of Aristeas*）。《亚里斯提书信》记载了《七十子希腊文本》翻译成书的故事，并提出了"准确"（accurate）的翻译标准。此后，西塞罗区分了作为"解释的翻译"和作为"演说的翻译"。西塞罗的区分影响深远，后来被贺拉斯（Horace）、普莱尼（Pliny）、昆体良（Quintilian）等继承和发展，现在被认为是直译与意译、异化与归化思想的源头。除了上面提到的这几位外，还有众多的传统翻译思想闪耀在西方历史的长河中。有哲罗姆（St. Jerome）的区别对待宗教翻译和文学翻译的观点；奥古斯丁（Augustinus）的关于《圣经》翻译和语言分析的论说；路德（Martin Luther）的用大众化的语言翻译《圣经》的观点；多雷（Étienne Dolet）的翻译五原则；17 世纪法国翻译界的"古今之争"；德国浪漫派有关翻译的论述；德莱顿（John Dryden）翻译三分法；坎贝尔（George Cambell）和泰特勒（Alexander Tytler）分别提出的翻译三原则等等。在西方历史中，有关翻译的论述是很多的，这里我们只给出了一个最简化了的扫描。另外，当今西方也存在一些传统的翻译论述，由于它们影响有限，笔者这里就不具体提及。

谭载喜曾总结了西方翻译理论发展史的三条线索：一条是开始于古罗马戏剧翻译的文艺学派的翻译路线；一条是开创于奥古斯丁的语言分析的翻译路线；还有一条是起源于德国浪漫派的阐释学翻译路线①。这三条线索除去现代主义译论的内容后，在某种程度上可以看作西方传统翻译思想的内容。不过始于奥古斯丁的语言分析的翻译论述，在古代西

---

① 谭载喜：《西方翻译简史》，商务印书馆 2004 年版，第 6—7 页。

方历史中并不发达，论者寥寥。到了现代以后，语言分析的翻译研究才异军突起，不过这时候的语言学翻译研究已经属于现代主义翻译理论了。

中国的传统翻译思想同样内容丰富，应该说中国传统译论的丰富性不输于西方任何一国。中国有记载的最早的有关翻译的论述见于支谦的《法句经序》，里面记载了"循本"和"文饰"两种方法，它们被认为是中国有关"直译"和"意译"的起源。支谦之后有道安的"五失本三不易"之说，彦琮的"辨正论"，玄奘的"五不翻"，明清的科技翻译中的译论，严复的"信达雅"，傅雷的"神似"，钱锺书的"化境"等。笔者认为，我们可以将罗新璋编的《翻译论集》中收录的全部中国译论都归入传统翻译思想的范畴。当然，中国的传统翻译思想也不仅仅局限于这些。在当今中国，一些职业译者和部分翻译理论研究者仍然会发表一些感想式的、经验式的论述，这些同样属于中国传统译论的范畴。

三　中西传统翻译思想特点之比较

仔细对比就会发现，在传统译论阶段，中西译论具有很多相似之处。第一，中西的传统翻译思想大多都发源于翻译实践的经验和感悟，缺乏自觉的理论意识。第二，传统译论的论述都是一些碎片式或篇幅短小的段落与文章，并多见于序言、附录和通信之中，缺乏系统性。当然，其中也有一些例外，以专著或论文集的形式出现，例如，泰特勒的《论翻译的原则》（*Essays on the Principles of Translation*），法云编的《翻译名义集》等。但大部头的传统译论绝对是少数。第三，传统译论几乎都是围绕"忠实"展开的，不论是直译还是意译，其目的都是忠实于原文，只是在忠实于原文的哪个方面上有所侧重。第四，在传统译论中，译作都被认为是原作的派生，因此译作和译者与原作和作者相比都属于从属、边缘地位，在西方有"不忠的美人"之说，在中国有"舌人""媒婆"的说法，这些都足以反映出翻译地位之低下。

另外，虽同为传统翻译思想，但中西传统译论也具有一些差异。第一，中西的传统译论都涉及宗教翻译和文学翻译，但是西方的宗教翻译和文学翻译一直是并行发展的；而在中国，早期的翻译理论主要是宗教翻译理论，有关文学翻译的理论直到清朝末年才开始兴起。这是由于欧洲国家都比较小，相互之间交流比较频繁，从而促进了文学翻译和文学翻译理论的发展。相反，中国传统上一直是大国，并在历史上一直处于文明的领先位置，周边国家多受中国文化的影响，因此中国和他国的文学交流并不多，因而在很长一段时间缺乏文学翻译的理论。第二，西方传统译论除了有文艺翻译理论外，还有语言分析翻译理论和阐释学翻译理论，而中国主要就是文艺翻译理论。第三，中国的传统译论发展几乎没有中断过，但如果不把西方当作一个整体，而从单个的国家的传统译论来看，没有任何一国拥有像中国一样的悠久的、完整的传统译论体系。第四，相比较而言，翻译对西方国家文明发展的重要性要胜于中国。在西方，从希腊文化到罗马文化，再从罗马文化到各个民族文化，如果没有翻译，西方的文化就不可能传承下来。虽然翻译对中国文化也非常重要，比如，佛经翻译就大大地促进了中国文化的发展；中国近代社会的现代化进程也得益于翻译。但总体上来说，中国的对外交流并没有西方国家之间那么频繁，翻译对中国文化的影响相对要小些。

第二节　现代主义翻译思想

一　定义

在讨论现代主义翻译思想之前，我们简要地讨论一下何为现代主义。"现代主义"（modernism）一词源于斯威夫特（Jonathan Swift）1737 年给蒲柏（Alexander Pope）写的一封信。最早，这个词是带贬义的，是斯威夫特用来讽刺"厚今"派批评家的，指与传统大相径庭的写作风格。直到 19 世纪末，拉美作家达里奥（Rubén Darío）才开始在褒义上使用这个术语，并用这个术语命名他的一部诗文集。今天，"现代主义"已是一个在文学、哲学、文化等领域被广泛提及的术语。《牛津英语词典》（*Oxford English Dictionary*）给 modernism 给出了四个定义：（1）一种用途、表达方式、时尚或工艺的特质、现代社会的特质。（A usage, mode of expression, peculiarity of style or workmanship, characteristic of modern times.）（2）思想、表达、工艺风格等的现代特征或品质；赞同或亲近现代的东西。(Modern character or quality of thought, expression, style of workmanship, etc.; Sympathy with or affinity to what is modern.) （3）依据现代批评和研究的发现对传统的信仰和学说进行修正的一种倾向或运动，特别是 20 世纪初罗马天主教内的这样一种运动。(A tendency or movement towards modifying traditional beliefs and doctrines in accordance with the findings of modern criticism and research, esp. , a movement of this kind in the Roman Catholic Church at the beginning of the twentieth century.) （4）现代艺术的方法、风格或态度；特别指绘画艺术中艺术家有意背离经典或传统的表达方式的风格，以及随之而来的在建筑、文学、音乐等领域相似的风格或运动。(The method, style, or attitude of modern artists; spec. , a style of painting in what the artist deliberately breaks away from classical and traditional methods of expression; hence, a similar style or movement in architecture, literature, music, etc.)①

《牛津英语词典》的四个定义各有侧重，相对比较全面。但是，这些定义却并非没有缺点。单独考察每个定义，就会发现每个定义都不是很完善；如果把四个定义放在一起，将它们看作一个定义的四个方面，这样内容上是完善了，但语言上却显得重复啰唆。总体看来，这些定义表达三个方面的内容。第一，"现代主义"是现代时期的特征。至于"现代时期"指哪段历史时期，现代特征指哪些特征，这里没有明确指出。第二，"现代主义"是对传统信仰、学说和方法的修正或批判。同样，这里也没有明确指出是哪些传统的信仰、学说和方法。第三，"现代主义"是流行于宗教、建筑、文学、音乐等领域的一场文化思潮。

另外，《后现代主义百科全书》(Encyclopedia of Postmodernism) 是这样定义"现代主义"的：现代主义是一个用来指从 1890 年到 1950 年之间的文学、历史和哲学思想，这个时期的文学、历史和哲学思想的显著特征就是相信经验的一致性、普遍性和指称的确定性。(Modernism is the name given to the literary, historical, and philosophical period from roughly 1890 to 1950, which was marked by the belief in the unity of experience, the predomi-

---

① John Simpson & Edmurd Weiner, eds. , *The Oxford Enghish Dictionary*, 1989, pp. 948 - 949.

nance of universals, and a determinate sense of referentiality.)。① 在这里，编者泰勒和温奎斯特不仅明确指出了"现代主义"的时间节点，即 1890 年至 1950 年，并指出了"现代主义"的三大特征，即经验一致性、普遍性和指称确定性。事实上，这个定义也有很多值得商榷的地方。将现代主义局限于 1890 年至 1950 年，显然这是文学界的做法。事实上，在文化研究和哲学界，很多研究者将现代主义的起源追溯到启蒙运动，因为像科学、理性、进步等现代精神都萌芽于或建立于启蒙运动时期。另外，现代主义的特征也不仅仅局限于定义中的三个。埃斯塔森（Astradur Eysteinsson）在《现代主义的概念》（*The Concept of Modernism*）一书中就列举了 6 个现代主义的特征。

　　另外，现代主义并不是一个单一的流派，其内容非常宽泛、庞杂，人们很难给"现代主义"给出一个恰当的定义。伊哈布·哈桑曾说过："不要说下定义，就连达成一致的想法也是无比天真的（Expectation of agreement, let alone of definition, seem superlatively naive）。"② 欧文·豪也曾说："这个词令人费解，变化无常，定义又错综复杂。"在他看来，定义"现代主义"是一项不可能的任务③。许多学者都避免给"现代主义"下定义。在此，笔者也不会试图去给出一个新的现代主义的定义，笔者的焦点在于现代主义翻译思想，而不是现代主义的定义。

　　纵观国内外相关研究文献，迄今为止还鲜有学者论及现代主义翻译思想。在笔者查到的文献中，只有寥寥几篇提到了现代主义翻译。国外直接提及现代主义翻译的文献有科特尔（Cotter）的博士学位论文《生活在翻译中：卢西恩·布拉加、艾略特和现代主义中的翻译》（*Living through Translation：Lucian Blaga, T. S. Eliot, and the Cultural Politics of Translation in Modernism*, 2004），普莱斯（Joshua Price）的期刊论文《翻译理论与现代性的痛苦对立：阿格达斯与本雅明》（Theories of

---

① Victor E. Taylor & Charles. E. Winquist, eds., *Encyclopedia of Postmodernism*, London & New York：Routledge, 2001, p. 251.

② Ihab Hassan ed., *The Postmodern Turn：Essays in Postmodern Theory and Culture*, Ohio：Ohio State University Press, 1987, p. 34.

③ ［美］欧·豪：《现代主义的概念》，袁可嘉编《现代主义文学研究》，中国社会科学出版社 1989 年版，第 169—170 页。

Translation and Modernity's Anguished Counterpoints：José María Arguedas and Walter Benjamin，2010）、毕萨鲁（Roxana Bîrsanu）的期刊论文《艾略特与现代主义翻译方法》（T. S. Eliot and the Modernist Approach to Translation，2011）等。在国内，笔者查到的文献中只有刘华文的论文《翻译研究何以封"后"》（2008）中提到了"现代主义翻译"。当然直接提及现代主义翻译的文献少，并不是说很少有人进行现代主义性质的翻译研究，而是说翻译研究者较少使用"现代主义翻译"这个术语。为什么研究者很少使用"现代主义翻译"这个术语？笔者认为，一方面可能是因为我们前面提到的"现代主义"这个术语很难界定，它涵盖的内容较为芜杂；另一方面，实际上很多研究者用"现代翻译"代替了"现代主义翻译"。但是"现代翻译"一词在不同的研究者那里又有不同的含义。在这里，"现代"有时是一个时间上的概念，有时指特定的翻译思想特征，有时可能两者兼而有之。更复杂的是，有的研究者往往将"现代""现代主义"和"现代性"三个概念交错使用，意指同一概念。而有的研究者又认为这三个概念各不相同。在本书中，笔者不会去对这些概念的使用情况进行一一地辨别，事实上即使那样去做了，也很难得出一个明确的结论。在这里，为了操作上的方便，笔者将"现代主义翻译思想"定义为：现代主义翻译思想是对传统翻译思想的反叛和发展，它力图让翻译研究摆脱传统经验式、感悟式和碎片化的形态，让翻译研究走上理论化、系统化的科学发展道路。

二 范围

按照这个定义，我们认为，现代主义翻译思想包括这样一些内容：语言学派的翻译研究，德国功能学派的翻译研究，早期的文化学派翻译研究①（多元系统派翻译研究和描写学派的翻译研究），语料库翻译研究等。

---

① 在这里，笔者认为早期的文化学派的翻译研究包括多元系统翻译研究和描写学派的翻译研究，并将它们归入现代主义翻译思想的范畴，这是因为早期的文学学派虽然引入了社会文化因素，但是它们并没有放弃深度模式；而后期的文化学派的翻译研究（操控学派的翻译研究）已经放弃了深度模式，因而属于后现代主义翻译思想的范畴。深度模式或本质主义是区分现代主义与后现代主义的根本性特征之一。

　　在现代主义翻译思想阶段，翻译研究走上了快速发展的道路。在西方，一个个具有明显派系特征的翻译理论相继发展起来。最先发展起来的是语言学派的翻译研究。1947 年奈达发表了《圣经翻译：基于土著语言的原则和程序分析》（*Bible Translation: An Analysis of Principles and Procedures with Special Reference to Aboriginal Language*），用语言学的理论来分析《圣经》翻译。奈达这本书中的思想在后来的《翻译科学探索》（*Toward a Science of Translating*，1964）和《翻译理论与实践》（*Translation Theory and Practice*）中得到进一步的发展，他率先拉开了语言学翻译研究的大幕。奈达区分的"形式对等"和"功能对等"对语言学的翻译研究具有重大影响，以至于可以说"对等"成了语言学派的代名词。除了奈达外，苏联的费道罗夫 1953 年出版的《翻译理论概要》，是苏联第一部用语言学理论系统描写翻译的作品。法国的穆南（Georges Mounin）在 1963 年出版了《翻译的理论问题》（*Problèmes Théoriques de la Traduction*），他认为翻译既是科学，又是艺术，他的目的就是把翻译建成一门具有人文特点的科学，运用严格的语言学、符号学术语，厘清模糊的、随感式的主观判断，建立条分缕析的翻译分类，把语言学的科学方法引入翻译研究[1]。另外，英国的卡特福德（J. C. Catford）在《翻译的语言学理论》（*A Linguistic Theory of Translation*）中区分了"文本等值"和"形式对应"，探讨了语言上和文化上不可译的原因，提出了翻译的"形式转换"和"范畴转换"[2]。纽马克（Peter Newmark）在《翻译方法探索》（*Approaches to Translation*）中提出了"语义翻译"和"交际翻译"的概念，也具有较大影响[3]。总体来说，语言学派的理论就是要将翻译研究科学化，系统化。这种追求是现代思想追求理性、进步和科学的思想在翻译研究领域的响应。为了实现翻译研究的科学性，语言学派的翻译研究力图将主观经验、直觉和灵感等因素排斥在外，从而实现翻译的客观化。语言学派的理论增

---

　　① 参见刘军平《西方翻译理论通史》，武汉大学出版社 2009 年版，第 157 页。

　　② John. C. Catford, *A Linguistic Theory of Translation*, London: Oxford University Press, 1965.

　　③ Peter Newmark, *Approaches to Translation*, Oxford: Pergamon Press, 1981.

强了翻译研究的学理意识，让翻译不再仅仅是经验之谈。正是从语言学派开始，翻译研究开始作为一门学科而存在。在这一点上，语言学的翻译研究功不可没。不过，现在回头再看，这种将人完全排除在外的做法既是不可能的，也是不科学的，这一点成为后来其他学派攻击语言学派的把柄。

首先对语言学派展开批判的是德国的功能学派，它兴起于 20 世纪七八十年代。功能学派对语言学派把翻译仅仅看成一种语言行为而感到不满。他们认为"翻译并不仅仅是，甚至首要是一种语言过程"[①]。另外，功能学派还认为，语言学的理论在解释不对等的翻译时显得无能为力。因此，功能学派主要从功能和交际来考察翻译。1971 年瑞斯（Katharina Reiss）在《翻译批评：潜能与局限》（*Translation Criticism：Potentials and Limitations*）一书中率先将功能理论引入到翻译研究，用以克服翻译批评中的不确定性和随意性，做到客观化。她认为翻译批评首先必须考虑文本类型，于是她将文本划分为三种类型：信息型、表情型和操作型[②]。不同类型的文本，其功能也不一样，翻译和批评都应采取不同的方法。瑞斯的学生维米尔（Hans Vermeer）继承并发展了她的功能观，提出了目的论（Skopos Theory）。目的论简单地说就是"目的决定方法"（The end justifies the means）[③]。目的论者认为任何翻译都必须遵循三个原则：目的原则、连贯原则和忠实原则。在三个原则中，目的原则是首要的。维米尔的目的论将社会、文化因素引入了翻译研究，按照目的论，翻译不再是寻求语言上的对等，而是让译文在目的语环境中具有与原文在源语中相同的功能。另一位功能主义者曼塔莉（Justa Holtz Manttari）将功能主义推向了极端，她提出了翻译式行为理论。在曼塔莉看来，翻译就是"为了实现某个特定目的的一种复杂行为"；她甚至避免在严格意义上使用"翻译"一词，在她那里，"翻译"意指所有的

---

① Hans J. Vermeer, "What Does It Mean to Translate?", *Indian Journal of Applied Linguistics*, Vol. 2, 1987, p. 29.

② Katharina Reiss, *Translation Criticism：Potentials and Limitations*, Rhodes. E. F. trans. London and New York：Routledge, 2014, p. 26.

③ Christiane Nord, *Translation as a Purposeful Activity：Functionalist Approach Explained*, Manchester and New York：St. Jerome Publishing Company, 2007, p. 29.

跨文化交际活动①。曼塔莉的极端理论在当时招致了不少批评，因而诺德（Christiane Nord）修正了她的理论，提出了"功能加忠实"原则的翻译思想。诺德的另外一个贡献是她区分了纪实型翻译（documentary translation）和工具型翻译（instrumental translation）。纪实型翻译是以原文为导向的翻译，力图像纪录片一样真实地再现原文信息；而工具型翻译是以目的语为导向的翻译，以实现译文的目的为主②。总的来说，功能学派的翻译研究是对语言学派理论的一种修正，翻译不仅仅是一种语言活动，更是一种文化活动。这对以前那些仅仅将翻译看作是一种语言行为的人而言，可谓是对翻译认识上的一大提升。功能学派的文化倾向，已经开始动摇"忠实"大厦的基础。后现代主义翻译思想的各个流派继承了这种倾向，对"忠实"的概念进行了更为激进的批判。

多元系统理论的提出继续推进了翻译研究的文化倾向。该理论是佐哈尔在20世纪70年代提出来的。佐哈尔深受俄国形式主义和索绪尔结构主义的影响，把符号现象视为系统。但是，不同于索绪尔的静止的、封闭的系统，佐哈尔的系统是动态的、开放的，是多元的而非单一的。一个系统包含很多子系统，子系统之间又相互交错与重叠。虽然各个子系统同时进行不同的选择，但它们却是作为一个整体而发挥作用。子系统之间是相互依存的③。在多元系统内部，每个子系统的地位和作用不是固定的，而是处于相互竞争的状态。佐哈尔提出了三对相互对立的概念：经典与非经典，中心与边缘，主要与次要。这三对对立关系对应的系统相互竞争、相互转换，从而维持了文学系统的动态发展。翻译文学属于文学系统之下的一个子系统，翻译文学在文学系统中的地位通常取决于特定的历史文化条件。

通常而言，翻译文学在文学系统中处于边缘和次要的位置，但佐哈尔明确了在三种情况下翻译文学也可以占据中心位置。这三种情况是：（1）当一个多元系统还没有建立，或者说，当一国的文学还没有发展

---

① Christiane Nord, *Translation as a Purposeful Activity*: *Functionalist Approach Explained*, Manchester and New York: St. Jerome Publishing Company, 2007, p. 13.

② Ibid.

③ EvenZohar, "Polysystem Studies", *Poetics Today*, Vol. 11, No. 1, 1990, pp. 9-11.

成熟，仍处于建立的过程中。（When a poly-system has not yet been crystallized, that is to say, when a literature is "young", in the process of being established.）（2）当一国的文学在一个大的文化集群中处于边缘，或者一国文学还很弱小，或者两者兼而有之。［When a literature is either "peripheral"（within a large group of correlated literatures）or "weak", or both.］（3）当一国文学处于转折点、危机中，或文学真空时。（When there are turning points, crises, or literary vacuums in a literature.）[1] 而翻译文学在文学系统中的地位又会影响到译者翻译时使用的策略。多元系统理论跳出了传统的单纯将翻译限定在语言内部的园囿，结合特定的社会文化因素，将翻译文学放到大的文学系统下来考察，这对翻译研究来说是一种新的拓展。

　　图里等的描写翻译研究是对他老师佐哈尔的多元系统理论的运用和发展。在多元系统理论的指导下，图里进行了大量的个案调查，以期找出制约翻译的社会文化规范。图里的描写翻译研究引起了翻译研究范式的变革。不同于以往的规定性翻译研究，描写翻译研究不去考察该怎么翻译这样的问题，而是去具体描写特定的社会文化语境是如何影响翻译的抉择的。图里 1980 年出版了《寻找翻译理论》（In Search of a Theory of Translation），首先将"规范"的概念引入翻译研究。该书后来被修订、完善后改名为《描写翻译研究及其他》（Descriptive Translation Studies and Beyond, 1995）。在该书中，图里区分了三种规范：预备规范（preliminary norms）、起始规范（initial norms）和操作规范（operational norms）。预备规范决定翻译文本的选择；起始规范决定译文的总体倾向，是倾向于充分性还是接受性？操作规范决定遣词造句等具体微观层面[2]。描写学派的代表人物还有彻斯特曼（Andrew Chesterman）和赫曼斯，他们在图里的基础上进一步发展了规范理论。彻斯特曼提出了"翻译模因论"，将规范从翻译拓展到了大多数语言交际活动[3]。而赫曼

---

① Even Zohar, "Polysystem studies", *Poetics Today*, Vol. 11, No. 1, 1990, p. 47.

② Gideon Toury, *Descriptive Translation Studies and Beyond*, Shanghai: Shanghai Foreign Language Education Press, 2001, pp. 57-58.

③ Andrew Chesterman, *Memes of Translation: The Spread of Ideas in Translation Theory*, Amsterdam and Philadelphia: John Benjamins Publishing Company, 1997.

斯则将规范放到了更大的社会系统中来考察①。可见，佐哈尔的多元系统理论虽然引进了社会文化因素，但他的翻译研究仍然局限在文学系统之内，而图里等人的描写翻译理论已经超越了文学系统，将翻译放到了更广阔的社会文化系统之中，这对后来的翻译研究具有很深的影响。

语料库翻译研究是语料库语言学与描写翻译研究的结合，现在多称作语料库翻译学。语料库翻译学是指以语料库为基础，以真实的双语语料或翻译语料为研究对象，以数据统计和理论分析为研究方法，依据语言学、文学和文化理论及翻译学理论，分析翻译本质、翻译过程和翻译现象的翻译学分支学科②。现在，语料库翻译学已经成为翻译研究的一种新的范式③。语料库翻译学的历史并不长，1993 年贝克（Mona Baker）在《语料库语言学与翻译研究：启示与运用》（Corpus linguistics and translation studies：Implications and applications）一文中首先将语料库语言学与翻译研究结合起来④。但是语料库翻译学发展却十分迅速。众多研究者的成果表明：语料库在翻译共性研究、翻译教学、译者培训等方面具有良好的前景。语料库翻译学和语言学派的翻译研究一样，突出地反映了将翻译研究科学化的要求。在其他的翻译研究范式里，研究者往往都是选用一些经典的案例来证明自己的观点，但是这样难免主观化和随意化。而语料库翻译学可以通过语料库收集到大量的数据，能较为客观地揭示翻译的规律。因而，语料库的方法对翻译研究而言不失为一个不错的发展。不过，虽然语料库本身带有很强的科学技术色彩，但是语料库翻译研究的科学性和客观性也是相对的。语料的选择、技术参数与标准的设定、数据收集后的分析等都是根据研究者的主观意愿作出的，因而语料库翻译研究也不能实现真正的科学化和客观化。

---

①　Theo Hermans, *Translation in System：Descriptive and System-oriented Approaches Explained*, Manchester：St. Jerome Publishing, 1999.

②　胡开宝、毛鹏飞：《国外语料库翻译学研究述评》，《当代语言学》2012 年第 4 期。

③　Sara Laviosa, "The Corpus-based Approach：A New Paradigm in Translation Studies", *Meta*, Vol, 43, No. 4, 1998, p. 474.

④　Mona Baker, "Corpus Linguistics and Translation Studies：Implications and Applications", in Mona Baker, Gill Francis & Elena Tognini-Bonelli ed., *Text and Technology：In Honour of John Sinclair*, Amsterdam & Philadelphia：John Benjamins, 1993, pp. 233-250.

从上面的简单介绍中可以看到，西方这一时期的翻译研究已经取得了飞跃性的发展，形成了一些各具特色的流派。如果说在传统翻译思想阶段，中西方翻译研究不分轩轾的话，那么在现代主义思想阶段，中国的译学研究已经全面地落后于西方了。虽然在中国也有一些独立的译学思考，但总体来说，中国的现代主义翻译研究主要是在引进、介绍和评述西方各个流派的观点。一定程度上，我们是对西方亦步亦趋，彻底沦为了西方翻译理论的试验场。当然，这种向西方学习的过程是必要的。在现代阶段，中国在科技、文化、社会生活等各方面都全部落后于西方发达国家。从清朝末年起，向西方学习就是中国社会发展的主旋律。笔者认为，这种主旋律到现在为止仍未改变。只是在学习的过程中我们应该注意两点：第一，我们的学习必须是鲁迅先生说的拿来主义式的，必须有所抉择和批判；第二，在学习的过程中我们必须思考如何让西方的先进思想与中国悠久的传统精华融合并存。翻译研究的情况也是如此，我们不应该放弃向西方学习的这个大的倾向，但我们在引进介绍的同时不要忘记批判与融合。可喜的是，在诸多学者的努力下，中国的翻译研究取得了一定的成就。比如，著作颇丰的刘宓庆的研究，他的研究就不局限于引进和介绍，而是很好地融合了中西的翻译思想；中国的对比语言学与翻译研究在潘文国等的努力下已经走到了世界的前列；谢天振为首的译介学研究也非常具有特色①；另外，中国的语料库翻译学研究也在很多方面追上了国际上的新发展。不过，总体上来说，中国的译学研究要赶上西方，还需假以时日。

三　特点

现代主义翻译思想的各个流派，虽然方法和焦点都不尽相同，并且在有些地方截然相反，之所以把它们归纳在一起是因为它们具有以下一些共同点。（1）不满于传统的感性翻译论说，都追求将翻译研究科学化或学科化。科学与理性是现代思想的重要方面。现代思想追求科学与

---

① 考虑到谢天振先生为首的译介学主要是一种描写范式的翻译研究，与 Toury 等提倡的描写学派较为接近，因为在本书中，笔者将译介学归入早期的文化学派中，属于现代主义翻译思想的范畴。

理性的特点自然也反映到了现代主义译学研究中。语言学派的翻译研究首先挑起了将翻译研究科学化的大梁。例如，奈达的书《翻译科学探索》以及威尔斯（Wolfram Wilss）的《翻译科学：问题与方法》（*The Science of Translation：Problems and Methods*，1982）都直接以"科学"为题，充分反映了将翻译研究科学化的愿望。语言学派之后诞生的各个学派虽然关注的焦点、研究的方法有所不同，但无不以将翻译研究理论化、科学化为己任。在中国，翻译研究科学化的努力突出地反映在两场大的争辩上：翻译是科学还是艺术？应不应该建立翻译学？两场争辩直接产生了一批以"翻译学"命名的著作和大量研究成果，极大地推动了中国翻译研究的发展。

（2）现代主义翻译思想的第二个特征就是信奉深度模式或本质主义或利奥塔所谓的"元叙事"或"宏大叙事"。本质主义区分了本质与现象等一系列的二元对立概念，认为任何事物都包含着一个超验的本质，这个本质是永恒的，不因时空的变化而变化。在这种本质与现象的区分中，本质永远是第一位的。具体到翻译而言，翻译研究的深度模式就是把不同的语言之间差异当作相同本质的不同现象，认为意义是确定的，永恒的，意义不会因时空的变化和语言的变化而发生变化，一种语言所表达的意义可以丝毫不损地用另一种语言表达出来。以奈达为首的语言学派的翻译研究就是一种典型的深度模式。奈达受乔姆斯基的"深层结构"和"表层结构"的影响，认为翻译过程涉及三步：第一步，从原文本的表层结构转入深层结构；第二步，由源语的深层结构转化到译语的深层结构；第三步，由译语的深层结构转换到译语的表层结构①。在奈达的翻译模式中，意义就成为一个超验的存在，就好像一个实在的物品，从一种语言搬到另一种语言中而不受损害。除了语言学派外，多元系统学派、描写学派、功能学派等事实上都秉持了深度模式，只是在那些学派中，"深层结构"换成了"文学系统""规范""功能"等术语。这种深度模式的翻译研究后来在后现代翻译研究中遭受了巨大的冲击。

（3）现代主义翻译思想总体上仍然维持了原作—译作、作者—译者

---

① Eugene A. Nida, *Towards a Science of Translating*, Leiden：E. J. Brill, 1964, p.68.

的二元对立模式以及二元对立模式之下的权力不平等的关系。在现代主义翻译思想中，除了语言学派外，"忠实"的概念受到了冲击，"忠实"不再是衡量翻译的唯一标准。在多元系统理论中，"怎样译"很大程度上是由翻译文学在一国文学系统中所处的地位决定的；在描写理论中，"怎样译"其实是由一系列的社会文化规范决定的；在维米尔的"目的论"中，"怎样译"是由译文在目的语中的用途决定的。虽然"忠实"的标准受到了挑战，但是现代主义的诸流派没有从根本上去质疑翻译中存在的二元对立结构以及二元对立结构对立下的不平等关系。

第三节 后现代主义翻译思想

一 定义与范围

正如我们前面所言，国内以"后现代主义翻译"为题的文献虽多，但却没有人严格定义过何为后现代主义翻译思想。国外以"后现代主义翻译"为题的文献寥寥，就更无从找到后现代主义翻译思想的定义。在这里，笔者不揣浅陋，将给出一个定义作为本书的工作定义（working definition）。因传统与现代主义哲学研究的核心思路是这样的：哲学研究的首要任务是寻找事物的本质属性，找到本质属性后依据本质与非本质的二元对立结构将本质属性确定为中心，将非本质属性划归为边缘。从这种中心与边缘的划分中，本质属性或中心获得了对非本质属性或边缘的支配权。而后现代主义则从根本上否定事物有本质，认为所谓的本质不过是人为建构的，否定了本质的存在也就否定了二元对立和中心存在的基础，更是动摇了本质或中心对非本质和边缘的特权。据此，笔者将后现代主义翻译思想定义为：后现代主义翻译思想指那些以反对深度模式和二元对立之下不平等关系的翻译思想。具体而言，后现代翻译思想反对意义的超验性和确定性（翻译的本质），反对原文与译文，作者与译者这样的二元对立，反对视作者和原文为中心，视译者和译文为边缘，从而赋予作者与原文优先于译者和译文的特权。

在给出后现代主义翻译思想的定义后，接下来，就该讨论后现代主义翻译思想的内容。后现代翻译思想包含哪些内容呢？对于这一点，现有的研究分歧并不大。宋以丰与刘超先认为，后现代主义的方法论上已经影响到诸如后结构主义翻译观、解构主义翻译观、文化学派翻译观、后殖民主义翻译观以及女性主义翻译观等的理论建构①。葛校琴在其专著《后现代语境下的译者主体性研究》中提到了勒菲弗尔的翻译思想、解构主义思想、后殖民主义思想、女性主义翻译思想和当代阐释学②。王娟在其博士学位论文《理论旅行：吸收与变异》中认为后现代主义翻译研究涉及现代哲学阐释学、解构主义、翻译研究的文化转向、后殖民主义和后现代女性主义③。骆贤凤在其博士学位论文《后现代语境下的译者伦理研究》中认为后现代主义翻译理论包含文化学派、后殖民主义、女性主义和解构主义等翻译理论④。综合现有的研究，我们认为后现代主义翻译思想的内容包含现代哲学阐释学翻译研究、解构主义翻译研究、后殖民主义翻译研究、女性主义翻译研究和后期文化学派的翻译研究（操控学派）。

在此，笔者想说明一点：文化学派的翻译研究是一个比较宽泛的概念，学界并没有一致的定义。有的学者用它涵盖了多元系统理论、描写理论、操控理论、后殖民主义理论和女性主义理论。有的学者又用它指称狭义的以勒菲弗尔和巴斯奈特为首的翻译研究学派。在本书中，考虑到后殖民主义翻译研究和女性主义翻译研究独特的派系色彩，文化学派的翻译研究就只包含前面几个学派。并且，笔者根据是否放弃深度模式为标准，将文化学派分为前期和后期。只有后期的操控学派才属于后现代主义翻译思想范畴。另外，笔者还想强调一下，这种划分并不是绝对的，有时候同一个学者的研究可能会涉及好几个流派。笔者这样划分，除了考虑各个流派的特点外，还为了论述的方便。

有关后现代主义翻译思想各个学派的起源、发展的历史和主要研究观点和内容，笔者已在第二章和第三章中进行了详细的论述。在本章余下的内容中，笔者将概括地总结后现代主义翻译思想的特点以及其与现

①　宋以丰、刘先超：《关于后现代主义翻译观的思考》，《外语教学》2006 年第 3 期。
②　葛校琴：《后现代主义视角下译者主体性研究》，上海译文出版社 2006 年版。
③　王娟：《理论旅行：吸收与变异》，博士学位论文，上海外国语大学，2010 年。
④　骆贤凤：《后现代语境下的译者伦理研究》，博士学位论文，湖南师范大学，2012 年。

代主义翻译思想的关系。

二　特点

在论述后现代主义翻译思想的特点之前，有必要简单介绍一下后现代主义的特点，可以作为后现代翻译思想的背景。哈桑曾列表对照了现代主义和后现代主义的特点①，如表 21：

表 21　　　　　　　现代主义与后现代主义特点区分②

Modernism	现代主义	Postmodernism	后现代主义
Romanticism/Symbolism	浪漫主义/象征主义	Pataphysics/Dadaism	荒诞玄学/达达主义
Form（conjunctive, closed）	形式（连接的, 封闭的）	Antiform（disjunctive, open）	反形式（分离的, 开放的）
Purpose	目的	Play	游戏
Design	计划	Chance	机遇
Hierarchy	等级	Anarchy	无序
Mastery/Logos	控制/逻各斯	Exhaustion/Silence	枯竭/寂静
Art object/Finished work	艺术客体/成品	Process/Performance/Happening	过程/表现/行进中
Distance	距离	Participation	参与
Creation/Totalization	创作/整体化	Decreation/Deconstruction	非创作/解构
Synthesis	综合	Antithesis	对照
Presence	在场	Absence	缺席
Centering	中心化	Dispersal	分散
Genre/Boundary	体裁/界限	Text/Intertext	文本/互文本
Semantics	语义	Rhetoric	修辞
Paradigm	聚合关系	Syntagm	组合关系
Hypotaxis	从属	Parataxis	平行
Metaphor	隐喻	Metonymy	转喻
Selection	选择	Combination	组合
Root/Depth	根/深层	Rhizome/Surface	茎块/表层

---

①　Ihab Hassan, *The Postmodern Turn：Essays in Postmodern Theory and Culture*, Ohio：Ohio State University Press, 1987, pp. 91-92.

②　表格中的中文为笔者所译。

续表

Modernism	现代主义	Postmodernism	后现代主义
Interpretation/Reading	阐释/阅读	Against Interpretation/Misreading	反阐释/误读
Signified	所指	Signifier	能指
Lisible（Readerly）	可阅读的	Scriptable（Writerly）	可写作的
Narrative/Grand Histoire	叙事/宏观历史	Anti-narrative/Petite Histoire	反叙事/微观历史
Master code	总体	Idiolect	个体
Symptom	症候	Desire	欲望
Type	类型	Mutant	变体
Genital/Phallic	生殖器/阳物	Polymorphous/Androgynous	同质异构/雌雄同体
Paranoia	偏执狂	Schizophrenia	精神分裂
Origin/Cause	本源/成因	Difference-Difference/Trace	异延/踪迹
God the Father	上帝	The Holy Ghost	圣灵
Metaphysics	形而上学	Irony	反讽
Determinacy	确定性	Indeterminacy	不确定性
Transcendence	超验性	Immanence	内在性

　　哈桑在这个表格中列举的特点融合了来自不同国家、不同领域和不同作者的相关论述，应该说能比较全面地反映出后现代主义的特点。但是，因这些特点来源于不同的领域，将它们放在一起，显得比较芜杂。相比较而言，杰姆逊（Frederic Jameson）的总结就更为抽象和简洁，他将后现代主义的特点总结为四个方面：审美通俗化（aesthetic populism）、深度缺失（depthlessness）、拼盘杂烩（pastiche）和历史感危机（crisis in historicity）①。"审美通俗化"就是要消解艺术与非艺术的区分；"深度缺失"指的是后现代主义反对本质主义；"拼盘杂烩"是说后现代主义文化是一种无中心的文化，诸事物都是东拼西凑地拼在一起；"历史感危机"就是用非连续性取代历史的连续性，造成断裂、零散，甚至是消除。杰姆逊提出的四个特点，除了"拼盘杂烩"外，

---

① Frederic Jameson, *Postmodernism, or the Cultural Logic of Late Capitalism*, Durham: Duke University Press, 1991.

其他三个都能在后现代翻译思想中有所体现。刘军平也从四个方面总结了后现代主义的特点：（1）后现代主义排斥整体性一体化和普遍性方案，而强调他者、差异性、多样性和复杂性。（2）后现代主义否定封闭的结构、固定的意义和僵硬的秩序，而赞同游戏、悬而不决、非完整性、不确定性、暧昧、偶然性和混沌。（3）后现代放弃了天真的现实主义的再现认识论，以及无中介的客观性和真理，支持视觉主义、反本质主义、诠释学、互文性、拟仿和相对主义。（4）在向后现代转向中，强调打破不同学科内部和学科间的界限①。刘军平的总结是迄今为止较为全面和清楚的。后现代主义翻译思想总体上来说与后现代主义的特点是一致的，但是结合到翻译这个具体学科，有的特点在翻译研究领域比较明显，有的则体现得不是那么突出。

纵观相关文献，我们认为后现代翻译思想具有以下特点：

（1）反对翻译有本质，否定深度模式，认为原文不是现实的反映，译文也不是原文的反映，文本并无确定的意义。海德格尔和伽达默尔为代表的现代哲学阐释学认为，当一个作者完成一部作品时，这个作品就脱离了作者而成为独立的存在，作品中并不存在作者的本意。以德里达为首的解构主义者认为，意义是不在场的，意义一直都处于时间上的延宕和空间上的差异之中。人们不能把握意义，只能追寻意义留下的踪迹。而操控学派、后殖民主义和女性主义则秉持福柯的权力话语理论，认为并不存在普适的意义，意义不过是权力话语的产物。

（2）否定翻译中的二元对立和中心主义。后现代主义翻译思想反对作者与译者，原文与译文的二元对立，反对视作者和原文为中心，视译者和译文为边缘。后现代主义翻译思想认为，二元对立结构和中心是人为构建的，并非客观真实的反映。二元对立结构中的中心对边缘施加了暴力，应该消解二元对立和中心。

（3）强调跨学科性质。后现代翻译思想致力于打破语言学派之下的封闭模式，打破各个学科之间的壁垒、模糊学科之间的界限。后现代视角下的翻译研究积极从历史学、哲学、文化研究、心理分析等学科吸

① 刘军平：《超越后现代的"他者"：翻译研究的张力与活力》，《中国翻译》2004年第1期。

取养分，将翻译与性别、民族、身份、种族等话题相结合，极大地拓展了翻译研究的范围和影响。

（4）强调差异性、多样性与独特性。后现代翻译思想特别注重通过翻译来保持和凸显差异性，从而维护个体和文化的多样性与独特性。在后现代主义思想看来，每个个体和文化都是独特的，个体经验之间，文化之间的差异性是根本性的，具有不可通约性。

（5）后现代翻译思想中一个难能可贵的特点就是它具有强烈的人文关怀性质。后现代主义翻译思想特别注重维护弱势与边缘的权利，反对强权与暴政。后现代翻译思想研究的对象如译者、译文、殖民地和女性等都是传统二元对立结构之下处于被动和从属的一方。后现代翻译思想就是要通过翻译来揭示他们遭受的不公，为他们进行抗争。

三　关系

对于现代主义与后现代主义之间的关系，较为普遍的看法有两种。一种观点把后现代主义视为对现代主义的批判与反动；另一种观点则将后现代主义视为现代主义的继续和发展。持前一种观点的代表人物是杰姆逊和佛克马（Douwe Fokkema）。杰姆逊认为后现代作品的产生是由于有些作家感觉到现代主义作品是令人窒息的，只有砸烂它们，才能创新。佛克马认为，后现代主义者反对现代主义者建立假设的但连贯的世界模式，他们批评和嘲弄现代主义的等级秩序①。但是，多数学者认为后现代主义是现代主义的继承和发展。德国学者哈贝马斯（Jürgen Habermas）是这一观点的代表人物，他认为现代性是一项未竟的工程，后现代的时代还远未到来②。在国外，认为后现代主义是现代主义的继承和发展的代表人物还有克默德（Frank Kermode）、利奥塔等。中国学者刘小枫也认为："后现代论述对现代性论述的攻击，实际成了现代性

①　参见徐友渔《关于后现代哲学的几个问题》，《人文杂志》1996 年第 1 期。

②　Jürgen Habermas，"Modernity：An Unfinished Project"，in Maurizio Passerin d'Entreves and Seyla Benhabib，eds.，*Habermas and the Unfinished Project of Modernity*，Cambridge & Massachusetts：The MIT Press，1997，pp. 38–55.

论述的一个激进的变种。"①

对于两者的关系，笔者在此想强调两点：第一，后现代主义批判的不仅仅是现代主义。后现代主义批判的锋芒涵盖了现代主义和传统哲学中所有的在场的形而上学和二元对立的机制。在对传统的批判上，现代主义与后现代主义具有相似性。第二，后现代主义所发展的也不仅仅是现代主义，其实后现代主义中还包含有对传统回归的内容。总而言之，不管是对传统还是对现代主义，后现代主义都有批判与发展的一面。下面，我们就回到翻译研究的话题上来，看看后现代主义翻译思想在哪些方面批判了现代主义翻译思想，在哪些方面发展了现代主义翻译思想。

后现代主义翻译思想对现代主义翻译思想的评判和反动主要体现在以下几个方面：（1）后现代主义翻译思想不再认为原文有确定的意义，意义处于游弋状态，意义是权力话语的产物。（2）后现代主义翻译思想解构了现代主义忠实的概念，不再以忠实作为衡量译文的唯一标准。（3）后现代主义翻译思想批判了把译文和译者看作原文和作者附庸和派生物的观点。在后现代主义翻译思想中，译文是原文的来生（after-life），译者和作者是译文的共创者（co-producer）。（4）相对于现代主义翻译思想的"求同"，后现代主义翻译思想更倾向于"存异"。（5）现代主义翻译思想关注语言的功能，关注所指（signified），而后现代翻译思想更关注语言的形式和能指的游戏。

除了上面提到的后现代翻译思想对现代翻译思想的批判和他们之间的不同外，两者之间还存在一些连续性的、相似性的一面。首先，笔者认为翻译研究的焦点从语言转向文化本身就是后现代翻译思想对现代翻译思想的发展，至少在原有的基础上增加了一个看问题的视角。很多研究者之所以批判文化转向，就是因为他们把文化转向看作是对语言学传统的割裂。如果换一种眼光，把文化转向看作是对语言学派的拓展和补充，也许，批判者的反对就不会那么强烈。其实在现代翻译思想中的目的论、多元系统理论和描写理论那里，文化转向的倾向已经开始。甚至是在一向认为是封闭、自给自足的语言学派那里，奈达、卡特福德等也谈论社会文化因素。其次，"忠实"在现代主义翻译思想阶段已经开始

---

① 刘小枫：《现代性社会理论绪论》，生活·读书·新知三联书店1998年版，第2页。

动摇，后现代主义翻译思想继续了这项事业，对"忠实"的概念进行了更为彻底的解构。当研究开始考虑翻译文学在文学系统中的地位、译文在目标语言中的用途和目标语言文化的社会规范等因素对翻译活动的制约时，"忠实"其实已经走上了被解构的道路。最后，翻译研究的跨学科性质其实在现代主义翻译思想中已经得到体现。奈达的研究融合了语言学、信息学、符号学等学科的观点。佐哈尔的多元系统理论涉及语言学、文学、政治、经济等多方面的因素。图里的描写理论从社会学中吸取了营养。其他的暂且不提，仅从这里，翻译研究的跨学科性质已经是十分明显。在后现代翻译思想中，翻译研究继续拓展到了哲学、历史学、人类学、文化研究、性别研究、后殖民研究等领域，跨学科的性质得到了进一步的加强。

从前面哈桑的现代主义与后现代主义对照表来看，我们还可以从很多方面来阐释现代主义翻译思想与后现代主义翻译思想的关系。但就翻译研究而言，上面总结的这些点应该包含了主要的一些方面。其他方面这里暂时省略，在将来的研究中我们再慢慢挖掘。

第四节　小结

在本章中，根据不同时期的翻译研究的思想特征，我们将翻译思想划分为传统翻译思想、现代主义翻译思想和后现代主义翻译思想三种。并简要地回顾了中外各种翻译思想的发展历程、主要的代表人物及观点。在现有的翻译史的研究中，历史断代的研究比较多，而从思想特征进行划分的还比较少见。我们希望这样的划分能对翻译史的研究有所补益。另外，在这一章里，我们对现代主义翻译思想和后现代主义翻译思想进行了界定，探讨了它们各自涵盖的范围和特点，并分析了它们之间的关系。目前，不管是在国外还是在国内，还鲜有研究对现代主义翻译思想和后现代主义翻译思想进行过界定，本书的研究在一定程度上能弥补这方面研究上的局限，希望这样的界定和探讨能对当前的后现代主义翻译研究有所裨益。

最后，笔者还想强调一下，传统、现代和后现代这样的划分不是绝对的，很多学者的思想可能介于某两种范式之间，因此，后一种范式的翻译思想对前一种范式的翻译思想是既有批判也有继承和发展。他们之间的关系绝不是简单地后者取代前者，而是互有交叉、重叠。如果不能正确认识到三种范式之间的关联性，将其割裂开来，对任何一种范式的思想都难有全面而正确的理解。

第六章　语言游戏：翻译本质的消解

在本章中，我们视翻译为语言游戏。本章开头简单地对"游戏"概念进行了历史的追溯，并表明"游戏"是后现代主义的一个重要概念，后现代主义者视翻译为一项语言游戏。然后，本章重点阐述后现代主义的代表人物维特根斯坦、伽达默尔、德里达、福柯、巴特、利奥塔等人的游戏观，并探讨了他们的游戏观对翻译研究的启示。最后，后现代主义者不仅在理论上视翻译为语言游戏，更是在理论论述和翻译实践中大肆采用文字游戏，因此，本章从喻说、多义词、新造词汇和不规则语法四个方面总结了后现代主义者在翻译论说和翻译实践中采用的文字游戏，并指出，后现代主义者通过文字游戏表达了他们对现行规则的反抗，是用一种新的文字形式来表达他们新的思想。

在日常生活中，"游戏"一词等同于"嬉戏""玩耍"，通常含有"不重要""不正式""不严肃"等意。如果仅仅从字面来看，似乎与严肃的哲学研究没有什么关系。但奇怪的是，严肃的哲学家却喜欢谈论游戏。在西方哲学史中，最早谈论游戏的是赫拉克利特。赫拉克利特认为，世界是"火的自我游戏"，"人的观点是儿童的玩具"，"时间是小儿在移动棋盘上的棋子"①。赫拉克利特之后，柏拉图提出了"神的游戏"说，将"城邦生活看作是一场由神主宰的游戏，而人不过是其中的木偶"②。康德在《判断力的批判》中提出了"艺术游戏说"。在康德看来，游戏既不是世界的游戏，也不是上帝的游戏，而是人性的游戏，

---

① 参见 Wikipedia 词条 Heraclitus, https：//en. wikipedia. org/wiki/Heraclitus，2017 年 1 月 25 日。

② 参见付立峰《"游戏"的哲学：从赫拉克利特到德里达》，中国社会科学出版社 2012 年版，"引言"第 3 页。

它揭示了人的自由本质①。席勒在康德的"艺术游戏说"的基础上提出了"审美游戏说"。在席勒看来，游戏是艺术的本质。他指出："游戏冲动的对象用一个普通的概念来说明，可以叫作活的形象。这个概念指现象的一切审美性质，总之是指最广义的美。"②席勒认为游戏对人性非常重要，"在人的各种状态下，正是游戏，只有游戏，才能使人达到完美并同时发展人的双重天性"③。狄尔泰将哲学活动比作猜谜游戏，他说："哲学家主要是在直接解答关于世界与生命的谜语。"④荷兰学者约翰·赫伊津哈（Johan Huizinga）更是将游戏的重要性提到了空前的高度，在其代表作《游戏的人：文化中游戏成分的研究》（*Homo Ludens：Study of the Play-element in Culture*）中将游戏等同于文明，他说：

> 仪式在神圣的游戏中成长；诗歌在游戏中诞生，以游戏为营养；音乐舞蹈则是纯粹的游戏。智慧和哲学表现在宗教竞争的语词和形式之中。战争的规则、高尚生活的习俗，全都建立在游戏模式之上。因此，我们不能不做出这样的论断，初始阶段的文明是游戏的文明。文明决不脱离游戏，它不像脱离母亲子宫的婴儿，文明来自于社会的母体：文明在游戏中诞生，文明就是游戏。⑤

他甚至大胆地宣告："我们这个物种是游戏的人。"⑥ 在美国小说家约翰·巴思（John Barth）看来，现代世界是一种在碎片中保持得更好的游戏⑦。从上面的叙述中可以看出，西方哲人非常重视游戏。严肃的

① 冯俊、洪琼：《后现代游戏说的基本特征》，《中国人民大学学报》2009 年第 2 期。

② ［德］席勒：《美育书简》，徐恒醇译，中国文联出版公司 1984 年版，第 86 页。

③ 同上书，第 89 页。

④ Wilhelm Dilthey, *The Essence of Philosophy*, Chapel Hill：University of North Carolina Press, 1954, p. 8.

⑤ ［荷］约翰·赫伊津哈：《游戏的人：文化中游戏成分的研究》，何道宽译，广东省出版集团花城出版社 2007 年版，第 203 页。

⑥ 同上书，封底。

⑦ 参见［美］丹尼尔·霍夫曼《美国当代文学》，中国文艺联合出版社 1984 年版，第 362 页。

哲学家之所以如此重视"不严肃"的游戏,是因为他们发现了游戏在本质上与哲学具有相似性。

到了后现代主义时代,游戏更加受到哲学家的关注。游戏成为后现代主义的一个重要特征,是后现代主义者反本质主义、反基础主义、反逻各斯中心主义的重要策略。后现代主义反对权威和普遍的标准,以一种怀疑的态度对传统真理的价值进行不断的否定,真理和价值的讨论被语言游戏所取代。语言游戏也是后现代文学和文化的基本表现策略。西方后现代主义思想家德里达、福柯等,都从语言学的角度对西方现代文化进行了新的分析和评判,并指出后现代某种程度上就是"能指滑动""能指漂移",能指与所指之间并没有必然的稳定的联系,后现代书写本质上就是一种"语言游戏"①。在后现代主义思想中,文本是游戏,阅读是游戏,写作也是游戏,那么,集阅读与写作一体的翻译当然也是一种语言游戏。

第一节　后现代主义翻译游戏观

在后现代主义中,研究者普遍比较关注游戏,游戏成为后现代主义者的宠儿。若不能说所有的后现代主义者,那么至少可以说大多数后现代主义者都在某种程度上谈论过游戏。在此,不可能去一一追溯所有的后现代主义游戏观,只能将关注的焦点集中到维特根斯坦、伽达默尔、德里达、福柯、巴特、利奥塔等后现代主义代表人物身上,并探讨他们的游戏观对翻译或翻译研究的启示。

一　维特根斯坦与"语言游戏"

维特根斯坦,犹太人,1889 年出生于奥匈帝国的维也纳。1908 年,维特根斯坦前往英国,其后,他成为英国著名哲学家罗素(Bertrand Russell,1872—1970)的学生。维特根斯坦的哲学思想分为前后两个时期。前期以他在第一次世界大战当兵期间写的《哲学逻辑论》(*Logisch-Philosophische Abhandlung*)为代表,该书以德语发表于 1921

---

① 张德明:《新世纪诗歌中的后现代主义文本浅谈》,《南方文坛》2012 年第 6 期。

年。《哲学逻辑论》只有 75 页，但却是 20 世纪最重要的哲学著作之一。在该书中，维特根斯坦提出了著名的"逻辑图像论"。维特根斯坦认为所有的语言都具有本质结构：语言是命题的总和，命题可以化约为原子命题，原子命题是由简单的符号组成。世界也具有相应的本质结构：世界是事实的总和，事实可以化约为原子事实，原子事实由简单对象构成。正是由于两种本质结构语言上的共性，语言才可能描绘世界①。

维特根斯坦后期抛弃了他自己前期的哲学观念，对前期的思想提出了批判。维特根斯坦后期的思想主要体现在《哲学研究》（*Philosophical Investigations*）一书中。该书在维特根斯坦去世两年后，于 1953 年，由维特根斯坦的学生整理出版。后期维特根斯坦的哲学思想可以说是围绕三个核心概念展开的，即语言游戏说、家族相似性和生活形式。

"语言游戏"是维特根斯坦后期哲学的一个重要概念，在他看来，语言的词语就如同游戏的元素，而游戏的每一个步骤就相当于一个命题。他将"语言"和"游戏"两个单词合二为一，创造了"语言游戏"一词。维特根斯坦是这样定义"语言游戏"的："语言游戏是比使用复杂的日常语言符号更简单地使用符号的方式。语言游戏是一些语言形式，通过这些形式，小孩开始使用词语。"［These（language games）are ways of using signs simpler than those in which we use the signs of our highly complicated everyday language. Language games are the forms of language with which a child begins to make use of words.］② 维特根斯坦用"语言游戏"意在强调"语言的述说是一种活动的一部分，或者是一种生活形式的一部分"③。维特根斯坦认为，所有种类的游戏之间并没有什么本质上的相同点，以娱乐为目的、对抗性、输赢、规则等都并非所有游戏都具有的共同点。也就是说，游戏并没有什么本质特点，并没有关于游戏的一般概念。尽管没有什么东西是游戏共享的，但是仔细观察就会发现，游戏之间存在着相似性，具有亲缘关系，游戏之间具有交叉重叠的相似关

---

① 参见单继刚《翻译的哲学方面》，中国社会科学出版社 2007 年版，第 151 页。

② Ludwig Wittgenstein, *The Blue and Brown Books*, Rush Rhees ed., Oxford: Blackwell, 1964, p. 17.

③ Ludwig Wittgenstein, *Philosophical Investigations*, G. E. M. Anscombe trans., Oxford: Basil Blackwell, 1986, p. 11.

系网络，有的之间相似度比较大，有的则比较小。维特根斯坦将这种相似称为"家族相似性"①。语言如游戏一样，没有什么东西是语言所共有的，语言也没有本质特征，语言之间通过相似性或亲缘性彼此相关联。另外，维特根斯坦早期对日常语言持怀疑态度，他追求的是理想的逻辑语言。但维特根斯坦后来放弃了他早期的思想，认为语言就是生活形式（form of life）的一部分，应该放弃对理想语言的追求，返回日常语言的"粗糙的地面"（Back to the rough ground）②。维特根斯坦的"生活形式"的概念表明了他对语言的多样性和模糊性的尊重。

维特根斯坦本身并没有对翻译发表过议论，但是他的语言游戏、家族相似性和生活形式等概念对翻译研究却具有重要的启示意义。首先，维特根斯坦的"语言游戏"观认为语言如游戏般没有本质，那么翻译作为一种语言活动，翻译也没有本质。翻译研究者一直以探寻翻译的本质为己任，试图总结出翻译活动的本质规律或特征，然而翻译并没有本质。迄今为止，林林总总的翻译理论已经有不下于数十种，但是没有哪种翻译理论能解决所有的翻译问题。那种具有普遍解释力的翻译理论现在没有，将来也不会有，因为没有哪个特征能作为翻译的本质特征。

其次，"家族相似性"告诉我们原文和译文只是相似，并不等同。一直以来，都有研究者视翻译为原文的替代品，认为原文与译文完全一致。这一点，从传统中研究者给翻译下的定义就可以看出。例如，泰特勒是这样定义"好的翻译"的："好的翻译应该是把原作的优点完全地移注到另一种语言，以使译入语国家的读者能如同源语国家的读者一样，能明白地领悟、强烈地感受到原文的优点。"（That in which the merit of the original work is so completely transfused into another language, as to be as distinctly apprehended, and as strongly felt, by a native of the country to which that language belongs, as it is by those who speak the language of the original work.）③ 张培基对翻译的定义是：翻译是用一种语

---

① Ludwig Wittgenstein, *Philosophical Investigations*, G. E. M. Anscombe trans. , Oxford: Basil Blackwell, 1986, p. 32.

② Ibid. , p. 46.

③ Alexander Fraser Tytler, *Essay on the Principles of Translation*, Lodon: J. M. Dent & Sons Ltd; New York: E. P. Dutton & Co. Inc. , 1907, pp. 8-9.

言把另一种语言所表达的思维内容准确而完整地表达出来的语言活动[1]。张今对文学翻译的定义是：文学翻译是两个语言社会之间的交际过程和交际工具，它的目的是要促进本语言社会的政治、经济和（或）文化进步，它的任务是要把原作中包含的现实世界的逻辑映象或艺术映象，完好无损[2]地从一种语言译注到另一种语言中去[3]。我们可以看到，这三个定义中有"完全""完整"和"完好无损"这样的字眼。正如我们在前面所说过的那样，这样的字眼只能是一种"取法乎上"的策略，表明译者对高质量的追求。但是，这样的词汇同样表明，传统上，人们认为翻译就是原文的替代品，翻译等同于原文。正是基于这样的观念，有的研究者甚至完全依靠翻译来研究外国文学。这样的观点和做法无疑是危险的。

　　翻译能等同于原文吗？显然不可能。那么，翻译与原文之间是什么关系呢？维特根斯坦的家族相似性概念启发我们：翻译与原文相似，而非等同。就如同父亲与儿子一样，儿子只是相似于父亲，绝不等同于父亲，不是父亲的替代品。当原文被翻译成为另外一种语言后，语言变了，读者变了，作品接受的环境也变了。这些变化就决定了翻译不会等同于原文。举个简单的例子，斯威夫特的作品《格列佛游记》本为政治讽刺小说，但其被翻译成中文后，更多的是在当儿童文学作品在接受。所以中文翻译的《格列佛游记》绝不等同于英文原著的 *Gulliver's Travels*。再如，中国古典的诗歌，文字简练，意蕴深刻，朗朗上口，在中国为流传千古的经典。但一经翻译成英文，有的研究者指出，读起来就像是摇篮曲或打油诗[4]。当然，这是两个特殊的例子。但是，即使就一般的题材而言，翻译也很难等同于原文。这就是为什么合同中往往有这样的表述："本合同用中英文书就，两个文本具有同等效力。如中英不完全对等，以英文为准。"

　　最后，"生活形式"对理想语言的抛弃和对日常语言的强调也启示

---

① 张培基等编：《英汉翻译教程》，上海外语教育出版社 1980 年版。

② 这三个定义中的着重号为笔者所加。

③ 张今：《文学翻译原理》，河南大学出版社 1987 年版，第 14—15 页。

④ http：//www. webwight. org/chinese-translation-poetry-english-rhyme-doggerel.

我们，翻译研究不应该离开翻译实际去追寻那种理想的、虚幻的、具有普遍解释力的本质，而应该着眼于实际的翻译情况，根据具体的翻译实际提出具体的翻译理论。从古至今，翻译研究者都力图拨开纷繁复杂翻译活动的表象，从深层次总结出翻译活动的本质规律或特征。于是，我们今天便有了"信达雅"，有了"翻译的三原则"等之类的理论。当人们用翻译实践去检验这些理论的时候，却发现，理论与实践并不一致。于是，人们觉得旧的理论不行，便去寻找新的理论。但是，不管是哪种翻译理论，似乎都不能完全解释所有的、形式多样的翻译活动。之所以如此，原因之一是，理论家们的理论总是抛开翻译的实际情况，对翻译提出理想化的要求。比如，传统的翻译理论强调绝对的"忠实"，但是在翻译实践中，绝对的忠实是不可能的。再如，脱胎于乔姆斯基转化生成语法的语言学派翻译理论强调"对等"，但翻译时却常常没有对等的表达。并且，乔姆斯基自己的理论往往也只能用来分析一些标准的或理想化的句子，在分析文学语言的时候就颇为困难。所以，翻译的理论不能过分地追求一些理想化的标准，应该回到翻译实践的"粗糙地面"，提出符合实际的理论。

二　伽达默尔与"理解游戏"

正如维特根斯坦把游戏作为语言分析的出发点一样，伽达默尔同样将游戏作为他讨论艺术的基点。在《真理与方法》一书中，伽达默尔用了不短的篇幅来讨论游戏。"游戏"一词不仅是理解《真理与方法》这本哲学巨著的关键，也是伽达默尔阐释学思想的核心概念。在伽达默尔看来，正是在艺术游戏中，诠释学的典型现象被发掘出来，由此便为对整个精神科学的理解提供了一条合理的进路[①]。

在《真理与方法》一书中，伽达默尔至少在四个方面对传统的游戏观进行了解构。首先，不同于传统的观点将游戏者视为游戏的主体，伽达默尔认为游戏的真正主体是游戏本身而不是游戏者。在这一点上，伽达默尔的观点不同于康德、席勒等将游戏视为"人的自由本质"。在他

---

① 杨东东：《游戏与艺术——伽达默尔"游戏"概念论析》，《山东大学学报》2008年第1期。

看来，游戏本不是游戏者的主观态度，相反，是人被卷入游戏中；在游戏中，游戏者并不表达自身，相反，是游戏自身在呈现自己①。换言之，不是人在玩游戏，而是游戏在玩人。在伽达默尔看来，游戏具有独特的本质，他可以独立于那些从事游戏活动的人。在游戏活动中，主宰游戏的不是游戏者，而是游戏本身。他认为："游戏的魅力，游戏所表现出来的迷惑力，正在于游戏超越游戏者而成为主宰。"② 这样，伽达默尔就用"游戏"的概念消解了游戏者的主体地位。

其次，伽达默尔认为游戏没有使其终止的目的性，游戏只是在不断的重复中更新自己。这种重复运动对于定义游戏来说非常重要，以至于可以忽略是谁或者什么东西在进行这种运动。这样的游戏活动似乎没有根基。游戏就是这样的运动的重复③。"没有目的"，"在不断的重复中更新自己"和"没有根基"，这些词语清楚地表明了伽达默尔反本质主义的观点。在伽达默尔看来，游戏没有目的性，它的存在只是表现自己。他说："就与艺术经验的关系而谈论游戏，那么游戏并不指态度，甚而不指创造活动或鉴赏活动的情绪状态，更不是指在游戏活动中所实现的某种主体性的自由，而是指艺术作品本身的存在式。"④ "在不断的重复中更新自己"表明游戏具有永无完结的开放性特征，没有任何"终极意义"能够终结游戏本身。就艺术品而言，艺术品没有终极意义，对艺术品的每一次阐释就让艺术品获得了新的意义。

另外，伽达默尔通过游戏的概念取消了主体和对象的区分。伽达默尔认为游戏的原初意义是一种被动式而含有主动式的意义。换句话说，游戏本身具有被玩和玩的双重意义，它既是主体又是对象，是主体与对象的交融。这种主体与对象的交融也就是伽达默尔的"视域融合"。伽达默尔抛弃了以往的那种主体与对象的审美区分，"艺术作品绝不是一个与自为存在的主体相对峙的对象"，游戏是作为涵盖了游戏者和观赏者的整体而存在的。取消了主体与对象的区分，实际上就消解了作品意

---

① Hans-Georg Gadamer, *Truth and Method*, London & New York：Continuum, 2006, p. xiv.
② ［德］汉斯-格奥尔格·伽达默尔：《真理与方法》，洪汉鼎译，上海译文出版社 1986 年版，第 137 页。
③ 同上书，第 133 页。
④ 同上书，第 130 页。

义的超验性。意义的超验性可谓是传统哲学的根基，是逻各斯中心主义的主要体现。因此，消解意义的超验性，就是消解逻各斯中心主义。

最后，伽达默尔还通过游戏的概念消解了游戏者和观赏者的区别。伽达默尔十分强调观赏者对游戏的作用，他认为在观赏者那里，游戏似乎被提升到了理想的程度①。他通过戏剧的例子说明："游戏者其实是表演他们的作用，他们对观赏者表现他们自己。游戏者参与游戏的方式不再由他们完全出现在游戏里这一点决定，而是由他们是在与整个戏剧的关联和关系中起的作用这一点来决定，在整个游戏中，应该出现的不是游戏者，而是观赏者。这就是在游戏成为戏剧时游戏作为游戏而发生的一种彻底的转变。这种转变使观赏者处于游戏者的地位。"这样，"游戏者和观赏者的区别就从根本上被取消了，游戏者和观赏者共同具有这样一种要求，即以游戏的意义内容去意指游戏本身"②。

伽达默尔的游戏观是他谈论"理解"的基础。他的"理解游戏"，也就是他的阐释学理论，在翻译中得到了广泛的运用，对翻译研究具有特别的意义。

首先，伽达默尔认为游戏的主体不是游戏者，而是游戏本身。那么，相应地，文本的主体也不是作者，而是文本自身。当一件作品被创作出来后，该作品就是一个脱离于作者的独立存在。因而，翻译的时候，译者关注的应该是对文本的理解，而不是去追寻作者的本意，因为，根据伽达默尔的阐释学观点，作者的本意是不存在的。"作者的本意不存在"这一观点引起了巨大的争议。严格说来，伽达默尔的意思是：理解作者的本意是不可能的，也是不必要的。作者在创作一个作品时，也许该作者具有他自己的本意。但是，作品的意义是否等于作者的本意呢？我们都知道，中文中有"言不达意""言不尽意""言不由衷""只能意会不能言传"等说法。这些说法表明，"言"与"意"之间的关系是非常复杂的，文本这个"言"并不等于作者本来的"意"。对于这一点，伽达默尔看得非常清楚，他说："我们对于以文字形式流传下

---

① ［德］汉斯-格奥尔格·伽达默尔：《真理与方法》，洪汉鼎译，上海译文出版社 1986 年版，第 109 页。

② 同上书，第 141—142 页。

来的东西本身的理解并不具有这样一种性质，即我们能够在我们于这种文字流传物认识到的意义和他的原作者曾经想到的意义之间简单地假定一种符合关系。"① 伽达默尔认为："本文②的意义倾向一般也远远超出它的原作者曾经具有的意图。"③ 并且，文本一旦产生，其意义会随着时间的流逝而发生改变。因此，通过文本（作品）去追寻作者的本意是不可能的。在伽达默尔看来，翻译就是解释。在对某一文本进行翻译的时候，不管翻译者如何力图进入原作者的思想感情或是设身处地把自己想象成原作者，翻译都不可能纯粹是作者原始心理过程的重新唤起，而是对文本的再创造④。

其次，伽达默尔取消主体与对象的区分，强调游戏是主体与对象的交融，其实他是在说理解是理解者视域和文本视域的融合，那么翻译就是译者视域和原作视域融合的结果。"视域融合"的概念启示翻译研究者，文本的意义并非客观的存在，而是译者主观阐释的结果。既然译文只是译者阐释的结果，那么不同的译者就会有不同的阐释，也就是说译文没有"定本"，翻译存在多样性。

另外，伽达默尔"游戏在不断的重复中更新自己"的观点对翻译来说也具有重要的启发意义。从某种程度上而言，伽达默尔的这个观点与本雅明的"来生说"具有异曲同工之处。本雅明认为翻译是原文的来生，翻译原文就是在延续原文的生命。相应地，伽达默尔的"游戏在不断的重复中更新自己"也启发我们，对原文意义的阐释没有终点，每一次阐释，每一次翻译，都赋予了原文新的意义。换而言之，每次对原文的翻译，都是在延续原文的生命。

最后，伽达默尔对游戏观赏者的重视也告诉我们，翻译不能够忽视读者的存在。如果我们将伽达默尔的游戏概念类比到翻译中，那么翻译就相当于游戏，译者就是游戏者，而译文读者就是观赏者。在伽达默尔

---

① ［德］汉斯－格奥尔格·伽达默尔：《真理与方法》，洪汉鼎译，上海译文出版社1986年版，第478页。

② 洪汉鼎翻译时用的是"本文"，一般情况下，人们喜欢用"文本"。

③ ［德］汉斯－格奥尔格·伽达默尔：《真理与方法》，洪汉鼎译，上海译文出版社1986年版，第478页。

④ 同上书，第492页。

看来，游戏是融游戏者与观赏者于一体的，相应地，译文读者就是翻译游戏的内在参与者，因此，在翻译中，译文读者必不能缺席。

三　德里达与"延异游戏"

游戏同样是德里达解构主义思想中的一个重要概念，是德里达解构逻各斯中心主义、本质主义和基础主义的出发点。1966 年，德里达在约翰霍普金斯大学（Johns Hopkins University）的结构主义大会上宣读的他的第一篇重要论文《人文科学话语中的结构、符号和游戏》（Structure，Sign and Play in the Discourse of Human Science）就是以游戏（play）为题的，该论文后来收录在《书写与差异》一书中。在该文中，德里达对结构主义的逻各斯中心主义进行了解构。结构主义总是赋予了结构一个中心，指向某个固定的源点或核心，用以引导、平衡并组织结构。在传统的观念中，没有中心的结构是不可想象的。在德里达看来，中心的存在关闭了由它开启并使之成为可能的游戏。中心是那样一个点，在那里内容、组成成分、术语的替换不再有可能①。于是，德里达否认这种独一无二中心的存在。中心是在结构中构成了主宰结构同时又逃脱了结构性的那种东西，因此中心可以悖论地被说成是既在结构内又在结构外。中心乃是整体的中心，可是既然中心不隶属于整体，整体就应该在别处有它的中心。中心因此也就并非中心了②。

德里达对逻各斯中心主义的解构是从语言学开始的，这是因为在西方哲学中，"逻各斯"本身就含有言说之道的意思。在语言学中，要解构逻各斯中心主义，就必须破除所指的超验性。德里达接受了索绪尔语言的任意原则和差异原则，但是他不认为能指与所指之间的关系是固定的。能指并不直接指向所指，所指（意义）的出场总是被推迟、延宕和悬置。一个能指指向的是另外一个能指，另一个能指指向的又是其他的能指，如此无限运动，意义总处于延异之中，语言就成为能指的游戏。这种能指差异和延宕的游戏就是延异的游戏。

---

① ［法］雅克·德里达：《书写与差异》，张宁译，生活·读书·新知三联书店 2001 年版，第 503 页。

② 同上。

德里达的"延异"游戏包含了一系列的概念。除了延异外，播撒、踪迹和增补也是德里达能指游戏的主要概念。播撒是意义的游戏，一个文本一旦被生产出来，其意义就走上了播撒的道路。播撒的意义总是片段的、多义的和散开的，像播撒种子一样，将不断延异的意义"这里撒播一点，那里撒播一点"，播撒瓦解了语义学，因为它产生了无限多样的语义效果①。所以，播撒强调的是文本解读的多样性。

踪迹，根据德里达的观点，"不是某种在场，而是一个改变自身、移动自身、指涉自身的在场的假象"②。既然能指处于延异中，意义处于播撒中，那么文本就是能指延异运动留下的踪迹。一个文本由各种踪迹组成，这些踪迹又来自其他的踪迹，并向其他的踪迹开放，它们涂抹掉其他的踪迹，然后又等待别的踪迹涂抹③。德里达踪迹的概念与互文性相似，它否定的是文本的本源。文本没有开端，它只是踪迹的踪迹。

增补是德里达的另外一个核心概念，它"是一个悖论式的概念，它既对已有结构的不足进行了补充，同时又带来了与原有结构不相容的新的结构特点"④。

延异、播撒、踪迹和增补的观念对翻译研究具有重要的意义。根据延异的概念，翻译就是一种延异活动，因为翻译是用一种能指符号取代了另外一种能指符号，它推迟了所指的出场，并在此过程中产生了差异。延异概念中对差异的强调成为后现代翻译思想的重要基础之一。播撒的概念强调文本意义的多样性，这为解释同一个文本具有不同的译本提供了合理的依据。踪迹和增补的概念表明，译文与原文互为互文本，消弭了译文和原文的区分。德里达的"延异游戏"思想对翻译研究的意义非常深远，众多的研究者在这方面已经有了不少的成果，在此笔者就不多赘述。

---

① 杨生平、刘龙伏：《解构主义思想的复杂性解读》，《哲学动态》2005 年第 9 期。

② 参见方丽《"签名"的文字游戏与解构的力量——论德里达的〈独立宣言〉》，《文艺理论研究》2009 年第 1 期。

③ 单继刚：《翻译的哲学方面》，中国社会科学出版社 2007 年版，第 75 页。

④ 杨生平、刘龙伏：《解构主义思想的复杂性解读》，《哲学动态》2005 年第 9 期。

四　福柯与"权力游戏"

"权力游戏"是福柯思想中的核心概念，福柯因而被称为"权力思想家"。福柯的"权力游戏"思想影响非常深远，几乎影响了现代人文社会科学的每个角落。以至于有了"福柯之后，一切皆权力"之说。权力一直以来就是西方政治学中的核心概念。通常，权力被看作为某个人或某个组织影响、支配或控制其他人或组织的能力和力量。然而福柯的权力思想却与众不同，别有洞天。权力的概念几乎贯穿了福柯的所有著作，总结起来，福柯的权力主要具有以下几个方面的内容和特点。

首先，不同于传统的权力观念将权力视为阶级和经济的附庸，福柯视权力为一种普遍存在的力量关系。德勒兹曾言："何为权力？福柯的定义似乎极为简单，权力是一种力量关系，或者确切地说，所有力量关系都是一种'权力关系'。"① 由是观之，福柯的权力是一个非常广泛的概念，在他看来，权力无处不在，无所不包，权力不是获得或者攫取的，而是存在本身的方式。其次，福柯的权力消解了主体的超验性，是无主体的权力。自古以来，作为主体的人就是一个超验的存在。古希腊哲学家普罗泰格拉（Protagoras）曾言："人是万物的尺度，是存在者存在的尺度，也是不存在者不存在的尺度。"② 笛卡儿（Descartes）说："我思故我在。"（I think therefore I am.）③ 将主体的地位提升到了无以复加的地步。福柯对人的超验性进行了消解。在《事物的秩序》（*Order of Things*）一书中，福柯发出了惊世骇俗的"人已死亡"（death of man）④ 的论断，因而福柯的权力是无主体的权力。福柯一再强调权力问题的关键不在于谁掌握权力，一直淡化权力由谁实施的问题。在权力

---

① ［法］吉尔·德勒兹：《德勒兹论福柯》，杨凯麟译，江苏教育出版社 2006 年版，第73 页。

② ［古希腊］柏拉图：《柏拉图全集》（第 2 卷），王晓朝译，人民出版社 2002 年版，第664 页。

③ René Descartes, *Discourse on the Method of Rightly Conducting One's Reason and of Seeking Truth in the Sciences*, Duke: Duke Classics, 2012, p. 71.

④ Michel Foucault, *Order of Things*: *Archeology of Human Science*, London and New York: Routledge, 2005, p. 373.

的关系网络中，每一个个人都只是权力的一个点，而并非绝对操纵权力的主体，他既是权力的实施者又成了权力实施的对象，人并非权力的主体而是权力运作的工具①。另外，福柯的权力是与话语结合在一起的。在福柯看来，权力即话语，话语即权力。1970 年，在就任法兰西学院院士的就职演说《话语的秩序》（The Order of Discourse）一文中，福柯正式提出了"话语即权力"（discourse is the power）的说法②。根据"权力话语"理论，知识和真理只不过是权力的形式，或权力的游戏，并没有绝对客观的知识与真理。据此，福柯用权力消解了真理的绝对性和知识的客观性。最后，福柯的权力并不是一种否定的、压迫性的力量，而是一种生产性的因素。在《规训与惩罚》一书中，福柯说："我们不应该再从消极方面来描述权力的影响，如把它说成是'排斥''压制''审查''分离''掩饰''隐瞒'的。实际上，权力能够生产。它生产现实，生产对象的领域和真理的仪式。个人及从他身上获得的知识都属于这种生产。"③

　　福柯的"权力游戏"理论对翻译研究有重大的影响，可以说是后现代主义翻译思想的主要理论基础之一。根据福柯的权力与话语之间的关系，翻译作为一种话语活动，实际上也就是一种权力存在的形式。也就是说，权力话语理论实际上解构了翻译是透明再现的神话。有关福柯"权力游戏"理论对翻译研究的启示，在本书的第二章中，笔者已经有过简略的论述，在后面的第八章中还会涉及。因此，在此就不多赘述。在此，笔者想强调一点，后现代主义翻译思想中的操控学派、后殖民主义学派以及女性主义学派都视福柯的权力理论为他们翻译研究的直接理论基础。操控学派、后殖民主义学派和女性主义学派视翻译为一项政治行为，积极探索制约翻译活动的社会文化因素，探索抵抗霸权、彰显差异的翻译策略，这些或多或少都直接受到了福柯的权力理论的影响。

---

　　① 陈炳辉：《福柯的权力观》，《厦门大学学报》2002 年第 4 期。

　　② Michael Foucault, "The Order of Discourse", in Robert Yong, ed., *Untying the Text：A Post-Structuralist Reader*, Boston, London and Henley：Routledge and Kegan Paul, 1981, p. 53.

　　③ ［法］米歇尔·福柯：《规训与惩罚》，刘北城、杨远婴译，生活·读书·新知三联书店 1999 年版，第 218 页。

五　巴特与"文本游戏"

巴特的"文本游戏"也是后现代主义中重要的游戏思想。巴特是法国著名的作家、思想家、社会学家和文学评论家。巴特既是结构主义的大师，又是解构主义的大师。巴特前期致力于文学语言的结构研究，视文本为一个长句。他后期放弃了前期的观点，转向了解构主义。在此，我们要讨论的"文本游戏"观就是巴特后期思想的重要内容。巴特的文本观与德里达相似，他视文本"为不可还原的复合物和一个永远不能被最终固定到单一的中心、本质或意义上去的无限的能指游戏"①。巴特的"文本游戏"观主要体现在他的论文《作者之死》(The Death of the Author，1967)、专著《S/Z》(1970)、论文《从作品到文本》(De l'œuvre au texte，1971)、专著《罗兰·巴特论罗兰·巴特》(Roland Barthes par Roland Barthes，1975)等作品中。概而言之，巴特的"文本游戏"观主要体现在以下几个方面。

首先，受克里斯蒂娃的互文性理论的影响，巴特视文本为互文本，或者说文本是复数的。在《作者之死》一文中，巴特说："现在，我们知道，文本并不是一个由单词组成的含有单一'神学'意义（上帝般作者的'信息'）的句子，它是一个多维的空间，里面包含着各种各样的写作，但没有哪种写作是原创性的，各种写作相互混合，相互冲撞。文本就是一个源自无数文化中心的引语的编织物。" [We know now that a text is not a line of words releasing a single "theological" meaning (the "message" of the Author – God) but a multi – dimensional space in which a variety of writings，none of them original，blend and clash. The text is a tissue of quotations drawn from the innumerable centres of culture.]② 在为法国《通用大百科全书》编写的词条"文本理论"中，巴特说得更明了："任何文本都是互文文本；其他文本存在于它的不同层面，呈现

---

① 这句话引自杨扬翻译的巴特的"从作品到文本"的译者按语，详见 [法] 罗兰·巴特《从作品到文本》，杨扬译，《文艺理论研究》1988 年第 5 期。

② Roland Barthes ed.，*Image Music Text*，trans. Heath，S.，London：Fontana Press，1977，p. 146.

为或多或少可辨认的形式——先前文化的文本和周围文化的文本；任何文本都是过去引语的重新编织。"① 互文本，或者，互文性的概念消解了文本的原创性。

其次，巴特的文本没有中心，没有终极意义。在1969年，巴特作了一次题为《文体及其意象》的演讲。在演讲中，巴特说："最好还是把文本看作一颗洋葱，由很多层洋葱皮构成（或者说，由很多层次或系统构成）。洋葱的身体最终并没有核心、秘密、不可削减的原则。除了包裹着它的一层层洋葱皮，便不再有别的东西——洋葱皮裹住的，正是洋葱自身表层的统一性。"② 在《从作品到文本》一文中，巴特也说："文本总是还原成语言：像语言一样，它是结构但抛弃了中心，没有终结。"③

最后，巴特消解了作者对于文本的主体作用。继尼采的"上帝已死"和福柯的"人已死"之后，巴特喊出了"作者已死"。巴特反对将作者视为文本意义的上帝，反对将文本的意义视为固定不变的观念。认为"作者不可能先于作品而存在，而只能与作品同时出现"④。巴特宣布了作者的死亡，作者就丧失了对作品的解释权。作者"不再是真正的真理之所在，相反倒是成了'游戏'之所"⑤。作者的消退无疑为读者对文本的解释打开了方便之门。在巴特等人的文本理论中，读者的地位得到了空前的提高。

巴特的"文本游戏"观对翻译研究具有特别的意义。根据他的"互文本"或者"复数文本"的概念，翻译研究中原文与译文实际上就是互文本的关系。对于这一点，笔者在第七章中还会详细探讨，在此就不多展开。另外，巴特宣布了"作者已死"，剥夺了作者对作品的阐释

---

① ［法］罗兰·巴特：《文本理论》，史忠义《风格研究文本理论》，河南大学出版社2009年版，第302页。

② 参见陈平《罗兰·巴特的絮语——罗兰·巴特文本思想评述》，《国外文学》2001年第1期。

③ ［法］罗兰·巴特：《从作品到文本》，杨扬译，《文艺理论研究》1988年第5期。

④ 周启超：《罗兰·巴尔特"文本观"的核心理念与发育轨迹》，《江苏社会科学》2013年第1期。

⑤ 戈华：《罗兰·巴特的本文理论》，《文学评论》1987年第5期。

权和中心地位，这有助于译者翻译时能动性的发挥，有助于提高译者的地位。在传统的翻译理论中，译者孜孜以求的是作品中蕴含的作者的本意。译者稍有不慎，就会背负上"叛逆者"的骂名。现在，巴特消解了作者的权威，否定了作者本意的存在，将文本的解释权正式交到了读者手中。译者，作为一种特殊的读者，必定会从中获益匪浅。

六　利奥塔与"知识游戏"

后现代主义大师利奥塔对游戏的研究别具一格。在其代表作《后现代状况》（*La Condition Postmoderne*）一书中，他借用维特根斯坦的语言游戏的概念，从语用学的角度对现代性的启蒙叙事和科学叙事的合法性进行了质疑。利奥塔视启蒙叙事和科学叙事为"宏大叙事"或"元叙事"，而后现代主义在他看来就是"对元叙事的怀疑"[1]。利奥塔对"元叙事"的反对具有反本质主义的意义。利奥塔将语言游戏的方法视为普遍的研究方法，将知识视为语言游戏，认为语言游戏具有多样性，不同的语言游戏具有不同的规则。正是通过强调游戏的多样性和规则的差异性，利奥塔否定了科学知识相对于叙事知识[2]的权威性。利奥塔指出："科学知识并不是全部的知识，它曾经是多余的，它总是处在与另一种知识的竞争和冲突中。"[3] 通过科学知识与叙事知识的对比，利奥塔认为科学知识并不比叙事知识更必然，也并不更偶然。他说："两者都是由整体陈述构成的，这些陈述都是游戏者在普遍规则的范围内使用的'招数'。每一种知识都有自己的特殊规则，那些被认为正确的'招数'不可能在各处都相同，偶然情况除外。"[4] 由于科学知识和叙事知识有不同的游戏规则，利奥塔进一步强调："我们不能从科学知识出发来判

---

[1]　[法] 让-佛朗索瓦·利奥塔尔：《后现代状态：关于知识的报告》，车槿山译，生活·读书·新知三联书店1997年版，第2页。Lyotard，车槿山翻译成"利奥塔尔"，但更常见的译法为"利奥塔"，在本书中，笔者采用"利奥塔"的译法。

[2]　利奥塔的"叙事知识"大致相当于"人文知识"。

[3]　[法] 让-佛朗索瓦·利奥塔尔：《后现代状态：关于知识的报告》，车槿山译，生活·读书·新知三联书店1997年版，第12页。

[4]　同上书，第56页。

断叙事知识的存在和价值，反过来做也不行：这两者的相关标准是不一样的。"①由是观之，利奥塔反对游戏的同一性，强调游戏的多样性和不可通约性。利奥塔的理论对当今的研究界具有特别的启发。在现实的研究中，总有一些研究者试图用科学知识的语言游戏规则来审视叙事知识的语言游戏规则，认为叙事陈述缺乏论证，从而将叙事知识归入成见、无知和空想。这种将科学凌驾于叙事之上的做法，就是典型的"理性的偏执狂"。

利奥塔的"知识游戏"观对科学知识和叙事知识的划分对翻译研究具有重要的指导意义。参照利奥塔的观点，我们认为翻译研究更多地表现为一种叙事知识，而现代主义翻译研究的主要诉求之一就是要让翻译研究科学化，这显然是在将科学知识的游戏要求生搬硬套地套在了叙事知识的游戏规则之上。这样的做法正是犯了"理性的偏执狂"的弊端。在此，笔者并不是要完全否认语言学派等将翻译研究科学化的功绩，只是想说，用科学化的思维来研究翻译未必合适。过多的科学化的思维会让本来充满人文趣味的翻译变得机械、呆板、了无意趣。试想，用照相机照相和画家用笔画像，哪个更准确？当然是相机。但是哪种更有意趣呢？我想，大多数人会选择后者吧。

总体上说来，"游戏"一词是后现代主义者的宠儿，成为后现代主义的主要特征之一。通过游戏，后现代主义消解了本质、同一性、整体性、中心等，张扬了特殊性、多元性、异质性；通过游戏，后现代主义解构了传统的真理观念；通过游戏，后现代主义宣告了主体的人的死亡。游戏！游戏！在后现代主义者看来，世界没有本质，只有游戏！

第二节 后现代翻译理论和翻译实践中的文字游戏

后现代主义者十分钟爱游戏，他们不仅将翻译视为一种语言游戏，还经常在翻译理论的论述过程中和翻译的实践过程中大肆玩弄文字游戏。游戏在后现代主义者看来，不仅是目的，还是手段和策略。是他们

---

① ［法］让-佛朗索瓦·利奥塔尔：《后现代状态：关于知识的报告》，车槿山译，生活·读书·新知三联书店1997年版，第56页。

表达新思想，反对传统成规的重要策略。经笔者仔细总结，在翻译理论阐述和翻译实践中常用的文字游戏主要有喻说、多义词、新造词汇和不规则语法等。

一　喻说

自古以来，人们就爱用比喻来理解翻译。翻译曾经被比作"戴着镣铐跳舞""媒婆""不忠的美人"，等等。人们之所以爱用比喻来理解翻译是因为翻译本身就是一种喻说。刘禾曾说："翻译，作为一种认识论意义上穿越于不同界限之间的喻说（trope），总是通过一种事物来解说另一种事物。"① "通过一事物来解说另外一事物"这正是比喻的特征。也许正是意识到了翻译本身具有喻说的性质，一些后现代主义者也纷纷通过喻说来解释翻译。不过后现代主义者的翻译喻说，都在一定程度上是对传统翻译观念的解构。德里达将翻译比作"有节制的转换"（regulated transformation）。德里达的"转换"概念不同于语言学派的"转换"。以奈达为首的语言学派认为语言之间的差异只存在于表层结构之中，而在核心结构上是相同的。所以，语言学派的翻译转换就是要抛开表层结构上的差异，而寻求深层结构上的相同。德里达则不然，他认为："翻译践行的是能指与所指之间的差异。但是，如果这种差异是不纯的，那么翻译也不再是纯粹的，因而我们可以用转换的概念来取代翻译的概念，也就是一种语言与另外一种语言，一个文本与另外一个文本之间有节制的转换。在语言之间或在一种语言之内进行纯粹能指的传递而让指称的工具毫无损伤，这样的事情不会发生，也从来没发生过。"（. . . translation practices the difference between signified and signifier. But if this difference is never pure, no more so is translation, and for the notion of translation we would have to substitute a notion of transformation: a regulated transformation of one language by another, of one text by another. We will never have, and in fact have never had, to do with some "transport" of pure signifieds from one language to another, or within one and the same language,

---

① 刘禾：《跨语际实践》，宋伟杰等译，生活·读书·新知三联书店 2002 年版，第 1 页。

that the signifying instrument would leave virgin and untouched.)[1] 显然，德里达的转换强调的是差异，其目的是要否认"所指"的超验性。

在勒菲弗尔看来，翻译即改写（translating is rewriting）。A 是 B，这是典型的隐喻表达，它的本体是"翻译"，喻体是"改写"。勒菲弗尔的改写理论就是不满足于语言学派的翻译研究将翻译视为一种纯粹的语言转换活动，而将研究的视野由语言内转向了语言外的社会文化因素。他提出了意识形态、诗学和赞助人这三个制约翻译的因素，将翻译从理想的状态中拉回到了现实的状态中。"翻译即改写"喻说的提出，揭示了翻译透明的虚幻性，从而否定了真理的客观性。

哈伍德曾自嘲地将女性比作翻译（I am a translation because I am a woman）[2]。传统的翻译观通常将翻译比作女性，认为翻译和女性一样，都是派生的、都是有缺陷的。哈伍德的这种说法就是通过比喻形象地揭示了社会对女性和翻译的偏见，揭示了女性和翻译同处于社会底层的事实。哈伍德还在《双语人》一书中认为女性是双语人，女性更擅长翻译，因为女性从一生下来就是用男性的语言来表达女性。这种说法也形象地揭示了语言中的性别歧视。在女性主义者看来，现行的语言是男性的语言，它反映的是男权对女性的压迫。这就是为什么女性主义翻译观要通过语言来改变女性和翻译受压迫的地位的原因。

另外，巴西的"食人主义翻译理论"整个都是基于喻说之上的。"食人主义"源于巴西的图比人（tupinamba）吞食一位葡萄牙传教士的故事。不同于其他地方惊悚的食人传说，巴西的食人具有积极、正面的意义。巴西的土著人一般只吞食那些强壮的、有权势的并受人尊敬的或具有通灵神通的人。他们的食人不仅仅是为了吸取营养，同时也是一种自我转化的手段，即通过吞食强者来获得强者的能力，让自己变成强者。1928 年，巴西诗人安德拉德（Oswald de Andrade）发表了著名的《食人宣言》（The Canibalist Manifesto），他将食人主义这一隐喻视为推

---

① Jacques Derrida, *Position*, trans. Alan Bass, Chicago：The University of Chicago Press, 1981, p. 20.

② Susanne de Lotbinière-Harwood, *The Body Bilingual：Translation as a Rewriting in the Feminine*, Montreal and Toronto：Les Éditions du remue-ménage and Women's Press, 1991, p. 95.

进巴西文化发展的一种手段。他认为只有吞噬欧洲文化,殖民地才能摆脱强加在他们身上的东西①。1963 年,坎波斯兄弟在《作为创造与批评的翻译》(Da traducao como Criacao e come Critica) 一文中正式将食人主义引入到翻译研究中来,从而开创了一个具有巴西特色的后殖民主义翻译研究流派。食人主义翻译这一隐喻告诉我们,弱势文化应该像巴西土著人吞食强者一样吞食强势文化,从中吸取营养,来增强自身的文化机能。

　　研究者们不但用喻说的方式来解释翻译,有的研究者直接将翻译视为喻说。提莫志科在《后殖民语境中的翻译》一书中直接将翻译视为转喻。提莫志科写道:"从定义上说,翻译就是转喻:是用原文的部分或方面取代原文整体的一种再现形式。"(By definition, therefore, translation is metonymic: it is a form of representation in which parts or aspects of the source text come to stand for the whole.)② 在提莫志科看来,翻译都是局部的,没有整体的或完整的翻译。完全的相同是不可能的,甚至连同义词和语内阐释也不可能做到完全的相同。当在文化和语言间进行翻译的时候,必定会有所损益,因为译者不可能翻译出一切。因而,译者翻译时必定有所选择,选择突出和保留原文的某些因素、某些方面或者某些部分,译者在翻译中局部或完整地再现原文的某些方面,而另一些方面却被完全忽略掉。因而,在任何的翻译过程中,不管原文本经典与否,处于中心还是边缘,来自强势文化还是弱势文化,翻译都是用局部来表现原文,用原文的某些方面或某些特征来表现整个原文本③。显然,根据提莫志科的观点,完整再现的翻译、绝对忠实的翻译是不可能的。提莫志科的翻译转喻之说颇为新颖,在一定程度上揭示了翻译的特征。不过,翻译转喻说将译文视为原文的局部再现,这似乎证实了传统的"翻译缺陷"之说,因为相对原文而言,译文只是局部,并非整体。这样的暗示不利于翻译地位的提升。事实上,译文相较于原文而言,不

---

① 潘学全:《无声的另一面:食人主义与翻译研究》,《北京第二外国语学院学报》2003年第 4 期。

② Maria Tymoczko, *Translation in a Postcolonial Context: Early Irish Literature in English Translation*, Shanghai: Shanghai Foreign Language Education Press, 2004, p. 55.

③ Ibid.

但有所损失，还有所增益。把原文翻译成译文后，译文中还会增加一些原文不具备的因素。从这个角度而言，翻译的转喻之说未必恰当。

相较于提莫志科的翻译转喻之说，罗宾逊的翻译喻说更为完备。在《译者登场》一书中，罗宾逊根据布尔克（Kenneth Burke）的人类活动戏剧理论，用六种修辞格来命名六种翻译方式。这六种翻译方式分别为：转喻（metonymy）、提喻（synecdoche）、隐喻（metaphor）、讽喻（irony）、夸张（hyperbole）、双重转喻（metalepsis）①。

转喻②也就是用不同的语言讲述同一个故事。在转喻翻译模式中，复杂的原文通常被简化，归结为某一因素，如意义、内容或者所指等。译文就是在这一因素方面与原文对等。提喻就是用部分喻指整体。在提喻翻译模式中，译者通常把原文的一部分作为原文的代表而呈现出来。隐喻翻译是指原文与译文的完美等同，通常被认为是最理想的翻译模式。在这种模式下，译文就是原文。讽喻翻译就是不要追求理想的翻译，要关注实际的翻译目的。根据罗宾逊的讽喻翻译模式，任何翻译都不是完美的，都是有缺陷的。夸张翻译模式中，译者并不亦步亦趋追随作者，译者可以对原文进行改进。最后，罗宾逊的双重转喻翻译模式是说，译者永远不可能完成原文与译文之间的翻译之桥。他完成了一部分，但被陷于其中。他既不能回到过去（原文），又不能预知未来（译文）。换言之，译者永远处在原文和读者之间。

罗宾逊的翻译修辞格的六种形式在译学研究中别具一格，十分新颖。它不仅内容翔实，而且相对于那些用单个修辞格来解释翻译的理论来说更加完备。

从上面的简述中可以看到，后现代主义者不但喜欢用喻说来解释翻译，更是将翻译视为喻说。事实上，笔者认为喻说更是理解各个流派翻译理论的着眼点。每一个流派的翻译理论就像一种喻说，从某个方面抓住了原文和译文的某种相似性，揭示了翻译的某种特征。但是，就像喻

---

① Douglas Robinson, *The Translator's Turn*, Beijing：Foreign Language Teaching and Research Press，2006.

② 罗宾逊的"转喻"概念与提莫志科的"转喻"内容不一样。提莫志科的"转喻"与罗宾逊的"提喻"更接近。

说中的本体与喻体只在某个方面存在相似，并不等同一样，各个流派的翻译理论也只抓住了某种相似，揭示了某种特征，并没有揭示翻译的全貌。有的研究者借此批判后现代主义翻译理论是以特殊取代了普遍。这种批评既有道理也没有道理。有理是因为后现代主义各个流派的翻译理论确实只关注到了翻译的某些特殊方面，而不能解释所有的翻译现象。说它无理，是因为世上所有的翻译理论都只揭示了翻译的某种特性，没有哪种翻译理论是无所不包，具有普遍的解释力。世上有的只有特殊的翻译理论，并没有具有普遍解释力的翻译理论。正如一个人观察一件物品，从任何角度，他看到的都是物品的一部分，绝非物品的全貌。翻译的喻说告诉我们，原文和译文只是在某个方面相似，而绝非相同。

二　多义词

多义性是后现代主义的一个重要特征。后现代主义反对非此即彼、非黑即白的二元划分，提倡多义性、不确定性和模糊性，力图向人们展示一个多样化、多元化的世界。正因如此，多义词成为后现代主义者经常玩弄的一种文字游戏。在后现代主义翻译理论中，多义词也是非常常见的一种文字游戏。

德里达可谓是玩弄多义词的高手，他的每篇关于翻译的论文几乎都是围绕多义词展开的。在 Des tour de Babel 一文中，德里达正是利用 Babel 一词的多义性来说明翻译既是必要的又是不可能的。根据德里达的论述，Babel 一词至少具有三种意思："巴别塔""变乱"和"上帝"。首先，从词性的角度看，Babel 一词作为专有名词指"巴别塔"和"上帝"时是不可译的；但作为"变乱"时，是普通名词，是可译的。所以 Babel 一词既是可译的又是不可译的。另外，从神话寓言的角度来说，上帝打乱了闪族人的语言，让相互之理解成为不可能，所以上帝是禁止翻译的，翻译是不可能的。但是，语言变乱后，人们要相互交流，又需要翻译，同时上帝要传播他的法律，也需要翻译。所以，上帝既禁止翻译又鼓励翻译；翻译既是不可能的又是必需的。正如德里达所言："'巴别塔'不纯粹是形容语言之不可简约之多样性的；它展示一种不完整性，对建筑体系、建筑说明、系统和建筑学等加以完成、总体化、渗透、完善的不可能性。"① 正是由于 Babel 一词的多义性，格雷厄姆（Joseph Graham）在将 Des tour de Babel 一文翻译成英文时，对该标题没有进行翻译，而是保留了原文。这种"不译之译"也许直接体现了德里达"翻译既是必要的又是不可能的"的翻译思想。

德里达的另外一篇文章《柏拉图的药》（La Pharmacie de Platon）也是围绕希腊文单词 pharmakon 一词的多义性展开的。Pharmakon 在希腊文中既是"良药"又是"毒药"，具有相反的两层意思。在《柏拉图对话录》的《斐德罗篇》中，柏拉图借苏格拉底之口讲述了一个故事：埃及发明之神修思（Theuth）发明了文字，将其进献给国王萨姆斯（Thamus），并建议国王在埃及推广他发明的文字。修思的理由是，文字是使人变得聪明并增进记忆的良药（pharmakon）。国王拒绝了他，理由是，这个毒药（pharmakon）会使学会文字的人健忘，因为他们信任文字符号，就不再努力记忆别人说的话了。就是从这样一个有关多义词的典故中，德里达读出了欧洲自柏拉图以降的语音中心主义对文字的歧视和贬损。语音中心主义认为，语言是在场的，文字是不在场的，因而语音比文字更可靠。正是由于语音中心主义的传统，所以国王萨姆斯才会将文字这副良药视为毒药。德里达的《柏拉图的药》一文就是借这个典故来揭示欧洲形而上学传统对文字的忽视，从而颠覆语音—文字的二元对立结构。

除了德里达外，其他的后现代翻译研究者也喜欢玩弄多义词。前面我们提到的提莫志科的翻译转喻之说，认为翻译是用局部呈现原文的整体（a partial encoding comes to represent the source text）②。在英文中 partial 一词既有"局部""部分"之意，又有"偏袒""偏见"之意。通过该词，提莫志科表达出翻译实际上是一种带有意识形态偏见的行为。既然翻译是部分呈现原文，那么呈现哪一部分，不呈现哪一部分，这里面肯定含有译者自己的主观偏见。海德格尔和伽达默尔等人的阐释

---

① ［法］雅克·德里达：《巴别塔》，陈永国主编《翻译与后现代性》，中国人民大学出版社 2005 年版，第 13 页。

② Maria Tymoczko, *Translation in a Postcolonial Context：Early Irish Literature in English Translation*, Shanghai：Shanghai Foreign Language EducationPress, 2004, p. 55.

学理论已经证实了偏见是普遍存在，不可避免的。

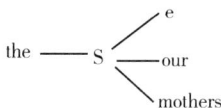

图 2　L'Amèr 翻译

　　加拿大女性主义者戈达德翻译布罗萨德的小说 L'Amèr 的标题也是一个典型的多义词的案例。法语单词 L'Amèr 根据读音至少含有三种含义：mer（海）、mère（母亲）和 amer（辛酸）。戈达德的翻译如图2。可以组合成 These our mother（这些我们的母亲）和 These sour smothers（这些辛酸的溺爱者）①。这样的翻译不仅有效地保留了原文本的多义性，更是创造性地突出了女性的因素，从而成为女性主义翻译研究中的经典案例。

　　像这样的多义词文字游戏在后现代的翻译论述和翻译实践中随处可见。多义词成为后现代主义者解构翻译中意义的确定性，强调多元阐释的一个主要手段。

三　新造词汇

　　新造词汇（neologism）也是后现代主义者在翻译论述和翻译实践中常用的手段。后现代主义反对现代主义和传统中的很多观念，反对形而上学。但是，在很多时候，后现代主义的反形而上学还得借助形而上学的逻辑和概念来进行。正如德里达所言："不用形而上学的概念去动摇形而上学是没有任何意义的；我们没有对这种历史全然陌生的语言——任何句法和词汇；因为一切我们所表达的瓦解性的命题都应当已经滑入了他们所要质疑的形式、逻辑及不言明的命题之中。"② 虽然不能完全放弃形而上学的逻辑、句法和词汇，但是至少可以通过个别的新造词汇来表达对形而上学的质疑与反对。

---

①　参见葛校琴《女性主义翻译之本质》，《外语研究》2003 年第 6 期。
②　[法] 雅克·德里达：《书写与差异》，张宁译，生活·读书·新知三联书店 2001 年版，第 506 页。

德里达发明的 différance 一词就是典型的新造词汇。该词源自法语动词 différer，而 différer 拥有"延迟"和"差异"两层意思。Différer 的名词形式 différence 只有"差异"而没有"延迟"的意思。德里达从 différer 的现在分词 différant 取来一个 a，取代了 différence 中的 e，新造了 différance，并让其同时拥有"差异"和"延迟"两层意思。虽然用 a 取代了 e，但是 différance 与 différence 的发音却是一样的。这种区别听不出来，但是书写却能够表现出来。显然，德里达是要据此解构语音中心主义的语音优于文字的观点。不仅如此，différance（延异）是德里达解构主义思想的核心概念。根据延异的思想，文本只是能指的游戏，所指一直处于时间上的延迟和空间上的差异中，从而解构了所指的超验性。德里达在《哲学的边缘》（*Margin of Philosophy*）一书中说："根据古典式严格的概念论，'延异'可以被认为用来表明一种构成的、生产的和本原的因果性，表明可能产生或者构成不同事物和差异的断裂和分化的过程。"[1] 所以，延异还强调的是差异、断裂与分化，而非同一、连续和统一。

斯皮瓦克也经常创造新词，来显示与传统翻译理论的区别。在《翻译的政治》（The Politics of Translation）一文中，她将翻译比作阅读（Translation as reading），认为翻译是最亲密的阅读行为（Translation is the most intimate act of reading）[2]。既然阅读是翻译，那么读者就是译者。为此，斯皮瓦克新创了一个词 RAT，也就是 reader as translator[3]。因为翻译是最亲密的阅读行为，那么译者在翻译的时候就要屈从于原文，响应原文的召唤。不过，斯皮瓦克所说的屈从于原文，并非传统意义上的译文低于原文，译者低于作者，而是强调对他者的尊重。

Womanhandling（妇占）也是翻译研究中的一个重要新造词汇。该词由戈达德在《女性主义话语、翻译之理论化》（Theorizing Feminist Discourse／Translation）一文中首创[4]，后来迅速成为女性主义翻译策略

---

① 参见陈本益《论德里达的"延异"思想》，《浙江学刊》2001 年第 5 期。

② Gayatri Spivak eds. , *Outside in the Teaching Machine*, New York：Routledge, 1993, p. 180.

③ Ibid, p. 197.

④ Barbara Godard, "Theorizing Feminist Discourse/Translation", *Tessera*, 1990, p. 50.

的代名词。女性主义者对传统的翻译理论要求译者要像妻子忠实于丈夫一样忠实于原文的观念深感不满，认为那是对女性和译者的歧视。于是，她们对传统的翻译忠实观提出了挑战。为此，女性主义翻译彰显差异而不是相似，视翻译为改写，炫耀她们对文本的操控。戈达德认为："妇占文本就是要以一个积极的意义创造者去取代那个谦虚的，自我遮蔽的译者。"① 不同于传统的透明翻译理论中的译者总是试图隐去自身的存在，让翻译以原文的面貌出现，女性主义译者会毫不谦虚地用斜体、脚注，甚至前言来显示自身的存在。因此，womanhandling 这个新造词汇就成为女性主义激进翻译观的最佳概括。

　　后现代主义者不仅喜欢在翻译论述中使用新造词汇，在翻译实践中同样喜欢使用新造词汇。哈伍德在翻译布罗萨德的作品《语言的背后》(*Sous la langue*) 时曾遇到一个难翻译的词 cyprine。该词在法语中指"女性性分泌"，曾经出现在波德莱尔的《恶之花》中，并且在 20 世纪 70 年代经常出现在女性主义者和女同性恋的作品中。但是任何词典都没有收录该词。哈伍德认为是因为"词典编纂者不想让女性查到这个单词"。英语中更是没有与 cyprine 相对应的词。哈伍德的解决方案就是根据 cyprine 的希腊词源在翻译中新造了一个英文词 cyprin②。译者通过新造词汇将这个带有性禁忌的词汇翻译出来，这样的翻译凸显女性的身份意识和话语权。

　　事实上，新造词汇在女性主义者的翻译和写作中是常见的现象。女性主义者视现行的语言为男权的语言，为了让女性"从语言中获得解放"，那么她们必然对现行的语言进行改革。新造词汇就是她们进行语言变革的最常见的手段之一。女性主义新造的英语单词有 herstory，translatress，writress，auther，chairperson 等，可谓不胜枚举。

四　不规则语法

　　除了喻说、多义词和新造词汇外，在后现代翻译论述和翻译实践

---

① Barbara Godard, "Theorizing Feminist Discourse/Translation", *Tessera*, 1990, p. 50.

② Luise von Flotow, *Translation and Gender Translating in the Era of Feminism*, Manchester：St. Jerome Publishing, 1997, p. 18.

中，研究者和译者还经常故意违反语法规则，从而达到反抗成规，或者
凸显他者的功能。

尼南贾娜曾翻译过 12 世纪流行于印度南部的一种宗教诗歌 vacana
的片段。其中一节的翻译是这样的：

> Brawing back
>
> to look at your radiance
>
> I saw
>
> the dawning of a hundred million suns.
>
> I gazed in wonder
>
> at the lightning's creepers playing.
>
> Guhēśvara，if you are become the linga of light
>
> Who can find your figuration[①].

在这短短的一节诗歌中，尼南贾娜不仅保留了 Guhēśvara 和 lingua
这样的梵语词汇，更是有一个明显违背英语语法的表达 if you are
become。are become 对应的梵语单词是 nōdaballa，相当于英语的 find 和
to be capable of，既表示动作又表示状态。尼南贾娜的 if you are become
虽然违背了现代英语的语法，但是却保留了原文既表动作又表状态的用
法。在这节短短的诗歌中，梵语的词汇和不符合语法规则的表达，让整
个译文读起来具有一种生涩感（roughness）。这种生涩感是尼南贾娜有
意为之的，其目的就是要用这种生涩的译文来影响译入语——英语，在
译入语中加入异质的他者因素，从而打断叙事的透明与流畅。这种翻译
的策略就是尼南贾娜提倡的 "破坏性翻译"（translation as disruption），
用来破坏帝国主义、殖民主义的能指符号系统，从而实现解殖的
目的。

在女性主义的写作和翻译实践中，不符合语法规则的例子也是常见
的。弗洛托在《翻译与性别》中有个典型的例子。法裔加拿大小说家

---

① Tejaswini Niranjana, *Siting Translation*：*History*，*Poststructuralism*，*and the Colonial
Context*，Berkeley & Los Angeles：University of California Press，1992，p. 175.

博斯雅尼克（Louky Bersianik）的作品 *L'Euguélionne* 中有一段关于堕胎的讨论，其中有这样一句话：Le ou la coupable doit être punie。这句话中的最后一个单词 punie 根据语法规则来说是错误的，应该是 puni。作者增加了一个额外的 e，因为 e 在法语中通常指阴性，所以这句话暗示，在堕胎行为中，其实受到惩罚的是女性①。霍华德·司各特（Howard Scott）在翻译该句话的时候同样用了一个有违语法规则的句子：The guilty one must be punished，whether she is a man or a woman。"whether she is a man or a woman" 严格说来应该是 "whether one is a man or a woman"，或者 "whether the person is a man or a woman"。在翻译中，霍华德·司各特同样用了一个病句来表明，在堕胎行为中受到惩罚的是女性。诸如此类的例子在女性主义翻译实践中还很多，在此就不再多举例。哈伍德在翻译高凡（Lise Gauvin）的《另外一个人的信》（*Lettres d'une autre*）的序言中写道："我的翻译是一项政治活动，其目的是让语言为女性说话。因此，只要我在一部翻译作品上署名，就意味着在该翻译中我所运用的所有的翻译策略都是为了让女性在翻译中显现出来。"（My translation practice is a political activity aimed at making language speak for women. So my signature on a translation means：this translation has used every possible translation strategy to make the feminine visible in language. ）②女性主义者之所以有意在写作和翻译实践中违背语法规则，是因为她们要据此来凸显女性的存在，抵抗男权社会和语言。

第三节　小结

从古至今，游戏都是美学与哲学中的重要概念，但是后现代主义将游戏的重要性提升到了空前的程度。在本章中，我们简略地介绍了维特根斯坦的"语言游戏"，伽达默尔的"理解游戏"，德里达的"延异游

---

①　Luise von Flotow, *Translation and Gender Translating in the Era of Feminism*, Manchester：St. Jerome Publishing, 1997, pp. 22-23.

②　Sussane de Lotbiniere-Harwood, "S. Preface", in Lise Gauvin ed. , *Letters from an Other*, Toronto：Women's Press, 1990, p. 9.

戏"，福柯的"权力游戏"，巴特的"文本游戏"和利奥塔的"知识游戏"。对后现代主义者而言，游戏是他们消解本质主义的重要概念。在翻译研究中，后现代主义者不仅在理论上视翻译为一种没有本质的语言游戏，更是在翻译论述和翻译实践中广泛运用语言游戏来反对传统的观念，表达他们的诉求，凸显差异。游戏同样也成为后现代主义翻译研究中的一个重要概念，后现代主义的游戏观念带给了翻译研究不一样的启示，从而加深了人们对翻译的理解。不过，领悟后现代游戏观带给翻译研究启示的同时，我们也应注意到后现代主义游戏存在的问题。例如，由于后现代主义者醉心于文字游戏，他们的行文往往佶屈聱牙、晦涩难懂，在一定程度上影响了其论点的传播。不仅如此，文字游戏的泛滥，在部分研究者看来，还让后现代主义者陷入了他们自己反对的精英主义之中。后现代主义者是否为精英主义者，这一点很有争议，在此我们暂时不谈。但这至少提醒我们要对后现代主义的游戏观持辩证的态度。

第七章 界限的消除：翻译研究中二元对立和中心的消解

在第六章中，我们用语言游戏消解了翻译的本质。既然翻译没有本质，那么依据本质与非本质划分而建立起来的作者与译者、原文与译文的二元对立结构，以及作者和原文在这两对二元结构中的中心地位就失去了存在的基础。在本章中，笔者将运用视域融合、互文性、杂合以及雌雄同体四个概念来消解二元对立和中心主义的翻译观，提倡一种多元共生、平等互补的翻译观。

二元论或者二分法是认识自然界与人类社会普遍存在的思维方式，这一点在东西方世界、从古至今皆是如此。在东方远古神话之中，盘古一斧子劈开了混沌，将天地分开，宇宙由此诞生。可见，天地二分之观念从人类诞生之初就已经有了。虽然神话故事不可信，但是反映在神话中的二分法却是实实在在存在的。天地、男女、黑白、正反等，诸如此类的概念几乎在所有的语言文化中都能找到，这足以证明二元思维之普遍。二元之分是普遍存在的，但是如何看待二元结构中两者的关系呢？不同的文化对此却有不同的传统。通常来说，西方人的思维尊崇天人二分，将二元结构中的两者对立起来，认为二者非此即彼。而以中国为代表的东方人强调天人合一，认为二元结构中的二者是既对立又统一的，两者之间可以相互转化。东西方思维方式上的这种区别只是大体上的，并非绝对的。事实上，二元对立的思想在中国文化中也是普遍存在的，中国传统文化也讲天尊地卑、男尊女卑等。追求天人合一的中国文化都如此，那么二元对立思想在讲究天人二分的西方文化中就更为普遍了。在西方历史中，自柏拉图以降，二元对立就普遍存在于西方哲学之中。刘放桐指出，西方"哲学思维方式的基本特点是从主客、心物、灵肉、有无等二元分立出发运用理性来构建形而上学的体系"①。冯毓云也曾说："在西方近代史上，月下的世界和月上的世界、自然与人、科学主义与人文主义总是悖立对峙，其根源在于西方哲学思想、经典科学中占统治地位的二元论及二元对立思维。"②

二元对立结构简单明了，通过将一方与另外一方对比，可以迅速把握两者之特点，在认识自然界与人类社会中应该说起了不小的作用。但是，对比往往随之而来的是对立。正是通过对比，才有了自己与他人的区分，才有了我家与他家，才有了家乡与他乡，祖国与外国等区分。无论是在家庭生活、社会生活或政治生活中，自我或者与自我相关切的事物总是占据了首要的位置，那些他者或与他者相关切的事物总是被放在了次要的、对立的位置。正是因为有了对比与区分，人人都以自我为中心，以血缘、性别、地域、种族、党派、信仰等为半径，画出一个个不同大小的圈子，对于圈子内的往往采取认同、容忍、团结的态度；对于圈子外的，人们往往是排斥、敌视和对抗。利己主义、宗派主义、地域歧视、民族主义、性别歧视、宗教冲突等往往因此而生。回顾历史，西方历史上的宗教迫害，中国从古代一直延续到近代的村落械斗，国际上的战争冲突，虽然很多是以现实的利益冲突为基础的，但是谁又能否认二元对立的党同伐异思维在其中所起的推波助澜的作用？或者，谁又能否认现实利益的冲突往往就是党同伐异思维带来的恶果呢？"非我族类，其心必异"不正是这种二元对立思想的真实写照吗？其实，不论是我族还是异族，都会有好有坏。不能因为是我族，就将一个坏人说成好人；也不能因为是异族，就将一个好人说成是坏人。我族中也有叛徒，异族中的国际友人也不鲜见。所以，"同"和"异"的区分和对立并不具有普遍的意义。

二元对立的思维方式除了会带来对立与冲突外，其还有将复杂的事物过于简化之缺陷。世界丰富多彩，复杂多样，岂是二分法就能囊括殆尽！就拿雌雄的性别二元划分为例，虽然我们所知晓的大多数生物都可

---

① 刘放桐：《新编现代西方哲学》，人民出版社 2000 年版，第 11 页。

② 冯毓云：《二元对立思维的困境及当代思维的转型》，《文艺理论研究》2002 年第 2 期。

以分为雌性和雄性两类，但是在自然界雌雄同体的生物却并不少见，诸如蚯蚓、蜗牛、藤壶、清洁鱼、海鲈、寄生蜂、海兔等。并且，同是雌雄同体，根据不同的情况还可以分成好几个不同的种类。再以社会制度为例，当今全球两百多个国家和地区，资本主义制度和社会主义制度这种简单的二分之法显然不能将所有国家和地区一网打尽。另外，同是资本主义国家，美国、英国和德国三国政体不一样。同是社会主义国家，中国、越南和朝鲜三国的政体也不一样。显然，二元对立之思想掩盖了事物的丰富多样性和复杂性。

正是认识到传统和现代主义思想中的这种二元对立思维的局限性，后现代主义者才对二元对立的思维模式发起了进攻，以解构二元对立，颠覆二元对立机制下的不平等的权力结构为己任。为此，他们力主消解二元对立双方的界限、以对话取代对立，以融合化解中心与边缘之区分，从而实现多元共生。

在传统和现代主义翻译思想中，二元对立的思维模式也是普遍存在的。除了有原文—译文，作者—译者这两对二元对立外，翻译研究者和翻译实践者还在翻译的策略上炮制出了众多的二元对立的概念。比如，中国翻译史上的文—质，信—达，忠实—通顺，直译—意译，形似—神似等等；西方翻译史上的"字译"（word by word）与"意译"（sense by sense），直译（literal translation）与意译（free translation），形式对等与功能对等，异化与归化，等等。后现代主义翻译思想的各个流派秉持着后现代主义消解界限的精神，对翻译研究中的二元对立思想，特别是原文—译文、作者—译者这两对二元对立结构进行了解构。下面，我们将从阐释学翻译思想的"视域融合"，解构主义翻译思想的"互文性"，后殖民翻译思想中的"杂合"和女性主义翻译思想中的"雌雄同体"四个概念来研究后现代主义翻译思想消解界限的策略。在现有的后现代翻译思想的研究文献中，研究者往往是单独考察某一个概念，很少进行横向的结合。在此，笔者将这四个概念放在一起来研究，能清晰地展现后现代翻译思想各个流派的共性，从而以期从整体上更加清晰明了地揭示后现代翻译思想消解界限的特点。

第一节　视域融合

　　"视域融合"是伽达默尔哲学阐释学中的重要概念。"视域"通常指某个人从某一点看去视力所及的范围。然而，作为一个哲学概念，"视域"却是源于尼采和胡塞尔（Husserl）。根据尼采的"视角主义"，认识的主体都是有视域的，每个人都是从自己的视域出发去认识世界。在《权力意志》一书中，尼采曾言："每个力之中心——不只是人——都由自身出发来构想整个世界的其余部分，也就是按照这个中心具有的力来度量、摸索、塑造……"①尼采的这种视角主义的观点否定了绝对真理的存在，将真理视为主观认知的结果。用尼采自己的话说，就是"没有事实，只有解释"②。

　　"视域"也是胡塞尔现象学思想的核心概念之一。胡塞尔"视域"的概念与体验是密不可分的。胡塞尔将体验在时间上向前的伸展称为"前展"或"即将的视域"，而将在时间向后的伸展称为"保留"或"而后的视域"③。在"而后的视域"和"即将的视域"之间的是当下的，直接拥有的"原真性"或"当下视域"。这样，胡塞尔就从时间维度上划分出了"即将""当下"和"而后"三重体验视域。另外，胡塞尔还从空间上将"视域"划分为"内视域"和"外视域"。"内视域"包含各种在我们视域范围内的可能性，这种可能性或多或少是确定的；"外视域"是一种不处于我们直观范围内的可能性，其特点是不确定性④。在胡塞尔的"视域"分类中，"当下视域"和"内视域"具有优先性。"而后视域"和"即将视域"要通过"回忆"和"想象"当下化才能获得自身的意义。同样，"外视域"也要转化为"内视域"才能

---

　　①　［德］弗里德里希·尼采：《权力意志：重估一切价值的尝试》，张念东、凌素心译，商务印书馆1991年版，第455—456页。

　　②　同上书，第683页。

　　③　倪梁康：《现象学及其效应：胡塞尔与当代德国哲学》，生活·读书·新知三联书店1994年版，第264页。

　　④　同上书，第266—267页。

获得自身的意义。胡塞尔的这种将"非当下视域"① 从属于"当下视域",将"外视域"从属于"内视域"的做法体现了他仍然受二元对立思维的影响的局限性。

伽达默尔对这样二分法的"视域"概念提出了质疑。他反问道:"难道有两个彼此不同的视域——一个是进行理解的人自己生存在其中的视域和一个把自己置入其中的当时的历史视域——吗?说我们应当学会把自己置于陌生的视域中,这是对历史理解艺术的正确而充分的描述吗?有这种意义上的封闭视域吗?一个人自己现在的视域总是这样一种封闭的视域吗?具有如此封闭视域的历史处境可能被我们设想吗?"② 显然,伽达默尔不认为存在着这样独立的、封闭的、彼此相区别的"历史视域"和"当下视域"。伽达默尔在《真理与方法》一书中说得非常清楚:"正如没有一种我们误认为有的历史视域一样,也根本没有一种自为的现在视域"③。在伽达默尔看来,"理解其实总是这样一些被误认为是独自存在的视域的融合过程"④。可见,伽达默尔的"视域融合"实际上是取消了"历史视域"与"当下视域"的独立性,模糊了二者的边界,将二者合二为一。在伽达默尔看来,实际上只存在着一种视域,他把这种视域称为"大视域"。何为"大视域"?伽达默尔这样写道:

> 当我们的历史意识置身于各种历史视域中,这并不意味着走进了一个与我们自身世界毫无关系的异己世界,而是说这些视域共同形成了一个自内而运动的大视域,这个大视域超出了现在的界限而包容着我们自我意识的历史深度。事实上这也是一种唯一的视域,

---

① "非当下视域"在胡塞尔的理论中包含"而后视域"和"即将视域"。胡塞尔的"视域"表面上是三分的,但因"即将视域"并非一种客观存在,只是一种想象,一种可能,所以,本质上说仍是二分的。伽达默尔的讨论没有提到过"即将视域",只有"历史视域"(或"过去视域")和"当下视域"。

② [德]汉斯·伽达默尔:《真理与方法》,洪汉鼎译,上海译文出版社 1999 年版,第390 页。

③ 同上书,第 393 页。

④ 同上。

这个视域包含了所有那些在历史意识中所包含的东西①。

　　可见，"大视域"就是"视域融合"。"视域融合"不仅颠覆了"历史"与"当下"这对二元对立的结构，它还同时颠覆了"主体"与"客体"，"自我"与"他者"这两对二元划分。在传统的阐释学理论看来，理解就是主体理解客体的过程，在理解的过程中理解者应该尽力抛弃自己的主观偏见，从而实现对理解对象的客观理解。海德格尔在《存在与时间》中否认了实现客观理解的可能性，并为"偏见"（前见）正名。他说："任何解释工作之初都必然有这种先入之见，它作为随着解释就已经'设定了的'东西是先行给定的，这就是说，是先行具有，先行视见和先行掌握中先行给定的。"② 伽达默尔继承了海德格尔的"前见说"，认为一切理解都必然包含着某种前见，那种在理解中将前见简单地放在一边，假定这种对自己的无视，乃是历史客观主义的天真幼稚③。根据前见之说，理解的对象并非客观存在的对象，而是主观化了的对象。在伽达默尔看来，"真正的历史对象根本就不是对象，而是自己和他者的统一体，或者一种关系，在这种关系中同时存在历史的实在以及历史理解的实在"④。换句话说，就是主体中有客体，客体中有主体；自我中有他者，他者中有自我。主体与客体，自我与他者之间的界限不复存在，二元对立的双方完全融合在一起。洪汉鼎在《真理与方法》的《译者序言》中曾明确指出了视域融合对这种二元对立结构的消解，他说："视域融合不仅是历史性的，而且也是共识性的，在视域融合中，历史和现在、客体与主体、自我和他者构成了一个无限的统一整体。"⑤

---

　　① ［德］汉斯·伽达默尔：《真理与方法》，洪汉鼎译，上海译文出版社 1999 年版，第 391 页。

　　② ［德］马丁·海德格尔：《存在与时间》，陈嘉映、王庆节译，生活·读书·新知三联书店 2014 年版，第 176 页。

　　③ ［德］汉斯·伽达默尔：《真理与方法》，洪汉鼎译，上海译文出版社 1999 年版，第 384 页。

　　④ 同上书，第 384—385 页。

　　⑤ 同上书，"译者序言"第 8 页。

伽达默尔的"视域融合"谈的是阐释学中的理解问题，但是这个概念对翻译研究具有重大的启发。翻译研究者直接将"视域融合"的理论引入翻译研究，用来模糊原文与译文，作者与译者之间的界限，消解它们之间的二元对立。通常，翻译研究中的视域融合是这样的：研究者们认为原文本具有一个自己的历史视域，译者在翻译之前也有一个基于自己对该文本的全部知识和观念的前理解，也就是一个视域，那么翻译就是原文本的视域与译者视域的融合。如果我们仔细地与伽达默尔的"视域融合"理论相对比，就会发现，翻译研究中的"视域融合"理论其实完全是对伽达默尔理论的误读，至少是对伽达默尔理论的一种机械的简化。按照翻译研究中的"原文视域"和"译者视域"这样的划分，给人的印象就是翻译中存在着两个独立的视域，这正好与伽达默尔认为不存在"历史视域"和"当下视域"这样的独立视域的想法相反。在伽达默尔看来，所谓的"历史视域"其实本身就是已经包含了理解者"当下视域"在内的"历史视域"。我们重新获得一个历史过去的概念，以至于它同时包括我们自己的概念在内，这样的理解活动才是真正的"视域融合"①。那么，就翻译研究而言，真正的"视域融合"应该是这样一种概念：译者眼中的原文其实已经是一个融合了译者自身理解的原文，翻译就是译者用另外一种语言将这种已经融合了自我与他者的原文表达出来的活动。在这种意义上，译文就是原文，或者严格点说，译文就是译者所理解的原文。当然这样说有点过分简化之嫌。虽然按阐释学的观点理解就是翻译，但事实上翻译除了包括理解外，还包含表达。在表达的过程中，那种融合了自我与他者的视域还会发生变异。

部分翻译研究者已经意识到了这种将"视域融合"理论简单、机械地移植到翻译研究中存在的问题，并试图对这种倾向进行修正。为此，朱健平在其博士学位论文《翻译的跨文化解释：哲学诠释学与接受美学模式》中提出了"两次视域融合"的概念。他首先将翻译涉及的视域分为原文本视域、译者视域和目的语语言文化视域。然后，他认为翻译过程中实际上发生了两次视域融合：第一次是译者视域与原文本视域的

① ［德］汉斯·伽达默尔：《真理与方法》，洪汉鼎译，上海译文出版社 1999 年版，第481 页。

融合；第二次是目的语语言文化视域与译者的新视域的融合①。显然，朱健平意识到了理解与翻译之间的区别，他的"两次视域融合"的观点实际上是对"翻译即理解"这样笼统的阐释学翻译观的具体化与发展。不过，若我们作进一步的思考，"两次视域融合"说仍然具有一定的局限。首先，译者视域、原文本视域和目的语语言文化视域这样的划分同样违背了伽达默尔的"不存在独立的视域"的观点，忽略了视域的历史性和动态性。其次，"译者视域"与"目的语语言文化视域"这样的区分也有问题。译者本来就是生活在目的语语言文化之中的，如何能将"译者的视域"从"目的语语言文化"中脱离出来呢？可以说，在一定程度上，"目的语语言文化的视域"就表现为"译者的视域"。如果硬要将二者区分开来，那么二者的关系何为？有何异同？显然，这些问题都得去思考。

2009 年，朱健平进一步发展了他的翻译视域的划分，在原先三分法的基础上增加了一个"目的语读者视域"②。"目的语读者视域"显然是来源于尧斯的"期待视域"。"目的语读者视域"的加入，显然是进一步区分了解释的视域融合与翻译的视域融合。这里，译者新视域与目的语语言文化的第二次视域融合改为译者的新视域和译文读者的期待视域的融合可能更为恰当。不过第二次视域融合能否称为视域融合还有待进一步思考，因为译文读者的期待视域在翻译过程中的参与是通过译者这个代理来实现的，不像译者视域的参与那样是直接的，并且，译文读者的期待视域只是译者的大致估计，与实际情况可能有一定的出入。另外，第二次视域融合后译文与原文的偏差除了受译者根据"译文读者的期待视域"进行的调节的影响外，还受言意关系的影响。《易·系辞》曰："书不尽言，言不尽意。"译者能在多大程度上用目标语言将译者理解过程中获得的新视域表达出来也会在一定程度上决定译文的形态。

由此可见，翻译中的视域融合要比理解中的视域融合复杂得多。不

---

① 朱健平：《翻译的跨文化解释：哲学诠释学与接受美学模式》，博士学位论文，华东师范大学，2003 年，第112 页。

② 朱健平：《视域差与翻译解释的度：从哲学诠释学视角看翻译的理想与现实》，《中国翻译》2009 年第 4 期。

过，不管怎样，通过"视域融合"这个概念，我们能够清晰地认识到传统翻译思想和现代主义翻译思想中那种将原文与译文，作者与译者对立起来的二元论的局限。通过"视域融合"这个概念，我们可以看到译文中实际上已经融合了作者、原文、译者和译文读者等多种因素，作者和译者，原文和译文之间的界限并不是那样泾渭分明的。

第二节　互文性

最先提出"互文性"（intertextuality）这个概念的是法国著名的批评家克里斯蒂娃。克里斯蒂娃原籍保加利亚，她于 1966 年移居法国，其后在法国几所大学任教。克里斯蒂娃一生著作颇丰，研究领域宽广，涉及哲学、语言学、符号学、结构主义、精神分析、女性主义、文化批评、文学理论和文学创作等诸多领域。在众多的后现代主义者中，克里斯蒂娃堪称一代宗师，是后现代主义的代表人物之一。

1967 年，克里斯蒂娃在《词语、对话与小说》（Bakhtine, le mot, le dialogue et le roman）一文中，在介绍巴赫金的对话狂欢理论和复调小说研究方法的基础上提出了"互文性"的概念。克里斯蒂娃将"互文性"定义为：任何文本的建构都是引言的镶嵌组合；任何文本都是对其他文本的吸收和转化①。其后，她又在《文本结构化的问题》（Problemes de la structuration du texte, 1968）和《封闭文本》（Le texte clos, 1969）两篇论文中进一步阐述了"互文性"概念。从克里斯蒂娃对"互文性"的定义来看，她完全颠覆了结构主义的文本观念。根据结构主义思想，文学作品是一个封闭的符号系统，有其自律性和自足性。"互文性"的概念打开了文本的封闭状态，取消了文本的自足性。根据"互文性"的概念，显然任何一个作品都不是完全原创的，都是建立在其他已有的文本基础之上的。这正如牛顿那句自谦之词"站在巨人的肩上"。的确，任何后来人的成功都是建立在前人的基础之上的。文学创作也是如此，任何一部作品都不是一个文学天才的突发奇想，在

---

① ［法］朱莉娅·克里斯蒂娃：《词语、对话和小说》，祝克懿、宋姝锦译，《当代修辞学》2012 年第 4 期。

遣词造句、人物塑造、谋篇布局等方面定有对前人的借鉴和模仿。秦文华在《翻译研究的互文性视角》中的一个例子很能说明"互文性"的概念，现引用如下：

（1）清代张新之在《石头记读法》中说：《红楼梦》"全书无非《易》道也。"清代梁恭辰在《北东园笔录》中说："《红楼梦》一书，诲淫之甚者也。"清代花月痴人在《红楼幻梦序》中说："《红楼梦》何书也？郁答曰：情书也。"蔡元培在《石头记索引》中说："作者持民族主义甚挚，书中本事在吊明之亡，揭清之失。"清代"索隐派"张维屏在《国朝诗人征略二编》中说它写"故相明珠家事"。王梦阮、沈瓶庵在《〈红楼梦〉索引》中说它写"清世祖与董小宛事。"

（2）鲁迅曾经对《红楼梦》作过如下评论："《红楼梦》是许多中国人知道的，至少，是知道这名目的书。谁是作者和续者姑且勿论，单是命意，就因读者的眼光而有种种：经学家看见《易》，道学家看见《淫》，才子看见缠绵，革命家看见排满，流言家看见宫闱秘事……"

（3）2002 年，一个叫刘齐的记者写了一篇有关韩日世界杯的评论：……世界杯是一部现代版的《红楼梦》、地球村的《石头记》。从中，球迷看到节日；商人看到蛋糕；赌徒看到赔率；政客看到选票；警察看到流氓；媒体看到硝烟；女人看到性感男人；妻子看到"妻管严"暴动；同性恋看到天外有天；贾宝玉看到水做的洋妞；薛宝钗看到国际足联的贾母；薛蟠看到英国晚辈；刘姥姥看到地里不种庄稼只种草；板儿看到比萨饼和麦当劳；网民看到网站比球场还挤；老红卫兵看到红海洋；新纳粹看到元首；毒贩看到潜力；外星人看到莫名的活动体聚堆儿……总之，大家人手一小杯，都能从世界杯这个大杯中倒出自己想要的东西。①

上面这三段引文之间存在着明显的互文关系：第二段中鲁迅的评论

---

①　参见秦文华《翻译研究的互文性视角》，上海译文出版社 2006 年版，第 60—61 页。

显然是对第一段话的吸收与转换，第三段显然是对第一段和第二段的吸收和转化。当然，这只是一个特殊的例子，文本之间的互文性并不会都像上面这个例子中那样明显。并且，我们上面引用的例子中这种文本之间的关系属于狭义的"互文性"范畴，即一文本与他文本之间的引用、模仿、套用、影射、抄袭、重写等关系。而克里斯蒂娃的"互文性"概念属于广义的，即"指文学作品和社会历史（文本）的互动作用"（文学文本是对社会文本的阅读和重写）①。克里斯蒂娃的"互文性"概念具有强烈的批判意图和论战色彩，这是因为"互文性"概念提出之际正是由结构主义向解构主义过渡的时期。"互文性"概念的提出就是要超越结构主义的文学观念和批判方法，打破结构主义封闭的文学观，试图在更广阔的层面上把握文学。

克里斯蒂娃是法国"如是"（Tel quel）② 小组的核心成员之一，她的"互文性"概念提出之后，立即在其他成员那里得到了热烈的反响。其中，"互文性"理论能够得以迅速的传播与巴特对该理论的认同与阐述是密不可分的。克里斯蒂娃听过巴特的课，他们是师生关系。克里斯蒂娃的"互文性"理论得益于巴特的推介，而巴特本人也深受克里斯蒂娃理论的影响。巴特是"互文性"理论的最早的阐释者之一。1973年，巴特为《通用大百科全书》撰写了《文本理论》③ 一文，在该文中，巴特详细地介绍了克里斯蒂娃的"互文性"理论。他强调，一切文本都是互文本，其中的各个层次上存在着其他的文本；一切文本都是引用过去语言的新织物；"互文性"是一切文本赖以存在的条件④。除此之外，巴特还在其著作《S/Z》与论文《从作品到文本》和《文本的快乐》中对"互文性"理论进行了介绍与阐发。正是经过巴特的阐发和推介，克里斯蒂娃的"互文性"理论才得到了学界的关注，从而迅

①　秦海鹰：《互文性理论的缘起与流变》，《外国文学评论》2004 年第 3 期，第 26 页。

②　也有研究者翻译成"太凯尔集团"。

③　1988 年，李宪生将该文翻译成中文，并发表在《外国文学》杂志上。不过，李宪生翻译的题名为"本文理论"，并且在文章中，他用的是"本文间性"而非"互文性"。Text 和 intertextuality 对应的中文译名较多，在本书中，笔者采用现在比较通行的"文本"和"互文性"的译法，在引用时，为了保持一致性，会对其他的译法进行调整。

④　［法］罗兰·巴尔特：《本文理论》，李宪生译，《外国文学》1988 年第 1 期。

速发展。

　　此外，"互文性"理论之所以引人关注还离不开德里达、德·曼等解构主义者的贡献。德里达虽然并没有直接提及"互文性"，但是德里达与克里斯蒂娃同为"如是"小组的核心成员，他们的思想可谓是同气连枝、异曲同工。德里达的延异、播撒、踪迹、增补等概念实际上表达了与"互文性"相似的思想。德里达首先用"延异"的概念解构了意义的超验性，认为语言只是能指的游戏。在这个能指的游戏中，没有中心，没有起源，也没有结束，有的只是符号间无限的替代和游戏。他用"播撒"摧毁了文本意义的唯一性，文本一旦被生产出来之后就走上了没有回头之路的播撒旅程，对文本的每一次阅读都会产生新的意义，总之，文本永远在进行意义的增减游戏，不稳定、不关闭。在德里达看来，文本只是能指在延异运动中留下的"踪迹"的编织物。在《活着·界线》（living on. Border lines）一文中，德里达写道："文本不再是一个写作完成的作品，不是一本书或者书的空白边缘中所包含的内容，它是一个差异的网络，是一个踪迹的编织物，不停地指向自身之外的事物，指向其他不同的踪迹。"（A "text" that is henceforth no longer a finished corpus of writing, some content enclosed in a book or its margins, but a differential network, a fabric of traces referring endlessly to something other than itself, to other differential traces.)① 而"增补"的概念则表明了文本之间相互补充的关系。从此可见，德里达和克里斯蒂娃的思想在"互文性"上具有"互文"关系。事实上，"互文性"理论之所以受到关注，与它将自身融入解构主义的大潮之中也是分不开的。

　　克里斯蒂娃、巴特等人的"互文性"理论本身与翻译研究没有直接的联系，但是，"互文性"探讨的是文本与文本之间的关系，显然翻译研究中译文与原文的关系也属于互文关系之列。将"互文性"理论引入翻译研究，给翻译研究带来了新的视角，从而可以在一定程度上更新人们对翻译的理解。

　　首先，"互文性"的理论解构了原文"原创性"的神话，消除了原

---

① Jacques Derrida, "Living on · border lines", Harold Bloom etc. eds., *Deconstruction and Criticism*, London & Henley: Routledge & Kegan Paul, 1979, p. 84.

文与译文之间的界限。在原文与译文的关系中，原文之所以占据了中心地位，是因为原文被视为是原创的，而译文只是原文的复制品和派生物。现在，根据"互文性"理论，任何文本都是"引文的拼接"，或者形象地说是"引文的马赛克"，由此可见，原文也并非真正意义上的原文，他也同样派生于其他文本。巴特认为，每个文本都是复数的，每个文本背后都有一片文本的海洋在支撑着它。所以，在巴特看来，任何文本都不是什么前所未有的，第一次问世的东西。相反，一篇文本中的一切成分都是已经写出的，构成这一文本的原料是无数已经写出的文本的引文、回声、参照物，不过它们不加引号不注署名而已①。照此，"原文本是更早文本的译本，译本是更早译本的译本，译本的词汇也是更早词汇的译本"②。因此，丝毫没有必要因译文是派生的就将其放置于边缘、从属的位置。原文和译文性质上是一样的，它们之间是"互文本"的关系，或者它们同为"能指延异游戏"留下的"踪迹"。由此，通过克里斯蒂娃、巴特和德里达等人的"互文性"理论，横亘在原文和译文之间的那条界限就这样被消解掉了。

其次，"互文性"理论不仅消解了原文与译文、文学作品与非文学作品之间这样的文本与文本之间的界限，它也打破了文本与社会文化之间的界限。前面我们提到，广义的"互文性"指文学作品和社会历史之间的互动作用，超越了结构主义的封闭文本观。在克里斯蒂娃的"互文性"理论中，文本具有向文化、社会、历史等外部环境开放的特征。其实，在"互文性"理论中社会与历史本身已经文本化。克里斯蒂娃曾指出："互文性概念能提示一个文本阅读历史，嵌入历史的方式。"③克里斯蒂娃将"互文性"的社会历史特征称为"意识形态素"，根据克里斯蒂娃的界定，"意识形态素"集中体现为某个特定历史时期的思维范式④。由此可见，"互文性"的概念消解了文本与社会历史之间的界限，将文本置入社会历史语境来考察。那么，对翻译研究而言，我们不

① 戈华：《罗兰·巴特的本文理论》，《文学评论》1987 年第 5 期。
② 单继刚：《翻译的哲学方面》，中国社会科学出版社 2007 年版，第 75 页。
③ 参见秦海鹰《克里斯特瓦的互文性概念的基本含义及具体应用》，《法国研究》2006 年第 4 期。
④ 同上。

仅要探讨原文与译文之间的关系，还要关注译文与社会历史语境之间的互动关系。研究译文与社会历史语境之间的关系可谓是当今翻译界最为热门的话题，也是翻译研究的文化转向的主要关切。那么，现在回过头来审视翻译研究的历史，"互文性"理论毫无疑问是翻译研究文化转向的理论来源之一。

除此之外，"互文性"理论还可以用来研究翻译中的定本话题、复译话题、翻译标准话题等等。不过，这些并非本书要讨论的。在此，我们主要说明一点，即"互文性"理论消解了原文和译文之间的界限，用一种互文关系取代了原来的主从关系、原创与派生的关系。从"互文性"的视角来审视原文和译文的关系，无疑给人们带来了新的对翻译的理解。

第三节　杂　合

"杂合"（hybridity）通常也称为"杂糅""杂交""杂种"等。它最初只是一个生物学上的术语，通常指不同种、属的两种动物或植物之间的杂交结合。后来，该术语逐渐被引入语言学、文学和文化研究中。比如，在语言学中，洋泾浜（pidgin）和克里奥（creole）都是典型的杂合现象。在文学界，巴赫金等现代主义文论研究者曾研究过文学中的杂合现象。巴赫金认为，杂合就是在一个单一话语内两种不同的社会的语言的混合，是被时代、社会差异和其他因素分隔的两种不同的语言意识在同一竞技场内的遭遇。（What is a hybridization？It is a mixture of two social languages within the limits of a single utterance，an encounter，within the arena of an utterance，between two different linguistic consciousnesses，separated from one another by an epoch，by social differentiation or by some other factor.）① 不过，在研究杂合现象中，影响最广的还要属以霍米·巴巴为首的文化研究者。正如阿皮亚所言："可以毫无争议地说，是霍米·巴巴将'杂合'这一术语引入到文化研究领域，使之成为后殖民

---

① Mikhail Bakhtin ed. , *The Dialogic Imagination*：*Four Essays*，Caryl Emerson and Michael Holquist trans. , Austin：University of Texas Press，1981，p. 385.

批评术库中的一个重要概念，该术语的引入甚至建立起了一个复杂的思想体系。"(. . . it should be an uncontroversial claim that he has added to the vocabulary of the filed a conception of hybridity that has become part of the standard critical repertory. The term invokes a complex system of ideas.)① 霍米·巴巴被尊为后殖民研究的"三圣"之一，有关杂合的论述就出自他的代表作《文化定位》。

在霍米·巴巴的后殖民理论中，杂合就是指殖民者的语言文化与被殖民者的语言文化的融合。任何文化之间的交流都不会是单一向度的，殖民者与被殖民者之间的文化交流也不例外。尽管殖民者大力宣扬自我的优越性，竭力将自我的话语普遍化，推广为一种普世的话语。但殖民者的努力并不会总是取得成功，会遇到被殖民者的反抗。征服与反抗会带来妥协与协商，而杂合就是殖民者的自我与他者交流的必然结果。可见，杂合本身就是对殖民主义抵抗的结果。正是看到了杂合的这种反抗的效用，霍米·巴巴才将巴赫金的杂合概念引入到后殖民研究中。在《文化定位》一书中，霍米·巴巴是这样定义杂合的：杂合是殖民话语和行为的一个问题域，它逆转了殖民否决的效果，这样，其他被"否决"的知识进入了殖民者的宰制话语，从而疏离了它的权威性的基础——它的认知规则。(Hybridity is a problematic of colonial representation and individuation that reverses the effects of the colonialist disavowal, so that other "denied" knowledges enter upon the dominant discourse and estrange the basis of its authority-its rules of recognition.)② 杂合为什么能威胁到殖民权威的基础呢？是因为殖民主义的权威性是建立在殖民主义的本真性基础之上的，而杂合让被殖民的语言文化融入了殖民者的语言文化之中，让殖民话语变得斑驳不纯，从而毁掉了殖民主义的本真性，也就动摇了殖民主义的权威。殖民主义丧失了本真性和权威性之后，也就失去了其存在的合法性。

作为破坏殖民主义本真性和权威性，解构殖民统治合法性的杂合，绝不是对立双方的简单混合，而是指一种你中有我，我中有你的状态。

---

①　Kwame Anthony Appiah, "The Hybrid Age?", *Times Literary Supplement*, 1994, p. 5.

②　Homi K. Bhabha, *The Location of Culture*, London & New York：Routledge, 1994, p. 114.

通过杂合，殖民者话语中已经糅合了被殖民者的因素，被殖民者的话语中也融入了殖民者的因素，殖民者和被殖民者的身份慢慢变得模糊。然而，杂合绝不意味着被殖民者同化，或者成为殖民者的同谋，而是旨在消解后殖民理论中殖民者与被殖民者、中心与边缘、自我与他者、黑与白等这样传统的二元对立。这些二元对立的概念自萨特、法农（Fanon）和曼米（Memmi）以降都已经存在于后殖民批评话语中。但是，在霍米·巴巴看来，这些固定的本质主义范畴不足以帮助理解文化认同；他不去依据静态的、僵化的、敏感二元对立的两分法来考虑文化认同，相反，他关注文化接触、侵略、融合和断裂的复杂过程的机制，认为杂合为积极挑战当前流行的对于认同和差异的表述提供方法①。

　　杂合带来了身份的模糊，造成一种既是此是彼，又非此非彼的境况。霍米·巴巴将这种状况称为"第三空间"。后殖民语境下的"第三空间"是杂合的产物，是殖民文化和殖民地文化差异与冲突的一个"居间"（in-between）地带。在这个居间的空间中，殖民文化和殖民地文化相互渗透，民族性、社群利益或者文化价值得以协商②。第三空间还是一个干预性的空间。第三空间言说的干预使得意义的解构和指涉成为一个矛盾的过程，从而摧毁了语言陈述是完整的、开放的、扩展的文化知识的真实再现的假象。人们通常将历史文化视为一种同质的、统一的力量，是原始过去的真实反映，历史文化仍然存活于民族传统之中。但是，第三空间的干预挑战了人们对历史文化的这种认同。只有当我们明白所有的文化叙述和系统都是建立在这种矛盾对立的言说空间时，我们才知道为什么文化的优劣论，原创论和纯洁论是站不住脚的③。

　　霍米·巴巴的杂合与第三空间理论是他后殖民思想中的最重要的理论。相较于其他的后殖民理论家，霍米·巴巴的论述显得新颖而又特别。萨义德的东方主义虽然揭示了殖民话语对殖民地形象的宰制与扭曲，但是在他的理论中，殖民话语显得异常强大，被殖民者只能无奈地接受殖民者

---

① 生安锋：《霍米·巴巴的后殖民理论研究》，博士学位论文，北京语言大学，2004年，第61页。

② Homi K. Bhabha, *The Location of Culture*, London & New York：Routledge, 1994, p. 2.

③ Ibid, p. 37.

的操控，显得毫无抵抗之力。而另外一些后殖民理论家往往有过分强调殖民者与被殖民者之间的对抗，没有看到二者中有融合之处。霍米·巴巴的杂合与第三空间的理论不仅看到了对抗与差异，还看到了协商与融合，主张通过模糊二元对立双方的身份来颠覆殖民话语的权威。

尽管如此，霍米·巴巴的后殖民理论受到的批判几乎和赞誉一样多。在《霍米·巴巴的杂交身份理论及其不满》一文中，贺玉高从三个方面总结了学者们对霍米·巴巴理论的批判。这三个方面是：其一，霍米·巴巴的理论太过于晦涩。其二，在他的杂合理论中，被殖民者对殖民者的权力抵抗太过于专注于话语层面，而缺少物质和政治的维度。须知，仅仅依靠话语是无法实现殖民反抗的。其三，霍米·巴巴的杂合理论被认为是跨国资本主义在意识形态上的共谋，因为在全球化时代最需要跨越界限的是资本，那么杂合与第三空间提倡的消解界限对资本主义最为有利①。前面两点的批判相对来说是恰当的，但第三点却有待商榷。资本的越界当然对西方发达国家来说是能够带来大量利润的，但这种投资行为如果操作得当的话，发展中国家和不发达国家同样也可以从中获利。不然，为什么世界上所有的国家都极力吸引外资呢？

霍米·巴巴的杂合与第三空间理论对翻译研究有着特别的启发。在他看来，第三空间就是"翻译和协商的最前沿"，是"背负着文化意义重担的居间空间"②。霍米·巴巴的文化翻译是一个广义的概念，泛指对任何一种文化符号的挪用、重新建构、重新解读和重新历史化③。具体而言，杂合与第三空间理论对翻译研究具有以下几个方面的启发。

首先，翻译的杂合是抵抗和消解殖民权力话语的一种策略。翻译是一种典型的语言文化交流形式。通过杂合翻译，处于矛盾对立的殖民语言文化和被殖民者的语言文化得以融合，文化的差异性和多样性得以彰显，从而让殖民话语变得斑驳不纯，消解其权威性。正是看到了杂合翻译对殖民话语的消解作用，后殖民翻译理论家和翻译实践者在翻译中大

---

① 贺玉高：《霍米·巴巴的杂交身份理论及其不满》，《河南师范大学学报》2011 年第 5 期。

② Homi K. Bhabha, *The Location of Culture*, London & New York: Routledge, 1994, p. 38.

③ 史安斌：《"边界写作"与"第三空间"的构建：扎西达娃和拉什迪的跨文化"对话"》，《民族文学研究》2004 年第 3 期。

力地提倡和运用该策略。例如，爱尔兰诗人，诺贝尔文学奖获得者希尼（Seamus Heaney）在翻译用古英语写成的英国史诗《贝奥武甫》（*Beowulf*）时，在译文中频频运用英语和爱尔兰语的杂合策略，希望以此引起读者对英国和爱尔兰历史关联的关注。

其次，杂合与第三空间理论可以消解翻译研究中原文与译文，作者与译者这样的二元对立。翻译作为一种文化差异的生产，显示了符号和话语的力量。译者的主体、读者的反应、时空层面、身份认同不再是齐一的，作者和译者、作者与读者、原文和译文之间的关系不再是二分的主次关系，而是充满了混杂性和模糊性。翻译作为一种意义生产的方式，跨越了文化疆界，处于一种第三空间或间隙空间①。刘亚猛在讨论德里达的翻译观时曾言，对德里达来说，翻译必然是介于异和同、晦与明、隔与透之间而又同时带有二者特征的一种实践。将这两种不可或缺、无法分离的状态人为地加以区分，构筑成二元对立，再进一步赋予截然不同的伦理价值，显然是一种既不可取又于事无补的理论失算②。费小平借用黑格尔的正题（thesis）、反题（antithesis）和合题（synthesis）的理论模式，认为源语与译语是正题与反题，而最终产生的译文就是二者的合题③。所有的这些都告诉我们，翻译是一个超越原文和译文，作者和译者这样二元划分的场域，在这个场域中，二元对立双方的界限已经被消解，变得模糊不清。

另外，从霍米·巴巴的理论中，我们还可以得到这样的启示，翻译的本质是两种语言文化的杂合。译文绝不是源语语言文化的透明再现，译文中既有源语语言文化的因素，也有目的语语言文化的因素，绝非一个单一的纯粹的个体。中国一千多年的佛经翻译历史也已证明了这一点。对佛教历史和知识稍微有所了解的人都知道，中国的佛教绝不等同于其发源地印度的佛教，当然也绝不是中国本土的传统文化，它是一个既融合了二者又不等同于二者的一个新的个体。其实，植物学的研究早

---

① 刘军平：《西方翻译理论通史》，武汉大学出版社 2009 年版，第 519 页。

② 刘亚猛：《韦努蒂的"翻译伦理"及其自我解构》，《中国翻译》2005 年第 1 期。

③ 费小平：《翻译的政治：翻译研究与文化研究》，博士学位论文，四川大学，2004 年，第 5 页。

已告诉了我们，世界上根本没有什么纯粹的东西，纯粹往往意味着灭绝；杂交的物种的后代往往具有更强大的生命力，更能获得繁荣的发展。文化也一样，如果一种文化不能从其他文化中吸收一些新的东西，与自己的文化杂合后产生一种新的文化变体，那么这种文化一定会缺乏发展的动力，最终走向灭亡。

最后，杂合与第三空间理论对于翻译文学的定位具有一定的启示。翻译文学的定位问题是谢天振首先在《翻译文学——争取承认的文学》一文中提出来的。谢天振在该文中对中国文学界忽视翻译文学的存在，将翻译文学归入外国文学的做法提出了批判，创造性地提出将翻译文学归入中国文学①。后来，谢天振又在其具有开拓性的专著《译介学》中再次重申了他的观点②。应该说，谢天振的观点是非常新颖的、独到的。不过，今天，我们从霍米·巴巴杂合与第三空间理论的角度可以得到一点不同的看法。根据杂合与第三空间理论的言说，翻译文学实际上是融合了源语文学因素和译语文学因素的一个杂合体，它既不同于源语文学也不同于译语文学，而是超越了源语文学与译语文学界限的一个新的独特的存在，第三空间文学。据此，我们完全可以既不将翻译文学归入源语文学，也不归入译语文学，而将其视为一个独立的文学类别。这样做不但更符合翻译文学的实际情况，更能超越源语文学与译语文学这样的二元对立，让差异性和多样性得以显现。谢天振认为决定文学归属的一个决定性因素是作者的国籍。他说，既然译本的作者是译者，那么该作品的国别归属也就应是译者的国籍③。这种观点是有道理的。但是，翻译文学不同于源语文学和译语文学，是一种特殊的文学形式。根据后现代主义各个翻译流派的观点，研究者们通常将作者与译者视为译文的共同作者（co-authors），也就是说译文往往具有两个不同国籍的作者，那么翻译文学就应该既属于源语文学又属于译语文学。考虑到翻译文学具有不同于源语文学和译语文学的异质性，所以将翻译文学从二者分离开来，

---

① 谢天振：《翻译文学——争取承认的文学》，《探索与争鸣》1990年第6期。
② 谢天振：《译介学》，上海外语教育出版社1999年版。
③ 同上书，第58页。

单独作为一个独立存在的特殊的文学门类更为恰当。

总之，从上面的叙述与讨论中可以看出，霍米·巴巴杂合和第三空间理论揭示了文化交流和翻译的本质是两种文化的杂合。通过杂合，产生了一个既与两种文化相联系又不同于两种文化的新的文化空间。这种新的文化空间的出现消解了原来两种文化之间的界限，为文化之多样性提供了可能的场域。

第四节　雌雄同体

"雌雄同体"对应的英文为 androgyny，它来源于希腊语，其中的 andro 指男性，gyn 指女性。Androgyny 通常中文翻译为"雌雄同/共体""双性同/共体""双性和谐"等。这些词汇在意义上大同小异，略有区别，在本书中，笔者将其视为同义词。雌雄同体本是一个生物学上的词汇，指一个生物个体在生理上同时具有雄性和雌性两种特征。后来，弗洛伊德、荣格等心理学家借用该词来指同一个人同时具有男性和女性双性的性格特征。再后来，女性主义者将该词引入到性别身份研究，用以消解传统的男女二元对立的结构和菲勒斯中心主义。翻译研究中的雌雄同体正是女性主义雌雄同体思想在翻译研究领域中的运用，因此，它肩负着两个方面的使命：一方面，研究者用它来消解男女二元对立的结构，解构男权中心，倡导男女平等和谐；另一方面，它还肩负着消解翻译研究中的作者与译者，原文与译文等二元对立的结构，提倡一种作者与译者，原文与译文共存互生的翻译观。

回溯历史，雌雄同体的概念早在人类远古时代就普遍存在。仔细对比世界各地有关世界或人类起源的神话，从中就会发现一个共同点：人类的始祖都是雌雄同体的。在中国，盘古开天辟地的神话告诉我们，宇宙起源于一片混沌，彼时，天地未分。中国文化习惯尊"天为公，地为母"。宇宙起源的混沌乃天地之合，可见世界的起源是雌雄同体的。另外，根据神话传说，中华民族的始祖为伏羲与女娲。伏羲与女娲既是兄妹又是夫妻，他们的下半身为蛇身，相互交织在一起；上半身为人身，相互分开（如图 3）。由此可见，神话中中华民族的始祖也是雌雄同体的。除此之外，道家思想同样也体现了世界和人类起源于雌雄同体。

《老子》说："道生一，一生二，二生三，三生万物。万物负阴而抱阳，冲气以为和。"①"道生一"可见世界的源初为"一"，"一"必然包蕴着阴阳两性。"万物负阴而抱阳，冲气以为和"更是强调了"阴阳调和"的雌雄同体思想。印度神话中的湿婆和他的妻子雪山女神也是连在一起的雌雄同体的存在。埃及神话中的天空之神 Nut 和大地之神 Geb，罗马神话中的天神 Uranus 与地神 Gaia，新西兰毛利人传说中的天神 Rangi 和他的妻子 Papa，这些神话传说中的人类始祖都是永久拥抱在一起的雌雄同体的存在。

图 3　伏羲与女娲

通常，神话中雌雄同体的人都非常强壮，有着不可比拟的优势。柏拉图在《会饮篇》中也说，除了太阳生的男性和大地生的女性外，还有第三种人，即月亮生的阴阳人。阴阳人乃人类的始祖，他/她们最初是球形的，长有四条胳膊四条腿，两张一模一样的脸，四个耳朵，一对生殖器。阴阳人体力、精力和品性都非常强悍，他/她们要飞上天造反，结果被宙斯劈成了两半，从此男女分开，不过人类的力量也被削弱了②。对于这些神话传说，虽然我们不能将其视为历史事实，但至少可以从中反映出一点：在人类的早期，人们并没有男女之别的性别意识。性别意识是后来社会发展的产物。

---

①　见大中华文库《老子》，湖南人民出版社 1999 年版，第 86 页。

②　[古希腊] 柏拉图：《柏拉图全集》（第 2 卷），王晓朝译，人民出版社 2002 年版，第 227—229 页。

后来，随着社会的发展，人们的性别意识逐渐增强，雌雄同体的存在便被分割开来，产生了单独存在的男性和女性。雌雄同体的这种分割的过程可以从英语单词 sex（性）的词源中得到印证。Sex 源于拉丁单词 secus，而 secus 又源自 seco。Seco 意为"劈开""砍开""分开"等①。也就是将雌雄同体中结合在一起的男女劈开，成为单独性别的个体。当性别意识出现后，雌雄同体不再被认为具有强大的力量，是一种优势，相反，被视为违背自然规律的一种畸形。再后来，随着母系社会向父系社会过渡，男权在社会中的核心地位得以确立，男主女次的男女二元对立结构正式确立。在长达数千年的男权社会中，女性一直处于被歧视、被剥削和被迫害的边缘地位。在历史上，女人一直被视为男人的附庸，她们被剥夺了财产继承权、受教育的权利、写作的权利、选举权等诸多权利。随着女性意识的觉醒，女性主义者在世界范围内兴起了轰轰烈烈的女性解放运动。女性主义的目的就是要解构男权中心，消解男女二元对立机制下的不平等权力关系，为女性争取平等的权力。雌雄同体正是在这样的背景下提出来的。

20 世纪女性主义的先锋伍尔芙（Virginia Woolf）率先在文学作品中提出了雌雄同体的构想。雌雄同体的思想首先体现在她的传记体小说《奥兰多》（Orlando，1928）中。在该小说中，主人公奥兰多不但奇迹般地由男儿之体转变成了女儿之身，更让奥兰多身上同时具有了男性和女性的特点，成为女性主义文学中的一个经典的雌雄同体的形象。随后，在小说《一个人的房间》（A Room of One's Own）中，伍尔芙更是直接阐述了她雌雄同体的构想，现将相关文字直接引用如下：

> 看到两个人钻进了出租车，非常满足。这不禁让我想知道，是否心理上也和生理上一样存在着两种性别，并且心理上的两种性别也需要融合在一起才能得到最大的满足与快乐？我继续胡思乱想，描绘出一种状况，那就是我们每个人灵魂中都拥有两种力量——一种男性力量和一种女性的力量。在男性的大脑中，男性的力量超越了女性的力量；在女性的大脑中也反之亦然。当两种力量和谐相处，精神上志同道合，这个人就会处在一种正常和舒适的状态。一

---

① O. A. Wall, *Sex and Sex Worship*, St. Louis: C. V. Mosby Company, 1919, p. 2.

个男人，他大脑中女性的那部分也在起作用。同样，一个女性，也必须与她身体内男性的那部分交流。

（But the sight of the two people getting into the taxi and the satisfaction it gave

tion it gave
whether there
mind corresp-
in the body,
require to be
complete sati
And I went on
plan of the so-
two powers pr-
female; and
man predomi-
and in the wo-
predominates
normal and
being is that
harmony toge-
operating. If
woman part
effect; and a
intercourse
her.)①

me made me also ask
are two sexes in the
onding to the two sexes
and whether they also
united in order to get
sfaction and happiness?
amateurishly to sketch a
ul so that in each of us
eside, one male, one
in the man's brain the
nates over the woman,
man's brain the woman
over the man. The
comfortable state of
when the two live in
ther, spiritually co-
one is a man, still the
of his brain must have
woman also must have
with the man in

> **活到极致的人，必是雌雄同体**
> 拾遗
> 柏拉图说："人本来是雌雄同体的，
> 　在男人伟岸的身躯里，
> 　其实生存着阴柔的女性原型意象。
> 　同样，在女人娇柔的灵魂中，
> 　也隐藏着刚毅的男性原型意象。"
> 　"我们每个人的心灵结构，
> 都被上帝预装了这样一套双系统。"
> 　最优秀的男女都是雌雄同体的。
> 　两性特质孤立起来都是缺点，
> 　　结合起来才能成为优点，
> 　　真正的生活家、大智者，
> 　既是心有猛虎，又能细嗅蔷薇。
> 　一个好导演一定是雌雄同体，
> 　一个好作家一定是雌雄同体的，
> 　任何顶级艺术都是雌雄同体的，
> 　　伟大的灵魂都是雌雄同体。
> 　　高手性非异也，自成阴阳。
> 　爱情到极致，必是雌雄同体。
> 　工作之极致，必是雌雄同体。
> 　人活到极致，必是雌雄同体。

显然，在伍尔芙的构想中，每个人同时具备男性和女性两种性别的力量，只有当两种力量和谐共存于一体之中时，人才能生活得正常、舒适。伍尔芙的雌雄同体的概念凸显了传统的男女二元对立的性别观念的局限，消解了传统父权思维之下男女之间的界限，是对菲勒斯中心主义的一种嘲弄。

---

① Adeline Virginia Woolf, *A Room of One's Own*, London：Grafton, 1977, p. 106.

伍尔芙所说的一个人同时具备男性和女性两种性格特征的观点在心理学家那里得到了证实。奥地利精神分析学派的创始人弗洛伊德认为，所有的人生来都具有双性的意识，只是在后来的心理发展过程中大多数人变成了单性的，但是双性意识在潜意识中仍然存在，这就是所谓的"潜意识双性化"（innate bisexuality）[1]。随后，瑞士心理学家荣格提出了两个著名的概念"阿尼玛"（anima）和"阿尼姆斯"（animus）。"阿尼玛"指男人无意识中的女性品质；相应地，"阿尼姆斯"指女性无意识中的男性品质[2]。所以，根据心理学的理论，人类生而兼有两性的性格倾向。既然每个人都具有双性意识，那么男女之间的界限并不是那么泾渭分明的，也就从根本上瓦解了性别歧视的基础[3]。

伍尔芙的雌雄同体的理论引起了女性主义者的普遍关注。人们对此有褒有贬，态度不一。美国文学批评家、女性主义者肖沃尔特（Elaine Showalter）就对伍尔芙的雌雄同体理论提出了质疑。在《她们自己的文学》（*A Literature of Their Own*）一书中，她认为，雌雄同体只是一个乌托邦式的想法，缺乏激情和能量，雌雄同体对伍尔芙而言就是一个帮助她去逃避自身作为一个女性的痛苦，使她能够窒息和抑制愤怒和抱负的神话[4]。所以，在她看来，伍尔芙的雌雄同体只是存在困境的解决之道，而我们不应当把逃避当作解放[5]。斯塔布斯（Patricia Stubbs）和巴瑞特（Michele Barrett）也认为弗吉尼亚提出的双性同体写作观虽然试

---

① 参见维基百科词条 innate bisexuality，网址：https：//en. wikipedia. org/wiki/Innate_ bisexuality，检索日期 2016 年 12 月 29 日。

② 参见维基百科词条 anima and animus，网址：https：//en. wikipedia. org/wiki/Amima_ and_ animus，检索日期 2016 年 12 月 29 日。

③ 上页的文本框内的中文诗歌引自拾遗的微信公众号，原诗长度为所引内容的 7 倍左右，在此，笔者对其进行了大量的删改，如删改后内容读起来有任何不妥之处，责任在笔者，与原作者无关。笔者之所以将其放在本书中，有以下几个原因：（1）该文与本节讨论的内容具有互文性；（2）引用、拼贴是后现代作家常用的技法，因本书讨论后现代，故拙劣模仿之；（3）在严肃的写作中插入一段不那么严肃的微信公众号文章也是为了模仿后现代的解构与消解作用；（4）将该文插在本页中间，造成一种既相联系又相分离的视觉效果，这种效果就是本节，甚至本章的主题。

④ Elaine Showalter, *A Literature of Their Own*：*British Women Novelists from Bronte to Lessing*, Princeton：Princeton University Press, 1977, pp. 263-264.

⑤ Ibid. , p. 280.

图超越男性社会中妇女写作的状态，但与妇女作为"家中的天使"的生存常态相抵触，其结果也是不能够令人满意的，是逃避和失败，排除了与社会传统作斗争的可能性①。研究者对伍尔芙雌雄同体理论的批评除了因其缺乏批判的力量外，还因为后现代女性主义已经不满足于争取男女平等了，他们更多的是要彰显女性意识，凸显女性相对于男性的特异性。鉴于此，法国女性主义者西苏在《梅杜萨的笑声》（Laugh of the Medusa）一文中提出了"另一种双性同体"（other bisexuality），它既不排斥差异也不排斥某一性（nonexclusion either of the difference or of one sex）②。

将雌雄同体的概念引入翻译研究具有重要的意义。一方面，研究者用它来反对传统中将翻译与女性打入边缘与从属地位的不平等的权力关系；另一方面，研究者们利用雌雄同体来纠正女性主义者过于激进的干预主义的翻译理论和翻译策略，试图回到一种比较温和、比较平衡的抗争路线上来，提倡一种双性和谐的观点。

西蒙曾言，"把译者描绘成女性是一个经久的传统"③。正如我们在前面的章节中已经论述过的那样，翻译与女性在历史上可谓是同病相怜。通常，原文被理解为是强壮的男性，而译文被理解为是阴柔的女性；原文和男性被认为是原创的，而译文和女性被认为是派生的。译文派生于原文，女人派生于男人的一根肋骨。原文和男性被认为是完整的，译文和女性则被认为是有缺陷的。因此，译文要忠于原文就如妻子要忠于丈夫一样成为传统观念中颠扑不破的伦理道德。为此，哈伍德自嘲地说："我是翻译，因为我是女性。"④ 王东风也曾言："翻译批评家评翻译就像七大姑八大姨们议论邻家媳妇守不守妇道，即忠与不忠。翻译被千百年来的父权意识形态粗暴地贬低到女性的从属地位，无端地受

---

① 参见陈红梅《双性同体论：女性主义理论研究的困惑与出路》，《前沿》2008年第11期。

② Hélène Cixous, "Laugh of the Medusa", *Signs*, Vol. 1, No. 4, 1976, p. 884.

③ Sherry Simon, *Gender in Translation: Cultural Identity and the Politics of Transmission*, London & New York: Routledge, 1996, p. 9.

④ Susanne de Lotbinière-Harwood, *The Body Bilingual: Translation as a Rewriting in the Feminine*, Montreal and Toronto: Les Éditions du remue-ménage and Women's Press, 1991, p. 95.

到了不白之冤。"①

　　随着女性意识的觉醒和女性主义运动的兴起，这种将翻译和女性打入社会底层的观念遭到了女性主义者的强烈批判。女性主义者在经济、政治、文化、社会观念等各个方面都提出了一系列的反抗男权中心，争取平等权利和强调女性特异性的主张。在抗争中，女性主义者特别注重女性话语权的建立，她们喊出了"让女性通过语言获得解放"的口号。而翻译作为一种话语形式，与女性的渊源颇深，除了翻译和女性像上面所说那样同处于社会的边缘与从属地位外，女性与翻译至少还有两个方面的联系。其一，在西方历史上，很长一段时间内，女性被剥夺了写作的权利，写作被认为是男性的专属权利，女性只能从事被认为是低贱的翻译工作。所以，对女性而言，翻译在很长一段时间内就是写作。其二，人们通常认为女性比男性更擅长翻译。哈伍德曾言："所有的女性都是双语的。"（All women are bilingual）② 正因为翻译与女性之间具有如此关联，翻译毫无疑问地成为女性主义者解构男权，凸显女性意识与存在的武器之一。

　　女性主义者们认为，翻译在历史上成为男权用来压迫女性的话语共谋。在翻译中，女性的形象被扭曲，女性的声音被遮蔽。为了在翻译中凸显女性的声音，将翻译由男权的共谋转化成反抗男权霸权的利器，女性主义者普遍提倡一些比较激进的、干预性的翻译策略。通常，女性主义者会在译文中用前言和脚注的方式表明她们翻译的立场，凸显女性的意识。她们也会"劫持"那些本来不具有性别色彩的文本，在翻译中对其进行改写，用来为女性发声。在翻译中，她们时而对原文进行删减，时而又在译文中补充大量原文不具有的内容，她们就是要这样粗暴地"妇占"（womanhandling）文本。在戈达德看来，在女性主义话语中，翻译不是再生产，而是生产③。另外，部分女性主义者过分地强调了女性的特异性，她们拒绝翻译男性的作品，认为只有女人才能翻译女

---

　　①　王东风：《一只看不见的手：意识形态对翻译实践的操纵》，《中国翻译》2003 年第 5 期。

　　②　Susanne de Lotbinière-Harwood, *The Body Bilingual*: *Translation as a Rewriting in the Feminine*, Montreal and Toronto: Les Éditions du remue-ménage and Women's Press, 1991, p. 95.

　　③　Barbara Godard, "Theorizing feminist discourse/ translation", *Tessera*, 1990, p. 47.

人的作品，男性无法理解女性微妙的情感。照此逻辑，男性的作品中是不能写女性的，因男性不懂女性；同样女性的作品中也不能写男性，因为女人也不懂男人。既然男女相互不能理解，那么男性与女性根本就没办法相互沟通。这样的观点无疑是将女性的特异性推向了极端，从而落入了女性主义者自己都反对的二元对立的窠臼。

正是看到了激进的女性主义翻译理论的某些局限，学者们才重新强调翻译研究中的雌雄同体。雌雄同体不但具有反抗男权中心，彰显差异的一面；同时，还强调了两性之间具有和谐的一面。就翻译研究而言，雌雄同体的翻译观可以用来构建一种新型的，更加合理的，更加平衡的原文与译文，作者和译者的关系。一方面，雌雄同体的翻译观凸显了译文的差异性，译文不等同于原文，译文中有新的因素的加入；另一方面，雌雄同体的翻译观又适当地消解了原文与译文，作者与译者二元对立双方的界限，不再将其视为对立的双方，而是将其视为一种新型的共生关系。

无疑，女性主义视角下的雌雄同体翻译观带来了对翻译的新的认识，对于提高翻译和译者的地位都有积极的意义。不过，我们同时也要看到，雌雄同体的翻译观目前仍然停留在理论的启发上，对于如何在翻译实践中实现雌雄同体，研究者们还语焉不详，还有待进一步的研究。

总之，雌雄同体的翻译观告诉我们，原文与译文，作者与译者，就像男人与女人那样，并不是截然对立的两极，而是既有差异又相互交融的。柯勒律治曾言："伟大的心灵总是雌雄同体的。"（A great mind must be androgynous）① 那么，伟大的译文也必定是融合作者与译者的；伟大的翻译理论也必定是既关注作者、原文，又重视译者、译文的。

第五节　小结

从阐释学派的"视域融合"到解构主义的"互文性"，从后殖民主义的"杂合"到女性主义的"雌雄同体"，后现代主义的各个流派都提

---

① Samuel Taylor Coleridge, *Specimens of the Table Talk of the Late Samuel Taylor Coleridge Vol II*, London：Murray, 1835, p. 96.

倡通过消解界限的办法来颠覆西方传统哲学中的二元对立的认知方式。"视域融合"消解了主体与客体之间的二元对立；"互文性"消解了原文与译文的二元区分；"杂合"消解了殖民者文化与殖民地文化的二元对立；"雌雄同体"消解的是男性与女性之间的性别二元对立。世界是多样的、复杂的，二分法简单地将世界上的事物二分，并将其对立起来，无疑是扭曲了世界的本质，至少是将世界简单化了和片面化了。同时，传统的二元对立结构抬高一方而压制另一方，人为地造成了诸多的不平等现象。后现代主义提倡多样性、差异性和复杂性。"视域融合""互文性""杂合"和"雌雄同体"旨在解构二元对立和中心主义，将受压迫的一方解放出来，凸显边缘的存在与差异。另外，这些概念在凸显差异的同时，并不否认联系，通过消解对立双方的界限来提倡一种共生的关系。

　　后现代主义这种消解界限的策略对翻译研究具有特别的启发意义。首先，这种消解策略让人们重新认识原文与译文，作者与译者的关系，用多元互生的观念取代了二元对立机制下的压迫与不平等。其次，它告诉我们，翻译，甚至任何的文化交流活动的结果就是产生了一种融合原先双方，而又不同于原先双方的新的存在。由此可知，文化的本真性和纯洁性只是一种虚幻，任何文化都是多元融合的结果。最后，界限的消解还体现在翻译研究的跨学科性质上。在后现代主义翻译思想中，翻译与写作、哲学、文化、历史等其他学科的界限已经模糊，翻译研究广泛地从其他学科中吸取养分，从而促进了翻译研究的繁荣。翻译研究能够有当今的成就，学科之间界限的消解功不可没。

第八章 权力的抗争：翻译透明再现神话的消解

在第七章中，我们追溯了后现代主义翻译思想消解二元对立和中心的做法。既然二元对立和中心都已经被消解，那么作者和原文因居于中心而获得的优先权就必然要被消解，译者和译文因处于边缘而受压迫的地位必然要改变，必然要为争取自身的权力而抗争。本章要讨论的就是后现代主义翻译思想的各个流派是如何进行权力抗争的。

传统翻译思想与现代主义翻译思想是以"忠实"和"对等"为核心的，它们是建立在一个经验唯心主义的框架内，一个天真的"语言再现论"为基石的所谓"人文主义事业"之上①。根据这样一种语言观，语言是现实的再现，是思想的载体。就翻译而言，认为译文是原文的再现，意义可以从一种语言转移到另一种语言而丝毫不受损伤。这一点，我们可以从有关学者对翻译的定义中窥见一斑。英国语言学派翻译研究的代表人物卡特福德将翻译定义为：用一种语言中对等的文本材料去取代另一种语言中的文本材料［The replacement of textual material in one language（SL）and by equivalent textual material in another language（TL）］②。卡特福德的定义是语言学派翻译研究最经典的定义之一，迄今仍然具有一定的影响力。卡特福德定义的最大特点就是它反映了语言学派追求科学化的态度，他将翻译过程中的一切可能带有主观因素的东西都排除在外。在他的定义中，我们既看不到作者，

---

① 费小平：《翻译的政治：翻译研究与文化研究》，博士学位论文，四川大学，2004 年。

② J. C. Catford, *A Linguistic Theory of Translation*, London：Oxford University Press, 1965, p. 20.

也看不到译者和读者，整个翻译过程只涉及两种语言和文本材料（textual material）。两种语言之间似乎存在着一个透明的管道，信息可以通过其间轻易地传递。卡特福德等的语言学派翻译思想是在反对传统的感悟式、经验式的翻译思想的基础上发展起来的，他们致力于将翻译研究科学化、系统化。的确，语言学派的翻译思想在这方面功不可没。但是，当我们今天回过头来审视语言学派的翻译思想的时候，我们能说一个连译者都见不到的翻译定义是科学的吗？显然，语言学派的翻译思想继承了启蒙运动以来的追求科学的精神。但是，强行将翻译活动中的主观因素排除在外，这样的做法科学吗？这样的做法不但不科学，反而具有欺骗性。在翻译活动中，对科学和真理的追求往往反映在对"忠实"和"对等"的提倡上，这样的概念让人们相信译文可以"完好无损"地传达原文的意思，译文就等于原文。而事实上，译文中裹挟着很多的"私货"。这些私货有的是译者无意识行为的产物，有的却是有意识的权力操纵的结果。不管是有意识还是无意识，总之译文是不等于原文的。在历史上，翻译因"忠实"的假象，而频繁被各种权力势力操纵利用。殖民者利用翻译来塑造殖民地形象，从而维护殖民统治；男权通过翻译来扭曲女性形象，从而压迫女性。后现代主义翻译研究就是要打破翻译忠实的假象，从而揭露翻译背后隐藏着的各种权力因素。

后现代主义翻译研究的最大特点之一就是将翻译研究从语言的内部拓展到了语言外部的社会文化研究，将翻译活动放到了社会文化的大的语境之下来考察。在社会文化语境之下的翻译研究主要包含两个方面的内容：其一，各种社会文化的因素是如何制约或促进翻译活动的；其二，翻译活动是如何服从或反抗各种社会文化因素的。根据福柯的权力话语理论，人文社会科学中不可能有纯粹客观的知识，它们都是权力操控的产物。因而，翻译作为一种话语，是与权力密切相关的，是权力控制的产物。后现代翻译研究就是要揭示隐藏在翻译活动背后的各种权力关系。因此，权力问题实质上是后现代翻译思想的核心问题。翻译对于那些处于边缘与弱势的后现代主义者而言，就是他们争取权力和反抗中心的话语活动。本章接下来就详细分析后现代翻译思想的各个流派是如何为弱势与边缘争取权力的。

第一节　阐释学翻译思想与权力抗争

语言不是透明的，语言是和权力纠葛在一起的。对于这一点，现在的人们已经有了明确的意识。在西方，有"voice or vanish"和"publish or perish"之说，揭示了话语权生死攸关的重要性。中国古代有"盖文字者，经艺之本，王政之始"（《说文解字·叙》）之说，可见统治者很早就懂得掌控话语权之重要。正是因为语言与权力之间的这种密切的关系，在人类文化的早期，人们往往将语言神秘化，由此产生了众多的与语言相关的迷信。统治者往往利用语言的这种神秘性，牢牢地将话语权掌握在自己手中。语言的神秘性不过是权力的面纱，揭开这层面纱，权力就赤裸裸地展现在人们的面前。

阐释学的起源、发展与语言的神秘性和权力控制之间有着密切的关系，给我们提供了一个研究语言与权力关系的典型案例。在现有的有关阐释学的翻译研究中，研究者主要是利用阐释学的理论来探讨译者的主体性、意义的确定性、解释的有效性、理解与翻译的关系等话题，还鲜有研究者从权力话语理论的角度来审视阐释学翻译研究，本节将在这方面做一次简单的尝试。

众所周知，阐释学起源于古代的神学阐释学，而阐释一词源于古希腊神赫尔墨斯。根据希腊神话，赫尔墨斯负责将神的旨意传递给人类，但是由于神人之间语言不通，赫尔墨斯得先将神的语言翻译成人类的语言。并且，由于神的语言深奥难懂，赫尔墨斯在翻译的时候必须对其进行解释。相传，赫尔墨斯在就任神使一职时向宙斯许诺绝不说谎，但是他并没有许诺要说出所有的真相，宙斯表示理解这一点，这就是著名的"赫尔墨斯困境"。为什么赫尔墨斯不许诺说出所有真相？为什么伟大、威严的宙斯允许赫尔墨斯不说出全部的真相？赫尔墨斯是一个聪明的神，他当然知道说出所有的真相会把自己置于危险的境地。宙斯更是明白，翻译作为一种话语，可以是顺己的力量，也可以是异己的力量，说出全部的真相只会影响他对权力的操控，不利于他的权威。"不许诺说出所有真相"揭示翻译实现绝对忠实之不可能，同时也表明翻译某种意义上是具有欺骗性的。正是因为如此，在

《柏拉图对话录》中，苏格拉底才将语言的发明之神赫尔墨斯既称为神的阐释者，又称为骗子①。

　　许诺绝不说谎，但又不说出全部真相，这与有些译者高呼"忠实"，却在翻译实践中对一些有违主流意识形态和伦理道德的内容进行删减是何其相似也。可见，作为一个译者，即使他有心追求忠实，社会文化因素的影响也会让他偏离自己的初衷。当然，造成翻译的"不忠实"，除了外部的社会文化因素外，还有语言自身的原因。两种语言之间的差异，让忠实在一些层面上（比如音韵与节律）上难以实现。另外，中国古人云，"言不尽意"，语言能在多大程度上再现现实，实现忠实，这也是一个值得讨论的问题。尽管"忠实"难以实现，笔者并不认为我们应该完全抛弃"忠实"的概念。赫尔墨斯虽然不许诺说出所有真相，但他许诺不说谎言。"赫尔墨斯困境"给翻译研究的启示是：尽管绝对的忠实是不可能的，但我们不应该放弃忠实。去追逐不可能之追逐，这才是"困境"之意。

　　除此之外，从赫尔墨斯的神话传说中，我们还可以挖掘出很多对翻译研究的启示。赫尔墨斯作为神的使者，他掌握了翻译和阐释神的语言的权力。谁掌握了话语，谁就掌握了权力。赫尔墨斯正是因作为神的阐释者而掌握了权力。世人只有通过赫尔墨斯才能了解神的旨意，因此，赫尔墨斯事实上成了神的代言人。虽然赫尔墨斯许诺不说谎话，但谁又能知晓他传达的是神的旨意还是他自己的旨意呢？要知道，赫尔墨斯背负着翻译之神和骗子之神等多重身份，又怎能不让人对他的翻译产生怀疑呢？

　　虽然赫尔墨斯的事迹只是神话传说，但神话也是远古人类生活的反映，何况在现实生活中类似例子也是真实存在的。在古代西方社会，教会为了控制人们的思想，将《圣经》的翻译与阐释之权是牢牢地控制在手中。"基督教的真正父亲"斐洛（Philo Judaeus）认为，《圣经》的翻译要靠上帝的感召，只有那些远离"尘世不纯"，过着纯净宗教生活

---

① ［古希腊］柏拉图：《柏拉图全集》（第2卷），王晓朝译，人民出版社2002年版，第91页。

的人，也就是只有神学者或虔诚的宗教徒，才有权翻译《圣经》[①]。斐洛的话有一定的道理，他强调了在翻译中专业知识的重要性。但是，他显然剥夺了普通大众翻译和阐释《圣经》的权力，将翻译和阐释《圣经》的权力集中到了少数的神学家和教徒手中。这些神学家就如赫尔墨斯一样，成为信众了解《圣经》和上帝旨意的中介，成为上帝在人间的代言人。但是谁能保证他们在翻译和阐释《圣经》的时候是出于上帝的旨意而不是教会的私利呢？历史已经证明，事实上教会的很多做法完全是为了维护教会的利益，而非出于上帝的旨意。所以，《圣经》翻译和阐释权的争夺其实是不同群体之间权力的争夺。这一点，在西方宗教改革时期尤为明显。

在 16 世纪时期，随着资本主义生产关系的发展和民族主义观念的兴起，欧洲各国迫切需要打破天主教的控制，建立统一的民族国家。宗教改革就是在这样的背景下应运而生。在宗教改革运动中，将《圣经》翻译成各个民族国家的语言，并对其教义进行新的阐释是宗教改革的最重要的内容之一。在用民族语言翻译《圣经》方面，影响力最大的无疑是德国的路德，他先翻译出了希腊文《新约》，然后又用德国民众的语言翻译出了希伯来文《旧约》。路德翻译的《圣经》维护了德国民众的利益，因而被称为"第一部民众的《圣经》"。路德翻译的《圣经》不仅在宗教和社会生活中影响很大，而且还促进了德国语言的统一和发展。路德抛弃了以往的那种只有神学家和虔诚的教徒才能翻译和阐释《圣经》的观点，他认为每个信徒都可以以自己的方式自由理解、解释《圣经》。受路德《圣经》翻译成功的影响，各个民族国家的人们纷纷尝试将《圣经》翻译成自己国家的语言，这方面影响较大的有英国人文主义者廷代尔（William Tyndale）用地道的英语翻译出来的《圣经》等。路德等宗教改革者用民族语言来翻译《圣经》的做法瓦解了罗马天主教对《圣经》翻译和阐释的垄断权，削弱了天主教的影响力。这引起了天主教对他们疯狂的迫害。天主教会攻击他们曲解上帝的旨意，将他们视为异教徒，禁止和焚毁他们翻译的《圣经》，甚至将廷代尔处以火刑。路德要不是有腓特烈亲王（Frederic the Wise）的庇护，恐怕也

---

① 谭载喜：《西方翻译简史》，商务印书馆 2004 年版，第 23 页。

要遭遇和廷代尔同样的下场。从这里可以清楚地看到，宗教改革时期的《圣经》翻译与阐释事实上是各个民族国家或新兴的资产阶级反对罗马天主教控制，争取权力的话语活动。

在神学阐释学阶段，除了对《圣经》的译者和阐释者有严格的控制外，翻译和阐释的方法也是受到严格的控制的。为了防止出现与教会思想相左的异端思想，早期的《圣经》翻译和阐释极度强调忠实原则，字对字的直译和字面阐释极为盛行，以致翻译出来的《圣经》质量极为低下。第一部希腊文的《圣经》译本《七十子希腊文本》（*Septuagint*）就是这方面的典型代表。72 位犹太学者被分为 36 组，然后分别关在独立的屋子里翻译，翻译出来的结果却是每个字都完全一样，好像是由一个隐形敦促者给他们报听写一般（the same word for word, as though dictated to each by an invisible prompter）[1]。72 个人，分 36 组，在独立的屋子里翻译，翻译出来的结果却完全相同，怎样才能实现呢？唯一的办法就是所有人都进行字对字的直译。当然，教会为了欺骗信徒，将其归功于上帝的感召。上文提到了"隐形的敦促者"，也许真的存在一个隐形的敦促者，那就是隐藏在翻译活动后面的权力。《圣经》翻译，稍有不慎，就会被斥为异教徒，受到迫害，甚至付出生命的代价。正是在这样的隐形的敦促者的敦促下，72 位犹太学者的翻译才取得了完全一样的结果。

当阐释学由神学阐释学发展到以施莱尔马赫为首的一般阐释学时，欧洲大陆当时正处于启蒙运动之中。启蒙运动是文艺复兴之后欧洲大陆上的又一次思想解放运动，它反对封建专制、宗教愚昧和特权主义；崇尚理性；宣传自由、民主和平等的思想。我们只有将施莱尔马赫等人的阐释学观点置于启蒙运动这个大的时代背景之下，才能更好地理解其观点。神学阐释学在理解中设定了一个"绝对神圣"的意义目标，施莱尔马赫放弃了这一点，这表明他对启蒙运动自由、开放和容忍精神的拥抱。他将阐释学从对《圣经》等宗教文本的注释与解释拓展到了对一般性文本的阐释，将阐释学发展到一般阐释学，表明了启蒙时代宗教权

---

① Douglas Robinson ed., *Western Translation Theory: From Herodotus to Nietzsche*, Beijing: Foreign Language Teaching and Research Press, 2006, p. 14.

力的下降和世俗权力的上升。另外，施莱尔马赫在原来阐释学的语法学阐释的基础上，提出了心理学阐释的方法，通过文本作者的内心生活和外在生活来理解文本，这体现了启蒙精神对个体生命的关注。由是观之，施莱尔马赫的一般阐释学完全是启蒙运动的产物，它体现的是权力由神向人，由宗教向世俗的转移。

施莱尔马赫之后的狄尔泰继承和发展了阐释学对生命的关注的思想，提出了生命阐释学，有的学者也称为体验阐释学。狄尔泰将阐释的对象由文本拓展到了整个世界，进一步发展了阐释学的范围。并且，狄尔泰将施莱尔马赫提出的心理学的阐释方法进一步提升为阐释学乃至整个精神科学的基石①。不仅如此，狄尔泰还区分了心理科学与自然科学，认为心理科学致力于理解，而自然科学致力于说明。狄尔泰的重大贡献之一就是在理解中引入了体验的概念和方法。体验是狄尔泰阐释学的核心。对狄尔泰而言，生命完全意味着创造性，这一创造性过程把生命自身客观化于意义构成物中了，在我们的理解活动中，它已经成为一种历史的流传物，而与我们保持着某种间距，因而，一切对意义的理解就是一种"返回"，即有生命的客观化物返回到它们由之产生的富有生气的生命性中②。按狄尔泰的观点，我们不是在理解一个个冷冰冰的客观物，我们是在体验生命。相较于神学阐释理解的刻板与僵化，狄尔泰的体验无疑富有生气，充满了人文气息。

不论在施莱尔马赫那里，还是在狄尔泰那里，理解只是认识文本、客观世界，甚至自我的工具。然而，阐释学发展到海德格尔那里时，理解本身已经是一种存在。对海德格尔来说，理解被视为人的生命的本质和表现，因而具有了本体论的意义。海德格尔断言，所有的理解都具有时间性、意向性和历史性（All understanding is temporal, intentional and historical）③。这表明了理解并非一成不变，理解具有多样性。既然理解具有多样性，那么，对于同一文本，阐释者或译者就会作出不同的阐释

---

① 潘德荣：《西方诠释学史》，北京大学出版社 2013 年版，第 271 页。

② 同上书，第 277 页。

③ Richard E. Palmer, *Hermeneutics：Interpretation Theory in Schleiermacher, Dilthey, Heidegger, and Gadamer*, Evanston：Northwestern University Press, 1969, p. 140.

或翻译的现象就是合理的。这无疑维护了阐释者或译者的权力，让他们不至于像多雷那样，被教会指责"曲解"了柏拉图的意思而遭受火刑。海德格尔的理解的前解构之说为理解的多样性提供了支撑。海德格尔认为，包含着前拥有、前见解和前把握的理解之前结构乃是理解的结构化了的前提，解释着理解本质上是通过这个前结构而完成。理解从来都不是一种"无前提"的把握，任何的理解的解释活动之初，都必然有作为前提的先入之见，他们是在解释之前给定了的①。每个人的理解的前结构是不一样的，因此，不同的人对同一事物的阐释也就不一样。的确如此，在读莎士比亚的《威尼斯商人》（ *The Merchant of Venice* ）时，一般人都会认为夏洛克（Shylock）的结局是罪有应得，也只有像德里达这样的犹太裔解构主义大师才能从中解读出这是一种反犹太主义的结局。在一般的读者看来"history"只是一个简单的单词，但女性主义者就能从该单词解读出：历史只是男性的历史，历史遮蔽了女性。可见，不同的"先见"会导致不同的理解。既然理解的前解构具有普世性，那么阐释者就有权根据自己的"先见"作出阐释，阐释者的这种权利不应该被剥夺，遭受非难。

海德格尔的学生伽达默尔在他的思想的基础上提出了"理解的历史性""效果历史"和"视域融合"的阐释学三原则，进一步捍卫了阐释者根据自己的理解作出阐释的权力。因在第七章中已经详细讨论了伽达默尔的阐释学思想，在此就不再赘言。

从上面的讨论中可以看出，在阐释活动中，选择谁来阐释？怎样阐释？这样的问题背后都隐藏着权力控制的因素。一般阐释学和现代哲学阐释学的思想从理论上捍卫了人们的阐释权，捍卫了人们作出不同阐释的权力。

第二节　解构主义翻译思想与权力抗争

西方形而上学的传统开创于柏拉图和他的学生亚里士多德，形而上学又称为逻各斯中心主义。顾名思义，逻各斯中心主义就是以逻各斯为

---

① 潘德荣：《西方诠释学史》，北京大学出版社 2013 年版，第 310 页。

中心的结构。那么，何为逻各斯呢？简言之，逻各斯就是一个先验的、永恒的、无所不在的终极在者①。从柏拉图之后，西方哲学的研究一直致力于追寻事物的起源和本质。要想弄清楚结构之中哪些是原初的、本质的，就必然要区分原初的与派生的，区分本质的与现象的，由此，结构之中就产生了本质与现象这样的二元对立的因子，比如精神和物质，自为和自在，主体和客体，心灵与身体、内部和外部、真理和假象、意义和文本、男人与女人等。按照逻各斯中心主义的观点，在这种二元对立的结构之中，前者永远处于中心的位置，是主要的，后者是边缘、次要的，对立的双方是处于不平等的权力地位的。所以逻各斯中心主义的基本特点就是"围绕某些所谓的原点和本原制造种种二元对立，并维护二元对立中不平等的等级秩序"②。在 19 世纪，随着结构主义的建立，逻各斯中心主义的观点得到进一步强化。索绪尔的学生整理了他生前的讲义，并在 1916 出版了《普通语言学教程》（*Cours de linguistique générale*）一书。在该书中，索绪尔将语言视为一个符号系统，并区分了言语和语言、能指和所指、共时语言学和历时语言学等概念③。该书影响极大，奠定了索绪尔结构主义始祖的地位。此后，列维–斯特劳斯（Levi-Strauss）率先将结构主义的思想引入了人类文化学，用来研究亲属关系、古代神话以及原始人类思维，产生了深远的影响。此后，结构主义的思想与方法逐渐被引入到其他学科，影响了几乎所有的科学。

　　按结构主义的观点，结构是一个封闭的、自给自足的系统，它致力于整体的理解，强调整体优于部分。然而，这种封闭僵化的结构观念和二元对立之下的不平等的等级秩序遭到了以德里达为首的解构主义者的猛烈攻击。德里达对从柏拉图到列维–斯特劳斯的西方形而上学传统和二元对立思想进行解构，他要打破封闭的结构、解构逻各斯中心、颠覆二元对立的机制。由于逻各斯源于希腊语，在希腊语中意为"话语"，而结构主义又起源于索绪尔创立的结构主义语言学，因此，德里达的解

---

① 杨乃乔：《德里达诗学理论解构的终极标靶：论西方诗学文化传统的逻各斯中心主义》，《社会科学战线》1999 年第 1 期。

② 单继刚：《翻译的哲学方面》，中国社会科学出版社 2007 年版，第 66—67 页。

③ ［瑞士］索绪尔：《普通语言学教程》，高名凯译，商务印书馆 1999 年版。

构是从语言的解构开始的。在西方的语言学传统中，语音优先于文字，认为文字只是记录语音的符号。德里达将这种传统称为"语音中心主义"，德里达首先对"语音中心主义"进行解构，将文字从语音的压迫下解放出来，"宣告文字学标志着人类经过决定性的努力而获得解放"①。有意思的是，索绪尔开创了结构主义，但德里达对结构主义的解构正是运用了索绪尔的符号学理论和语言的任意性和互异性的观点。

德里达的解构主义思想对翻译研究影响颇深，他把翻译当作真正的哲学问题来思考，他是一个通过翻译而思的哲学家。德里达的解构主义思想是整个后现代翻译研究的基础，后殖民研究、女性研究和操控学派无不受其影响。同时，德里达自身也对传统和现代主义翻译思想进行了解构，为其他学派树立了榜样。他对翻译思想的解构主要包含两个方面：其一，他解构了传统和现代主义翻译思想中意义的超验性，认为意义不是确定的、在场的，而是缺席的；其二，他解构了传统和现代主义翻译思想中的作者—译者、原文—译文的二元对立结构，为译者和译文争取了权力。

德里达用 a 取代法语单词 différence（差异）中的 e，生创了一个单词 différance，用来表示"差异"和"延迟"的意思，这就是"延异"一词的由来②。德里达的延异论是对索绪尔差异论的改变和发展。在德里达看来，索绪尔所说的符号差异决定符号意义，归根到底是由延异的差异运动所造成的，而这种差异运动由于能指和所指两种符号的不断转换而永无穷尽。其间，只有当差异作为踪迹被保留下来时，才产生某种意义，而踪迹是既显现又被抹去（所以说是"差异的游戏"或"踪迹的游戏"），因而这意义只能是延异的一种效应，即只是一种有效意义，而不可能是确定的终极意义③。既然文本没有终极意义，那么传统和现代主义翻译思想中的"忠实"与"对等"就只能是一种迷梦。事实上，德里达不仅认为翻译的"忠实"是一种虚妄，他甚至认为翻译

---

① ［法］雅克·德里达：《论文字学》，汪堂家译，上海译文出版社 1999 年版，第 5 页。

② Jacques Derrida, *Margin of Philosophy*, Alan Bass trans., Brighton：The Harvester Press, 1982, pp. 1-27.

③ 陈本益：《论德里达的"延异"思想》，《浙江学刊》2001 第 5 期。

是不可能的。在《巴别塔》一文中，德里达将翻译比作"偿还无法偿还的债务"①。另外，在《什么是确切的翻译?》（What Is a "Relevant" Translation?）一文中，德里达明确地表明，"我相信任何事物都是可译的，也是不可译的"（As a matter of fact, I don't believe that anything can ever be untranslatable-or, moreover, translatable.）②。既可译又不可译，德里达的观点看似自相矛盾，实则不然。"不可译"是因为意义一直处于时间上的"延"和空间上的"异"，无法确定，无法把握。"可译"是因为虽然意义一直处于延异的运动中，但是它留下了踪迹，有迹可循。正是通过这样一组悖论，德里达解构了任何绝对的、终极的存在，打开了封闭的结构，让差异与多样性得以显现。

同时，对确定意义的解构，也是为译文和译者争取权力的基础。在传统的译论中，原文和作者占据主导地位、译文和译者被认为是派生的、从属的。译文被认为是原文依葫芦画瓢般的复制品，译者被认为是作者的仆人③。德里达等解构主义者对此完全不认同。根据克里斯蒂娃提出的互文性理论，任何一个文本都是在它以前文本的遗迹或记忆的基础上产生的，或者是在对其他文本的转化和吸收中形成的④。按此，原文也并不是原文，并不是完全原创的。德里达的"踪迹"表达了相似的思想：文本没有开端，它的开端在它以外早就开始了。一个文本是由各种踪迹组成，这些踪迹又来自其他的踪迹，并且向其他的踪迹开放，它们涂抹掉其他的踪迹，然后等待着被别的踪迹涂抹⑤。既然原文也并非原创，那么就没有理由歧视译文，将译文放置在从属的位置。另外，德里达还认为原文是不完整的，是有缺点的，需要在翻译中得到不断发

---

① Jacques Derrida, "Des tour de Babel", in Joseph Graham ed., *Difference in Translation*, London: Cornell University Press, 1985.

② Jacques Derrida, "What Is a 'Relevant' Translation?", Lawrence Venuti trans., *Critical Inquiry*, Vol. 27, No. 2, 2001, p. 178.

③ 向鹏:《论后现代翻译理论的特点、影响和局限》,《重庆交通大学学报》2012 年第 6 期。

④ 秦文华:《翻译研究的互文性视角》,上海译文出版社 2006 年版,前言第 1 页。

⑤ 单继刚:《翻译的哲学方面》,中国社会科学出版社 2007 年版,第 75 页。

展与完善。译文是原文的来生（afterlife），原文要靠译文来延续生命①。总之，解构主义者否认原文与译文的二元区分，认为原文与译文的关系是平等互补，"共生"的关系，是一种延续和创生的关系。由此，译文获得了与原文同等的权力。

既然译文不是原文的派生，那么译者当然也不是作者的仆人。德里达在《巴别塔》中明言：没有什么比翻译更严肃。我希望记住这个事实，任何一个谈论翻译的译者所处的位置绝不是次要的或从属的。因为，如果原文的结构本身就蕴含了需要翻译的要求，那么这一点就开始让原文负债，负债于译者。（Nothing is more serious than a translation. I rather wished to mark the fact that every translator is in a position to speak about translation, in a place which is more than any not second or secondary. For if the structure of the original is marked by the requirement to be translated, it's that in laying down the law the original begins by indebting itself as well with regard to the translator.）② 是原文要维持自身的生命而求助于译者的翻译，翻译是原文向译者的负债，所以译者不是第二位的或从属的。另一位解构主义者巴特更是直接宣布"作者已死"。他认为，文本一旦完成，语言符号即开始起作用。读者通过对语言符号的解读，解释文本的意义。因此，文本能否存在下去取决于读者③。显然，巴特是通过宣布作者的死亡来为译者（特殊的读者）争取应得的权力。

德里达和巴特都是以哲学家或者批评家著称，他们对译者权力的抗争更多的是哲学意义上的启迪。而另外两位解构主义者罗宾逊和韦努蒂则是国际知名的翻译理论家。他们对提高译者地位的关注和呼吁则显得更为直接。

1991年，罗宾逊在其第一部翻译研究专著的标题中就直接宣布"译者登场"了，译者的时代已经到来④。传统的翻译理论强调"准确

---

① Jacques Derrida, "Des tour de Babel", in Joseph Graham ed. , *Difference in Translation*, London：Cornell University Press, 1985.

② Ibid. , p. 184.

③ 郭建中：《论解构主义翻译思想》，《上海科技翻译》1999 年第 4 期。

④ Douglas Robinson, *The Translator's Turn*, Baltimore：The Johns Hopkins University Press, 1991.

完整"或"完好无损"地传达原文的思想，为此，它们无止境地强调译者语言技能和道德水平的提高，如彦琮的"八备"①之说。事实上，传统翻译思想中的译者并非真实的译者，而是抽象化、理想化的译者。完全没有考虑到译者的精力和时间是有限的，译者是生活在特定社会环境中并受社会环境影响的。现代语言学派的翻译理论更是在科学理性的支配下将译者的主观因素完全排除在外，译者就如一个搬运工，把意义从一种语言一成不变地搬到另一种语言。正如本章开头所言，在有关翻译的定义中居然找不到"译者"二字的存在。译者地位之低下由此可见一斑。在《译者登场》一书中，罗宾逊批判以往西方的翻译研究受西方理性主义的压制，没有深入翻译实际和实质，他借助"身体"一词（或者说以翻译的身体学为基础），解构西方主流翻译理论背后隐藏的理性主义逻辑概念，颠覆长期以来译者与作者、读者的关系，把研究的焦点重新落实到"人"身上，关注译者在翻译过程中的主观能动性、所受影响和制约，宣扬作者、译者、读者双层面的平等对话机制②。为此，罗宾逊创造了一个充满人文主义色彩的词汇——翻译身体学（the somatics of translation），重新重视被现代主义翻译思想所排斥的直觉、情感、身体信号等非理性的因素。罗宾逊的研究无疑是非常重要的，他将人们的视野从虚幻拉回到现实，从而让译者摆脱一些不切实际的指责，甚至是道德上的绑架。

不同于罗宾逊，韦努蒂在《译者的隐身》一书中从法律和经济的角度直接为译者的权力进行抗争。标题中"隐身"（invisibility）一词直接表明了译者在历史中的地位低下，不为人所关注。韦努蒂从两个方面来证明这一点。首先，从法律上，英美国家的法律明确规定翻译属于原作基础上的改写或派生物，翻译行为受作者版权的支配。长期以来，译者的著作权在法律上一直没有得到充分的承认。其次，译者通常是受雇于出版机构，他们只能从翻译中获得低微的报酬。根据韦

---

① 彦琮在《辨正论》一文中提出了译者应该具有的八种素质，称为"八备"，详见罗新璋、陈应年编《翻译论集》，商务印书馆2008年版，第60—63页。

② 谢天振、陈浪：《在翻译中感受在场的身体——读道格拉斯·罗宾逊的〈译者登场〉》，《外语与外语教学》2006年第9期。

努蒂的调查，译者的收入远远低于美国的贫困线，为了生计，译者通常都是要么一边翻译一边还从事其他工作，要么同时接下多份翻译任务。虽然现在的版权法开始体现对译者著作权的重视，但是自由译者仍然很难靠翻译维持生计①。对于译者收入低微这一点，韦努蒂虽然进行了揭露和呼吁，但他似乎也别无良法。不过对于如何改变译者隐身状态这一话题，韦努蒂倒是给出了明确的建议，即在翻译中采用异化的翻译策略来对抗西方以"通顺、流畅"为主的主流诗学，从而让译者显身。除此之外，韦努蒂的异化策略还肩负着抵抗民族中心主义和文化霸权主义的重任，而正是这一点让韦努蒂的翻译理论在国际上备受关注。事实上，韦努蒂的异化策略能否实现他抵抗民族中心主义和文化霸权主义的目的是值得怀疑的。不过，不管怎样，韦努蒂的理论至少告诉我们，翻译并不是一种透明的语言转化活动，它涉及的是两种文化之间的权力征服或权力反抗。

从上面的分析与叙述中，我们可以看到，在解构主义翻译思想的众多议题之中，为译者和译文争取权力是其中的重要一项。研究者们从哲学、身体学、法律和经济等视角揭示了传统和现代主义翻译思想对译者和译文权力的忽视与压制，并对此进行了解构，为译者和译文的权力进行辩护与抗争。相关论述不仅有助于提高译者和译文的地位，并且可以促进翻译研究的发展，加深人们对翻译的理解。

第三节 操控学派翻译思想与权力的操控

如果说阐释学翻译思想和解构主义翻译思想中涉及的权力关系更多的是哲理上的、隐性的和隐喻的，那么操控学派翻译思想、后殖民主义翻译思想和女性主义翻译思想对权力关系的论述则是政治的、直接的和显性的，是政治权力关系在翻译领域的延伸。后面的三个小节将分别论述这三个流派的翻译思想中蕴含的权力抗争。

---

① Lawrence Venuti, *The Translator's Invisibility*：*A History of Translation*, Shanghai：Shanghai Foreign Language Education Press, 2004, pp. 8-12.

　　翻译研究的操控学派也是一个具有强烈政治色彩的翻译研究流派。不同于后殖民翻译研究流派和女性主义翻译流派将翻译视为争取权力的工具，操控学派的主要目标就是要证明翻译不仅是一项语言转换的活动，更是一项政治活动，是权力运作的结果。

　　操控学派翻译思想的理论基础是福柯的权力话语理论。福柯的权力话语理论由话语理论和权力理论两部分组成。福柯的"话语"是对索绪尔结构主义语言学"语言"和"言语"二元对立的否定，是"语言"与"言语"之外的第三者。在福柯那里，"话语"不是指简单的字词组合，而是指涉主体之间的关系。不仅如此，"话语"在福柯那里还具有了本体论上的意义。他认为，人类的一切知识都是通过"话语"而获得的，任何脱离"话语"的东西都是不存在的，我们与世界的关系本质上是一种"话语"的关系。"话语"意味着一个社会团体依据某些社会成规将其意义传播于社会之中，以此确立其社会地位，并为其他团体所认识的过程①。"权力理论"是福柯思想体系中的重要内容，甚至可以说是最核心的内容，以至于福柯又被称为"权力思想家"。不同于传统的权力观将权力视为一种实体，福柯将权力视为一种内在的关系，在这种关系之中，决定权力拥有者和权力受体的是权力运行的机制。并且，福柯视权力为一个无所不在的网络，任何人都不能独立于权力的网络之外。

　　在福柯的理论中，权力和话语是密不可分的，权力通过话语来实现，而影响和控制话语的最根本因素就是权力。在《话语的秩序》一文中，福柯明确指出，在任何社会中，话语的生产都立刻受到一系列的程序的控制、选择、组织和重新分配，这些程序的任务就是防止话语带来的权力和危险，掌控它的偶然性，逃避它沉重的，难以应付的物质性。(In every society the production of discourse is at once controlled, selected, organized and redistributed by a certain number of procedures whose role is to ward off its powers and dangers, to gain mastery over its chance events,

---

　　①　王治河：《福柯》，湖南教育出版社 1999 年版，第 159 页。

and to evade its ponderous，*formidable materiality.*)① 因此，根据福柯的理论，话语并不是透明的和中立的，话语就是权力。既然话语和权力是结合在一起的，那么世上就并没有所谓的真理，有的只是现实的话语权力。

福柯关于权力话语关系的论述是操控学派翻译思想的直接理论来源。操控学派的翻译研究就是要证明翻译作为一种话语活动，并不是发生在真空之中，是受各种权力关系制约的，是权力操控的结果。

操控学派的翻译思想是在佐哈尔等的多元系统理论和图里等的规范描写理论基础上发展起来的。多元系统理论认为翻译的策略在很大程度上取决于翻译文学在文学多元系统中所处的地位，而文学系统是意识形态圈子（ideological milieu）的一部分，意识形态圈子中发生的事情会深刻地影响文学多元系统②。图里在佐哈尔等人的基础上，进一步将翻译研究从文学系统拓展到了社会文化系统，认为翻译活动中翻译文本的选择、翻译的策略、遣词造句等实际上是受一系列的社会规范的制约的，图里将这些规范分为三类：预备规范、起始规范和操作规范③。从多元系统理论和规范描写理论可以看出，翻译其实并非一项透明的语言活动，它是一定因素操控的结果。正是基于这一点，勒菲弗尔等提出了操控学派的翻译理论。

1981 年，勒菲弗尔在《翻译文学：走向综合理论》（Translating Literature：Towards an Integrated Theory）一文中提出了折射翻译理论，进一步突出意识形态和诗学对翻译活动的影响。在该文中勒菲弗尔认为翻译是再生产，是折射（Translation is reproduction，refraction）。所谓折射文本就是为特定读者而加工，或为特定诗学或意识形态而改编的文本。（Refracted texts… are texts that have been processed for a certain audience，

---

① Michael Foucault，"The Order of Discourse"，in Robert Yong ed.，*Untying the Text：A Post-Structuralist Reader*，Boston，London& Henley：Routledge and Kegan Paul，1981，p. 52.

② André Lefevere，"Beyond the Process：Literary Translation in Literature and Literary Theory"，in Marilyn Gaddis Rose ed.，*Translation Spectrum：Essays in Theory and Practice*，New York：State University of New York Press，1981，p. 56.

③ Gideon Toury，*Descriptive Translation Studies and Beyond*，Shanghai：Shanghai Foreign Language Education Press，2001.

or adapted to a certain poetics or a certain ideology.)① 在勒菲弗尔看来，折射是翻译的本质特征，不仅翻译是折射文本，原文其实也是折射文本。原文是特定诗学或意识形态的折射，翻译是原文的折射。(Originals refract a poetics and/or an ideology；refractions refract originals.)② 可见，通过折射一词，勒菲弗尔实际上模糊了原文和译文的分野，解构了原文的原创性和神圣的地位。折射文本的产生和运作是受一系列因素的制约的，在该文中，勒菲弗尔提到的制约因素有诗学、意识形态、经济因素和自然语言，但是他只讨论了诗学和意识形态。1982 年，在另外一篇文章《文学理论中的文本、系统和折射》(Mother Courage's Cucumbers：Text，System and Refraction in a Theory of Literature) 中，勒菲弗尔着重讨论了赞助、诗学和自然语言对折射的制约，并且他将文学批评、评论、文学史的编撰、教学、文学集、戏剧化改编等都和翻译一样归入了折射文本的范围③。1985 年，勒菲弗尔在《为什么花时间改写?》一文中用"改写"取代了他以前用的"折射"的概念。他认为文学系统和社会系统之间是相互开放，相互影响，为了不让文学系统与社会系统脱离得太远，社会系统会对文学系统施加控制。这种控制来自两个方面的因素：其一，文学系统内部的因素，以阐释者、批评家、书评作者、老师、译者等为代表，他们会压制或改变那些有悖于主流诗学和意识形态的作品；其二，文学系统外部的因素，他将其称为"赞助"，是指代表权力的个人和机构④。在该文中，勒菲弗尔认为。翻译可能是最显著的改写的例子，同时他指出了制约翻译改写的五个因素：诗学、意识形态、论域 (universe of discourse)、自然语言和原文⑤。1992 年，在其专著《翻译、改写与文学名声的操控》(*Transla-*

---

① André Lefevere，"Translating Literature：Towards an Integrated Theory"，*The Bulletin of the Midwest Modern Language Association*，Vol. 14，No. 1，1981，pp. 71-72.

② Ibid. ，p. 76.

③ André Lefevere，"Mother Courage's Cucumbers：Text，System and Refraction in a Theory of Literature"，*Modern Language Studies*，Vol 12，No. 4，1982，pp. 3-20.

④ André Lefevere，"Why Waste Our Time on Rewrites? The Trouble of Interpretation and the Role of Rewriting in an Alternate Paradigm" in Theo Hermans ed. ，*The Manipulation of Literature：Studies in Literary Translation*，Beckenham：Croom Helm，1985，pp. 226-227.

⑤ Ibid，pp. 232-233.

tion，*Rewriting and the Manipulation of Literary Fame*）一书中，勒菲弗尔又探讨了赞助、诗学、意识形态、论域和语言五个因素对翻译改写的制约①。该书对操控学派的发展影响极大，可谓是操控学派成熟的标志。

　　从上面的叙述中可以看到，从 1981 年到 1992 年，操控学派翻译研究的核心概念和操控因素一直都有变化。核心概念由"折射"变成了"改写"，操控的因素两个、三个、四个、五个的变化不定。这反映了该理论由发轫到成熟的过程。不过，这种变化也反映出操控理论自身的不足之处。就拿制约翻译改写的因素而言，勒菲弗尔并没有明确说明这些要素是按什么标准划分的。没有明确的标准，讨论的时候难免有点混乱。他讨论得最多的是意识形态、诗学和赞助三个因素。他认为"赞助"包含"意识形态因素""经济因素"和"地位因素"，而将"诗学排除在外"，难道就没有因"诗学"的原因而赞助翻译的吗？另外，三者也并不在同一个平面上，诗学和意识形态要比赞助更抽象，属于更高的层次。还有，制约翻译改写的因素只有勒菲弗尔提出来的这四五个吗？显然不是，比如还有道德伦理、宗教信仰等因素。有的研究者将所有的这些因素重新归结为一个，即福柯的权力。笔者也比较认可这样的做法。不过，如果将所有的这些因素都归结为权力的因素，实际上是扩大了福柯的权力概念。福柯的权力多指软性的权力，而这里总结的这些因素显然将硬性的权力也包含在内了。这样的扩展可以看作对福柯权力理论的发展。

　　尽管以勒菲弗尔为首的操控学派的核心概念和因素一直处于变化之中，但有一点是一直没有变化的，即视翻译为权力操控的产物。这一点才是操控学派翻译思想的核心。不仅如此，视翻译为权力操控的产物，解构终极真理的存在，也是整个后现代翻译研究转向社会文化因素的关键所在。下面我们要讨论的后殖民主义翻译思想和女性主义翻译思想都是建立在这一观点之上的。

---

①　André Lefevere，*Translation*，*Rewriting and the Manipulation of Literary Fame*，London：Routledge，1992.

第四节　后殖民翻译思想与权力抗争

　　后殖民主义是民族解放运动在思想文化领域的继续和发展，因而后殖民主义本身就带有强烈的政治色彩和权力抵抗意识。在第二次世界大战结束前后，世界上的大多数殖民地国家经民族解放运动，摆脱了宗主国的统治而获得了独立。然而，这些国家虽然在主权上获得了独立，宗主国仍然通过一定的方式在经济上和文化上控制着它们。后殖民主义就是要揭露这种文化殖民主义，寻求抵抗西方文化霸权的方法，为弱小和边缘的国家争取话语权。后殖民主义理论来源较多，其中主要的理论基础有葛兰西（Antonio Gramsci）的文化霸权理论，法农的民族文化理论，福柯的权力话语理论和德里达的解构主义理论。

　　后殖民主义翻译思想是后殖民主义在翻译领域的延伸和运用。就研究内容而言，后殖民翻译思想的权力抗争主要体现在三个方面：第一，揭示翻译在殖民统治时期如何成为殖民势力的共谋，即殖民者是如何利用翻译来扭曲殖民地形象，维护殖民统治。第二，揭示殖民地独立后，西方强国是如何运用翻译来扭曲前殖民地国家或弱小国家的形象，以推行文化霸权，进行文化殖民统治。第三，探讨解殖民的对策，即如何通过翻译来抵抗西方的文化霸权。

　　后殖民翻译思想是如何进行权力抵抗的呢？沃达克（Ruth Wodak）认为，实现批评话语分析的目的要分三个步骤：诊断（diagnosis）、解读（interpretation）和治疗（therapy）。他解释说，诊断就是对社会过程进行揭示和祛魅，让那些诸如操控、歧视、煽动和蛊惑之手法显露无遗；所谓解读就是尽可能多地去分析与那些过程的整体语境相关的标志、数据和知识，从而使我们了解社会现实建构的方式和原因。所谓治疗，就是从业者、研究者，即相关人员，联合起来，采取实际的、政治上的行动，以改变现状①。笔者在这里将沃达克"三步行动方针"借鉴过来，用来分析后殖民翻译思想中的权力抗争。那么，在后殖民翻译思

---

① Ruth Wodak ed., *Language*, *Power and Ideology*: *Studies in Political Discourse*, Amsterdam & Philadelphia: John Benjamins Publishing Company, 1989, p. xiv.

想中，这三步具体是：（1）诊断：解开翻译透明的面纱，揭示翻译在殖民过程中，或在推行文化霸权过程中的共谋作用。（2）解读：运用各种理论或知识去分析具体的翻译活动或翻译文本，从中找出翻译是如何扭曲殖民地，前殖民地，或弱小国家的形象的。（3）治疗：在翻译中采取合适的翻译策略，用以消解西方文化霸权主义，抵抗西方文化侵略。笔者在此强调一点，这三个步骤并不一定按这种先后顺序展开，三者可以同时进行。下面，我们就从这三个方面来分析后殖民翻译思想的权力抗争。

首先，后殖民翻译思想揭穿了翻译透明的假象，让翻译背后隐藏的不平等的权力关系得以显露，从而证明翻译在殖民化进程中成为殖民势力的共谋。语言并非透明的，并非价值无涉的，这一点已经成为后现代翻译思想各个流派的共识。拉考夫（Robin Lakoff）直言，"政治就是语言，语言也是政治"①。巴特认为权力作为一种"支配性的力比多"隐藏在一切话语之中，"权力寄寓其中的东西就是语言"②。后殖民思想的权力抗争首先就要揭开"权力力比多"面纱，让权力从其语言的居所中显露出来。为此，萨义德首先对东方学进行了解构，他认为东方学并不是真正研究东方的学问，它研究的东方只是虚构的东方。萨义德在《东方学》一书的开篇就直言，"东方是欧洲人凭空想象出来的"（The Orient was almost an European invention）③。西方人往往通过文学作品创作和翻译将东方塑造成原始的、神秘的、落后的、野蛮的他者形象。西方人为什么要这么做？萨义德认为，这样的目的是将西方界定为与东方相对照的形象、观念、性格和经验 [The Orient has helped to define Europe（or the West）as its contrasting image, idea, personality, experience]④。也就是说，是为了衬托出西方的成熟、先进和开化。这样的形象无疑会有助于美化西方的殖民侵略，将殖民侵略行径美化为启蒙。殖民者的这一计谋的确取得了一定成效。在长期的殖民化统治下，被殖

---

① Robin Lakoff, *Talking Power*: *The Politics of Language in our Lives*, New York：Basic Books, 1990, p. 13.

② 参见辛斌《语言语篇权力》，《外语学刊》2003 年第 4 期。

③ Edward Said, *Orientalism*, London：Penguin, 1977, p. 2.

④ Ibid. , pp. 2-3.

者不得不在殖民者虚构的意象中来解读和关照自身的生存境况，久而久之便形成了宗主国与殖民地之间的文化等级秩序——前者高雅后者庸俗，前者文明后者野蛮，前者聪慧后者愚笨等——进而造成了被殖民者"我不如人"的强烈自卑感甚至走向自我殖民，殖民者正是通过这种不平等的话语等级体系来维护自己的殖民统治①。萨义德的"东方主义"虽然并没有直接谈论翻译，但它对翻译等话语在殖民化过程中的作用做出了正确的诊断，把住了脉，为后来的后殖民翻译研究奠定了基础。

　　其次，该如何解读这种诊断结果呢？为此，研究者们要么回到历史中，去考察殖民过程中的翻译历史，要么深入文本中，去研究译者具体的翻译策略。正是从历史和文本的解读中，后殖民主义翻译研究者向世人勾勒出了翻译是如何与殖民势力共谋的。尼南贾娜的专著《定位翻译》是这方面的一个很好的例子。尼南贾娜引用本雅明、福柯、德里达和德曼等人的理论，对印度殖民时期的翻译情况进行了考察。东方学家琼斯（Jones）将印度文学作品《沙恭达罗》翻译出来介绍给欧洲，在他的翻译中，他塑造了印度人慵懒、逆来顺受的形象。不仅如此，琼斯还学习了梵语，将印度古典法律文本《摩奴法典》翻译成了英文。他之所以要翻译《摩奴法典》，是因为（1）印度本土人对法律和文化的阐释不可信，应该由欧洲人来翻译；（2）他要成为立法者，为印度人制定他们自己的法律；（3）去净化印度文化，并为之代言②。在尼南贾娜看来，在琼斯等东方学家的论述中充满了欧洲中心主义和翻译的文化暴力。翻译同宗教传播和商业活动一样，被赋予了权力和话语力量，成为殖民统治的重要手段③。类似的例子还很多，众多的研究者对各种各样的翻译文本进行了后殖民视角分析，从中分析了西方译者是如何扭曲东方形象，建构殖民话语，以维护殖民统治。事实上，在翻译过程中，从文本的选择到翻译策略的确定，再到文本的编辑出版，其中的每一个步骤都不是随意为之的，都是权力操控的结果。

---

　　①　屠国元、朱献珑：《翻译与共谋——后殖民主义视野中的译者主体性透析》，《中南大学学报》2010年第6期。

　　②　Tejaswini Niranjana, *Siting Translation*: *History*, *Poststructuralism*, *and the Colonial Context*, Berkeley & Los Angeles: University of California Press, 1992, p. 13.

　　③　刘军平：《西方翻译理论通史》，武汉大学出版社2009年版，第534页。

最后，对翻译在殖民过程的共谋作用进行揭露和分析是重要的，但是仅仅如此是不够的。既然诊断并分析了症状，那么就必然要开出药方，进行治疗。为了抵抗西方的文化殖民主义，研究者纷纷探讨翻译的策略，力图把翻译从殖民的共谋改变成抵抗文化霸权的利器。尼南贾娜提出了"破坏性翻译"（translation as disruption），以破坏帝国主义、殖民主义的能指符号系统，跨越后殖民主义者在制图学上描述的空间和控制的意识形态。破坏性的翻译观即反思性的、即兴的和干预性的翻译策略①。韦努蒂也提倡用"异化"的翻译策略来抵抗西方的文化霸权主义②。韦努蒂的异化翻译思想在国际上有广泛的影响。在中国的翻译研究界，一度达到了"言必称韦努蒂"的地步。这也足以说明国际上反文化殖民主义基础之广泛。霍米·巴巴提倡用杂合（hybridization）的翻译策略来向帝国主义和文化霸权发起挑战，以期营造文化多样性的格局③。杂合是不同种族、文化、语言、意识形态彼此混杂的过程，是殖民地和弱势文化颠覆和瓦解文化霸权的一种抵抗性策略。而巴西学者坎波斯兄弟的"食人主义翻译观"（cannibalism）在消除殖民化和重塑文化身份方面的表述则更加直接。食人主义翻译通过吞噬象征西方化的原文，从中汲取营养，进行再创造性翻译。这种再创造重写巴西人的文化身份，让殖民地摆脱被压抑的无声状态。通过吞噬与再创造，原文就在译文中浴火重生，被赋予了新的生命，这时原文反而要依赖译文才能获得生存，从而颠倒原文与译文、宗主国与殖民地的主次关系，达到解构殖民霸权，为殖民地争取权利话语的目的④。研究者们提出了众多的抵抗西方文化霸权的策略，迄今为止还没有哪种策略取得了一致公认的效果，并且各种策略之间多有抵触，可见研究还应进行更深入的探讨，开出更具疗效的药方，只有这样，才能治得了

---

① Tejaswini Niranjana, *Siting Translation*: *History*, *Poststructuralism*, *and the Colonial Context*, Berkeley & Los Angeles: University of California Press, 1992.

② Lawrence Venuti, *The Translator's Invisibility*: *A History of Translation*, Shanghai: Shanghai Foreign Language Education Press, 2004.

③ Homi K. Bhabha, *The Location of Culture*, London & New York: Routledge, 1994.

④ 向鹏：《论后现代翻译理论的特点、影响和局限》，《重庆交通大学学报》2012 年第 6 期。

文化殖民主义的重症沉疴。

　　上面的分析表明，后殖民主义翻译思想将翻译视为一种政治行为。翻译作为一种话语实践，在殖民化的过程中它参与了殖民者与殖民地之间的不平等的权力构建。后殖民翻译思想就是要揭示殖民权力是如何利用翻译来构建扭曲的东方形象的，是如何通过翻译将殖民者的意识强加于被殖民者身上的。在当今世界，随着全球化的日趋深入，西方发达国家掌握了国际生活的话语权，再加上英语成为国际通用的语言，他们可以轻易地利用英语这个渠道在全球范围内进行文化输出，通过文化软实力控制发展中国家。对众多的发展中国家而言，如何在引进先进文明和抵抗文化霸权之间实现平衡，这无疑是一个巨大的难题。后殖民主义翻译思想从翻译的角度给出了一些思考，即使不能解决这个难题，至少也能给人以启发。

第五节　女性主义翻译思想与女性权力话语的争取

　　后殖民翻译思想是民族解放运动在翻译领域的延续和发展，同样，女性主义翻译思想也是女权运动在翻译领域的延续和发展。因此，从根源上来说，女性主义翻译研究就具有鲜明的政治色彩，有明显的权力诉求。从时间上来说，女性主义翻译思想是女性主义运动第三次浪潮，即后现代女性主义的产物，但是因翻译研究学科的历史较短，女性主义翻译思想并不像女性主义运动那样具有明显的阶段性诉求，它对女性权力的争取和性别差异的强调是同时进行的。事实上，女性主义翻译理论家们也直言不讳，翻译对她们而言，就是争取女性权力的政治活动。哈伍德曾直言："我的翻译实践是一项政治活动，其目的是让语言为女性说话。因此，我在译文封面上的签名意味着在该文中我采取了一切可能的翻译策略来让女性从语言中凸显出来。让女性从语言中凸显出来，意味着在真实世界中让女性受到关注，让女性的声音得以倾听。这就是女性主义的全部。"（My translation practice is a political activity aimed at making language speak for women. So my signature on a translation means: this translation has used every possible translation strategy to make the feminine visible in language. Because making the feminine visible in language means making women seen and heard in the real world, which is what feminism is all about.)① 因此，只有从权力抗争的角度才能更好地把握住女性主义翻译思想。

　　女性主义翻译思想的理论来源主要是福柯的权力话语理论和德里达的解构中心和颠覆二元对立的思想。受福柯权力话语的启发，女性主义者认为翻译在历史上成为男权话语扭曲女性形象，压制女性的共谋。在揭示这种共谋作用的同时，女性主义者也积极运用话语对权力的反作用，她们提倡在翻译中使用干预的策略，让女性从翻译中显身，从而为女性争取权力。同时，受德里达解构中心和颠覆二元对立思想的启发，女性主义者对翻译中所隐喻的男性中心主义和在男女二元对立结构中将女性放置于边缘位置的做法进行猛烈的抨击，以期解构男权中心，解构男女二元对立，为女性争取权力。

　　在福柯看来，权力和话语是紧密结合在一起的，"话语即权力"，或"权力即话语"。一方面，权力制约着话语，使话语身上打上了权力的烙印。另一方面，话语也反作用于权力，没有话语，权力也无法发挥其作用。女性主义翻译思想巧妙地运用了权力和话语的这种关系。在女性主义翻译思想中，翻译被视为权力的共谋，成为歧视女性，压制女性的异己力量。因此，女性主义者致力于考察在历史上翻译是如何用来扭曲女性形象的。例如，根据希腊神话，"潘多拉的盒子"现在多认为是灾难的象征。但是，根据利陶（Littau）的考察，"潘多拉的盒子"其实拥有很多意思，其中的一个是"丰饶的羊角"。利陶强调潘多拉的形象是翻译的结果，是在男性心目中的形象。神话编撰者和译者在翻译的过程中根据语境有选择地赋予了潘多拉积极或消极的特性。在 20 世纪的弗洛伊德心理学中，潘多拉作为女性的原型，是与女性的生殖器的缺失、不完整、沉默和神秘相关联的②。从"丰饶的羊角"到"生殖器缺失的女性"，这就是男权翻译话语对女性的扭曲，它体现了对女性对菲

---

　　① Sussane de Lotbiniere-Harwood, "S. Preface", in Lise Gauvin, *Letters from an Other*, Toronto: Women's Press, 1990, p. 9.

　　② Luise von Flotow, *Translation and Gender: Translating in the "Era of Feminism"*, Shanghai: Shanghai Foreign Language Education Press, 2004, p. 46.

勒斯中心主义的焦虑（phallocentric anxiety about women）①。男权翻译话语对女性的扭曲同样体现在帕斯利（Howard Parshley）翻译的女性主义的代表人物波伏娃的代表作《第二性》（Le deuxième sexe）中。帕斯利的英文翻译《第二性》出版于 1953 年。在翻译的时候，帕斯利删除了原作中超过十分之一的篇幅，删除了大量的历史上女性的姓名及成就。根据西蒙斯（Margaret Simons）的统计，他一共删掉了 78 位女性的姓名。这 78 位女性中有女性政治家、军事家、艺术家、宫廷侍者和圣人等；删除的内容还包括诸如女同性恋这样的文化禁忌，单调乏味的女性日常生活描写等②。"删掉女性的姓名和成就"显然是粗暴地用男权话语破坏了女性发展的谱系。"删掉女性日常生活的描写"显然是轻视女性的经验。从这两个例子中可以看出，在男权翻译话语中，女性的形象被扭曲了，女性的历史和经历被遮蔽了。女性主义翻译研究就是要审查翻译的历史，从中揭示出女性受歧视、受压迫的事实。

前面我们说过，福柯的权力话语不仅强调权力对话语的制约，同时还强调话语对权力的反作用。既然男权可以与翻译共谋来扭曲女性形象，压迫女性，女性主义者也就"以彼之道还治彼身"③，同样提倡用干预主义的翻译策略来抵抗男权话语，让女性在翻译中显身，从而建构女性话语。弗洛托总结了女性主义译者常用的干预性翻译策略有三种：增补（supplementing）、前言和脚注（prefacing and footnoting）以及劫持（hijacking）。增补从弗洛托的解释来看，至少具有三层含义。（1）增补是对原文的改编，是对文本进行严重的干预。（2）增补就是本雅明所说的原文通过译文补充、成熟和发展，从而获得后继

---

① Luise von Flotow, *Translation and Gender*：*Translating in the "Era of Feminism"*, Shanghai：Shanghai Foreign Language Education Press，2004，p. 46.

② Ibid. , pp. 49-50.

③ 该成语出自金庸的武侠小说《天龙八部》。在严肃的学术写作中本不应该采用来自武侠小说中的流行语，也许在此"以其人之道还治其人之身"更为恰当。但考虑到后现代主义就是颠覆高雅与通俗，严肃与轻松这样的分野，故笔者在本书中也就偶尔拙劣地运用一下后现代主义的精神，以期在枯燥的理论论述中带来那么一丝丝轻松感。

之生命（afterlife）[①]。（3）增补是一种超额翻译，通过语言手段将原文难以表达的或隐含之意明示出来[②]。前言和脚注在翻译文本中是常见的现象，但是在女性主义译者那里却获得了特别的意义。女性主义译者通常在前言和脚注中对她们的政治主张、翻译策略等进行说明，从而以彰显译者的存在，让译者，更让女性从翻译中显身。劫持简而言之就是将本不具有女性主义色彩的文本挪用过来，为其注入女性主义色彩。如朱虹在翻译王安忆的《男人和女人，女人和城市》一文时将"上帝似乎对女人不公平"翻译成 God did not treat women fairly，将"由女人担任艰苦的孕育和分娩"译为 women alone have to bear the burden of pregnancy and deliverance[③]。在这两句话的翻译中，第一句话将原文的怀疑、猜测的语气变成肯定的语气；第二句翻译中凭空增加了"alone"，从而将本不具备女权意识的文本挪用过来，变成了具有女权意识的文本。

事实上，不仅是翻译，整个语言在女性主义者的眼中都是男权的语言，所体现的是对女性的压迫。女性主义者认为，语言中普遍存在着对女性的歧视现象。比如，语言中表示泛指的词多为以男性为中心的词汇，如 men, mankind, human, freshman, chairman 等。Men 可以指所有的人，而 women 则不能。人类是 mankind 或 human，而不是 womankind 或 huwoman。难怪女性主义者要发出"女人也是人"（women are also human）的呼告，因为 mankind 和 human 中都只有男人（man）而没有女人（woman）。另外，像法语、德语等语言的词汇具有性和数的变化，如果主语是复数并且同时包含阳性和阴性事物，那么不管阳性事物的数量有多小，也不管阴性事物的数量有多大，谓语动词的性都取决于阳性事物。因此，女性主义者往往感叹，300 位女士的地位还不及一只猫，当然那只猫是公猫。语言中，在词汇和句法层面，这样的例子还很多。

---

① Afterlife 很多研究者翻译成"来生"。"来生"往往暗含原作已死，译作代替原作之意。这与 Benjamin 所说的原作与译作互补，共为更大的元语言的碎片之观点相冲突。故笔者这里译为"后继之生命"，不知能否表达出 Benjamin 的意思？

② Luise von Flotow, "Feminist Translation: Contexts, Practices and Theories", *TTR*, Vol. 4, No. 2, 1991, pp. 74-76.

③ 朱虹、周欣：《嬉雪：中国当代女性散文选》，辽宁教育出版社 2002 年版，第 340、347 页。

因此，女性主义者认为，现行的语言只是男性的语言，它们所体现的是男权中心，完全忽视了女性的存在。由此，女性主义者得出了结论，要想改变女性的受压迫、受歧视的现状，就必须要先改变语言。于是，女性主义者提出了"让女性从语言中获得解放"的口号。为了解构语言中的男性中心主义，女性主义者新造了很多词汇，用一些中性的词（如chairperson）来取代明显具有男性中心色彩的词（如 chairman）。在写作和翻译实践过程中，女性主义者还经常故意违反常规语法，或者采用文字游戏的形式来反抗男权话语，凸显女权话语。女性主义者的这些做法同样充满了争议，人们对之褒贬不一。不过，研究者们不应该把关注的焦点放在女性主义者激进的表达上，而应该更多地关注激进的表达后面的理论诉求是否合理。女性主义者强调权力平等和性别差异，这无疑是合理的。

女性主义翻译思想的抗争除了出于现实的权力争取外，还与翻译的女性化隐喻相关。在历史上，翻译常常被比作女性。1654 年，著名的法国翻译家梅纳日杜撰了一个双关语 Les belles infidèles，指"不忠的美人"和"漂亮但不忠实的译文"，从道德上一下就将女性和翻译置于不利的位置。英国翻译家弗洛里欧也曾说："因为他们是必然有缺陷的，所以所有的翻译都是女性的。"（Because they are necessarily "defective", all translations are "reputed females"）① 为此，哈伍德曾自嘲地说："我是翻译，因为我是女人。"② 这句话无疑是传统译论中翻译和女性地位的最好注解。由此可见，原文—译文，作者—译者的二元对立结构与男—女的二元对立结构具有高度的相似性：都认为后者是前者的派生和从属；前者处于中心，是完整的，后者处于边缘，是有缺陷的。正是这种同病相怜的处境，让女性主义者对翻译产生了高度的认同感。于是，在女性主义者看来，解构原文—译文，作者—译者的二元对立结构就是解构男—女二元对立的结构；反对原文中心、作者中心就是反对男权中

---

① Sherry Simon, *Gender in Translation: Cultural Identity and the Politics of Transmission*, London & New York: Routledge, 1996, p. 1.

② Susanne de Lotbinière-Harwood, *The Body Bilingual: Translation as a Rewriting in the Feminine*, Montreal and Toronto: Les Éditions du remue-ménage and Women's Press, 1991, p. 95.

心；同样，为译者和译文争取权力，实际上也就是为女性争取权力。为此，女性主义者对传统的翻译理论进行了全方位的解构。在意义观上，女性主义者否定单一、确定意义的存在，强调文本的多义性。在翻译标准上，女性主义者认为传统的"忠实"是对译者和女性的道德绑架，为此，她们反对翻译的忠实观，实行积极的干预策略。在原文和译文的关系方面，女性主义者否认译文是原文的派生，而强调两者的共生关系，视译文为原文的增补和提升。就作者与译者的关系而言，女性主义者反对将译者视为作者的仆人，她们将作者和译者视为译文的共同作者（co-authors of translated text）。另外，女性主义者并不仅仅将翻译视为一项纯粹的语言活动，而是看作一项隐含权力争斗的政治活动。

女性主义翻译思想对传统翻译思想的批判是最为彻底的，也是所有后现代翻译研究流派中最为激进的。女性主义的这种干预性的翻译策略，虽然在一定程度上能彰显女性的存在，但显得过分激进，难免招致诘难。从策略上说，女性主义翻译有点"以暴制暴"的意思：既然你操控翻译来压迫女性，那么我就干预翻译来反抗压迫。这样一来，女性主义者就丧失了道德的制高点，将自己置于自己所批判的那种行为之中。特别是当来自欧美等发达国家的女性主义译者在翻译发展中国家或不发达国家作家的作品的时候，问题就会变得异常复杂。这个时候，涉及的不仅仅是性别之间的权力不平衡，还有国家之间的权力失衡。发展中国家或者不发达国家的人关注的焦点并不在译者的女性身份上，而是在译者来自发达国家这一点上。这时，女性主义译者采取的干预性翻译策略对原文本国家的人来说更多的是发达国家译者对他们的扭曲和操控。这种扭曲和操控体现的是欧美中心主义和文化霸权主义。可见，干预性的翻译策略就如德里达所讨论的 pharmakon 一样，既是治病的良药，又是害人的毒药，需谨慎用之。

第六节　小结

本章分析了阐释学翻译思想、解构主义翻译思想、操控学派翻译思想、后殖民主义翻译思想和女性主义翻译思想中的权力抗争因素。阐释学翻译思想捍卫的是译者对原文的阐释权，为译者主体性的发挥提供理论支撑。解构主义消解原文的原创性，消解意义的确定性是在为译者和译文争取权力。后殖民主义翻译思想消解殖民者的本真性和权威是为被殖民地争取权力。相应地，女性主义翻译思想批判男权中心也是为女性争取平等的权力。所以，后现代主义翻译思想的各个流派都蕴含着权力抗争的因素。

后现代主义翻译思想将翻译研究的焦点从语言内部转向以权力为代表的外部社会文化，这不仅仅是一种研究范式的转变，而且具有深刻的启发意义。往小处说，这代表了人们对翻译的认识的改变：翻译不再被视为一项透明的、价值无涉的语言转化活动，而是被视为是一项蕴含权力的话语活动，是权力操控的结果。往大处说，这是对现代追求所谓的真理、追求科学精神的一次否定。后现代主义思想明确地告诉我们，现代精神所追求的真理并非是真正的真理，现代精神所追求的科学也绝非是完全客观的，所谓的真理和科学不过是权力控制下的一种话语实践罢了，不过是一部分人用来控制、压迫另外一部分人的工具罢了。后现代主义翻译思想就是要揭示翻译（真理）虚伪性，从而让翻译背后隐藏的权力因素显现出来，进而探讨反抗的策略，为在传统的二元对立中处于边缘和被压迫地位的译者、译文、殖民地、女性等争取权力。所以，后现代主义翻译思想的社会文化转向的关键问题就是权力问题。

第九章　边缘人：翻译研究中的
后现代主义者

　　后现代翻译研究者为何要消解本质、打破二元对立、瓦解中心？这固然是因为那些所谓的本质和中心具有虚幻和人为的一面。另外，这主要是因为后现代主义者往往是在各种二元对立结构中处于边缘的一类。也就是说，他们多为边缘人。他们处于边缘，受到了来自中心的压迫，因此，他们才要抗争，才要消解，才要解构。

　　迄今为止，还未有研究者系统地研究过后现代主义翻译思想的提倡者和翻译实践者究竟是一个什么样的群体。因此，本章将对后现代主义翻译思想的提倡者进行一次简单、系统的扫描。后现代主义翻译思想的提倡者是一个什么样的群体呢？在现有的研究中，研究者们在介绍后现代主义翻译思想各个流派的观点的时候，也会简略地提及各个流派的代表人物的背景和经历，并指出，这些代表人物的观点在一定程度上与他们自身的背景和经历是息息相关的。但现有的研究中，相关论述都比较简短、零散，往往局限在少数个案上，而缺少对后现代主义翻译理论家或翻译家这个群体进行系统的总结，找出他们之间的共性。本章将在这方面进行一次简单的尝试。

　　《荀子·劝学》中说："蓬生麻中，不扶而直，白沙在涅，与之俱黑。"由此可见，一个人的成长经历与身份在很大程度上决定了他对社会与世界的认知。萨义德在解释他研究东方主义的缘由时曾说："我的这一研究的个人情结大部分源于小时候在两个英国殖民地所获得的'东方人'意识。我在那两个殖民地（巴勒斯坦和埃及）和美国所接受的所有教育都是西方式的，然而早期产生的这一意识却深深地留在我的脑海里。从许多方面来说我对东方的研究都是试图为我身上留下的这些痕迹，为东方这一主体，为曾经在所有东方人的生活中起着强大支配作用

的文化理出一个头绪。"① 王治河也曾在《尼采与后现代主义》一书的
《汉译前言》中说："德里达曾经坦承，童年时代作为一名犹太儿童，
在犹太人遭受迫害和种族暴力（包括犹太儿童被驱逐出学校）时所感
受到的极端孤立感。虽然日后成为后现代大家的德里达强调他童年的经
历与他的哲学没有因果关系，但是这段经历对他思想形成的深刻影响应
该是毋庸置疑的。"② 所以，弄清楚后现代主义翻译思想提倡者的身份
背景将有助于我们理解他们的观点。经观察，后现代主义翻译思想的提
倡者多为某种二元对立关系中的边缘者。而对边缘的关注则是后现代思
想中最值得称道的内容之一。

第一节　何为边缘人？

事实上，对边缘人的关注并不始于后现代主义。在任何时代，任何
国度都不乏悲天悯人者。中国自古以来就有"尊老爱幼"的传统，
"老"和"幼"相对而言就是社会的弱者、是边缘的存在。在 19 世纪
的俄罗斯文学中，以普希金、果戈理、陀思妥耶夫斯基、契科夫等为代
表的文学大师对"小人物"的描写成为俄罗斯文学史上的一道亮丽的
风景线。普希金《驿站长》中的维林，果戈理《外套》中的阿卡基耶
维奇，陀思妥耶夫斯基《穷人》中的杰布西金，契科夫的《套中人》
中的别里科夫、《小公务员之死》中的切尔维亚科夫等"小人物"都是
生活在俄国社会底层、生活困苦的一些边缘人。作者对这些人物的描写
揭露了他们的生活状况，显示了作者对边缘人物的关注与同情。在中
国，鲁迅对边缘人物的塑造可以与契科夫媲美。鲁迅在《明天》《药》
《祝福》《阿 Q 正传》《孔乙己》等脍炙人口的作品中也成功地塑造了
单四嫂子、华老栓、祥林嫂、阿 Q、孔乙己等边缘人物形象。除鲁迅
外，老舍的《骆驼祥子》也是一部成功的边缘人物描写的作品。事实

---

① ［美］爱德华·萨义德：《东方学》，王宇根译，生活·读书·新知三联书店 1999 年
版，第 33—34 页。

② 参见［英］戴维·罗宾逊《尼采与后现代主义》，程炼译，北京大学出版社 2005 年
版，"前言"第 19 页。

上，类似的"小人物"在世界文学作品中并不少见。

除了在文学作品中描写边缘人，表达对他们的关注与同情外，学者们还从理论上对边缘人进行了研究。在学术界，"边缘人"（marginal man）起源于德国社会学家、哲学家齐美尔（Georg Simmel，1858—1918）的异乡人（stranger）。在齐美尔看来，"异乡人虽然生活在社会里，但却处在边缘"，同时，他还认为"在现代大都市里，每个人在他自己的社会里都变成了异乡人，变成了一个潜在的流浪者，一个没有根基的人"①。齐美尔的学生、美国早期最具影响力的社会学家帕克（Robert E. Park）在齐美尔的"异乡人"的基础上正式提出了"边缘人"的概念。1928 年，在《人类迁移与边缘人》（Human Migration and the Marginal Man）一文中，帕克将边缘人定义为移民，特别是因移民而产生的混血人，他们是生活在两种不同文化中的一个群体②。

虽然帕克提出了边缘人的概念，但真正让"边缘人"广受关注的是他的学生斯通奎斯特（Everett Stonequist）。斯通奎斯特著有《边缘人：性格与文化冲突研究》（The Marginal Man：A Study in Personality and Culture Conflict）一书。在该书中，斯通奎斯特拓展了帕克的概念，认为移民只是产生边缘人的方式之一，除此之外，教育、婚姻都能产生边缘人③。事实上，"边缘人"的概念和内涵从诞生之初起，就一直处于发展之中。在帕克和斯通奎斯特之后，戈德堡（Milton M. Goldberg）在《边缘人的条件》（A Qualification of the Marginal Man Theory）一文中对"边缘人"概念进行了限定，指出了"边缘人"应该满足的四个条件④；格林（Arnold W. Green）的论文《重新审视边缘人的概念》（A Re-examination of the Marginal Man Concept，1947），果洛文斯基（David

---

① 参见［法］阿兰·库隆《芝加哥学派》，郑文彬译，商务印书馆 2000 年版，第 45 页。引用时文字略有调整，中文译本中用的是"外国人"和"外人"，在引用时，笔者改为了"异乡人"，因为在笔者看来"异乡人"更合适，同时还与文中的"流浪者"相呼应。

② Robert E. Park，"Human Migration and the Marginal Man"，*The American Journal of Sociology*，Vol 33，No. 6，1928，p. 881.

③ Everett V. Stonequist，*The Marginal Man：A Study in Personality and Culture Conflict*，New York：Charles Scribner's Sons，1937.

④ Milton M. Goldberg，"A Qualification of the Marginal Man Theory"，*American Sociological Review*，Vol. 6，No. 1，1941，p. 53.

I. Golovensky）的论文《边缘人概念：分析与批评》（The Marginal Man Concept：An Analysis and Critique，1951）等对"边缘人"的概念进行了反复的修订与完善。正是在这样反复的修订中，"边缘人"涵盖的范围不断扩大。移民、混血儿、女性、黑人、同性恋者等相继被纳入到"边缘人"的研究范围。这让"边缘人"跳出了最初狭隘的种族的辖域，具有了普遍的理论意义。正如汤普森（Sandra Taylor Thompson）所认为的那样，边缘人存在于两种文化、两种地位或两个社会之间。只要有社会文化界限跨越的地方，就会有边缘性的存在（A marginal man exists between two cultures，statuses，or social worlds. Whenever socio-cultural barriers are crossed，marginality exists. ）①。抑或正如安东诺夫斯基所言："我们都是边缘人（We are all marginal）。"② 由是观之，"边缘人"是一个相对的概念。在本书中，笔者认同这种扩大了的，比较宽泛的"边缘人"概念。

　　有关"边缘人"的研究，除了上面这条直接的线索外，至少还存在另外两条线索。其中一条就是"庶民研究"（Subaltern③ Studies）。"庶民研究"与概念拓展后的"边缘人"研究即使不能完全等同，至少在思想上也是直接相关的，具有较大重合的。在"庶民研究"中，"边缘"这样的字眼会经常出现，这足以说明两者之间的紧密关系。"庶民"一词具有很长的历史。在中世纪后期的英语当中，它指的是农奴和农民。在 18 世纪，这个词指的是军队里面农民出身的低阶军官④。最早对"庶民"进行理论化阐述的是意大利共产党的领袖葛兰西。在写于监狱中的《狱中札记》（The Prison Notebook）中，葛兰西为了躲避当局

---

① Sandra T. Thompson，*Marginality and Acceptance：Early Black Sociologists and their Incorporation into the Mainstream Sociological Community*，Ph. D. dissertation，University of Florida，1991，p. vi.

② Aron Antonovsky，"Toward a Refinement of the 'Marginal Man' Concept"，*Social Forces*，Vol. 35，No. 1，1956，p. 57.

③ Subaltern 一词对应的中文翻译有"底层""贱民""属下""庶民"等，在学术研究中前两种翻译用得比较少，而后两种相对更普遍。在本书中，除直接的引用外，一律用"庶民"一词。

④ 陈义华：《后殖民知识界的起义：庶民学派研究》，中央编译出版社 2009 年版，第 2 页。

的审查，用"庶民"一词指马克思的"无产阶级"。在葛兰西看来，除非建立政权，否则，庶民阶层就是不统一的、也是不能统一的，因而，庶民的历史是与市民社会的历史交织在一起的，因此，也是与政权的历史和当政者集团的历史交织在一起的①。所以，庶民阶层的历史必然是碎片化的、松散的。尽管，这些庶民阶层的历史活动的确存在一种统一的趋势，至少在某个阶段存在这种趋势，但是这种统一的趋势不断被统治集团打断；因此，只有在一个历史周期以胜利终结的时候，这种统一的趋势才会显现出来。庶民集团总是臣服于统治集团，甚至在他们反抗与起义时也不例外。只有永久的胜利才能改变他们的从属地位，并且这种改变不是即刻就能实现的②。由此观之，葛兰西的"庶民"概念关注的是社会底层的从属性。

　　到20世纪七八十年代，"庶民"一词被引入印度殖民历史的研究中，并发展出了一个"庶民研究学派"（Subaltern Studies Group）。1982年，系列丛书《庶民研究：南亚历史社会作品丛书》（*Subaltern Studies：Writings on South Asian History and Society*）第一卷由印度裔的历史学家古哈（Ranajit Guha）编辑出版，标志着"庶民研究学派"正式成立。"庶民研究"在国际上具有较大的影响力。1988年，古哈和斯皮瓦克编写的《庶民研究作品选》（*Selected Subaltern Studies*）一书由萨义德作序后在美国出版。1992年，在"庶民研究学派"成立10周年之际，"拉丁美洲庶民研究学派"在美国成立。"庶民研究学派"将葛兰西的"庶民"概念的外延由国内拓展到了国际。不仅如此，随着研究的深入，特别是随着斯皮瓦克等的加入，"庶民"包含的内容不断扩展，最终，"庶民"泛指因种族、阶级、性别、性取向、民族或宗教等因素而处于低级别和劣势地位的个人和集体③。如果仅仅从研究的对象来看的话，这里的"庶民研究"与上面的"边缘人研究"已无差别。不过两者的研究焦点还是略有不同，"边缘人研究"主要是从社会心理学的角度揭

---

　　① Antonio Gramsci, *Selections from the Prison Notebook*, New York：International Publishers, 1971, p. 52.

　　② Ibid, pp. 54-55.

　　③ 参见 Wikipedia 的词条 Subaltern Studies, https：//en. wikipedia. org/wiki/Subaltern _ Studies, 2017 年 1 月 10 日。

示"边缘人"的性格特征与文化融合情况，而"庶民研究"主要是揭示社会底层在统治集团面前的从属性，政治色彩和意识形态色彩更为浓厚。不过，随着后现代主义的兴起，两者之间的差异已不那么明显。

后现代主义对边缘的关注是边缘人研究的另外一条线索。在后现代主义中，福柯是关注边缘的先锋。在《精神病与人格》《疯癫与文明》《词与物》《规训与惩罚》《性史》等作品中，福柯对处于社会与文化边缘的疯子、病人、罪犯、学生等表现出了异乎寻常的关注。通过考察历史上人们是如何对待与处置这些边缘人的，福柯揭示了现代性的排他压迫性本质。在现代性的权力话语中，边缘被视为了一种畸态，完全被忽视。当然，对边缘研究影响最大的还数德里达。德里达的解构主义对西方长达数千年的逻各斯中心主义进行了无情的解构。通过对基础主义的消解，德里达告诉我们，边缘并非生而为边缘，边缘只是不平等的权力关系构建的结果。正是在德里达解构中心，关注边缘的影响之下，后现代主义者纷纷对形形色色的中心进行解构，对二元对立机制下不平等的权力秩序进行颠覆，让一直处于被排斥和被压抑状态之下的边缘才能显现出来。其中，后殖民主义者和女性主义者对殖民中心和男权中心的解构最具特色，也最具有影响力。后殖民主义研究的崛起，正是处于边缘的被殖民者反抗的产物，而女性主义研究的繁荣也从另一个方面体现了边缘对中心的解构与消解。除此之外，后现代主义的代表人物之一的利奥塔对宏大叙事（grand narrative）的批判和对微小叙事（little narrative）的强调，其实也是另一个版本的对中心的消解和对边缘的关注。利奥塔甚至将后现代主义定义为对元叙事（宏大叙事）的怀疑（Simplifying to the extreme, I define postmodern as incredulity toward metanarratives）①。利奥塔的目的就是要摧毁宏大叙事的霸权，在他看来，宏大叙事是对个体创造的压制，在后现代条件下，宏大叙事应该让位于微小叙事，微小叙事更合理。除了我们这里提到的这些代表人物和学派外，后现代主义者对边缘的强调是普遍的现象，也是后现代主义中最难能可贵的一面，相关的理论还很多，在此就不一一追溯。

---

① Jean‐François Lyotard, *The Postmodern Condition: A Report on Knowledge*, Geoff Bennington&Brian Massumi trans. , Manchester: Manchester University Press, 1984, p. xxiv.

从上面的叙述中可以看到，"边缘人研究""庶民研究"和后现代主义对边缘的关注，这三条线索之间是相互联系，相互交织的。虽然三者起初各有侧重，但是随着研究的深入与拓展，事实上三者研究的内容已经几无差别。在此，笔者综合上面三个方面的研究内容，将边缘人定义为：在任何二元对立的权力等级秩序下，任何处于非中心、非主流的人都是边缘人。根据这样的定义，"边缘人"研究既将种族、性别、肤色、地位、权势、性取向等所有的因素都纳入考察的范围，但同时又不局限于这些因素。边缘人的身份将根据具体占主导地位的二元对立关系来确定。一个人在一种二元对立关系结构中处于边缘地位，那么在另一种二元对立关系中就可能处于中心地位。比如，西方的女权主义者，相对于西方社会的男性而言，她们处于边缘的地位，但是相对于第三世界的女性而言，她们又处于中心位置。

第二节　后现代翻译思想中的边缘人

后现代主义翻译思想经过多年的发展，不能说已经从翻译学中的边缘走向了中心，但也颇具规模和影响力。阐释学翻译研究、解构主义翻译研究、操控学派的翻译研究、后殖民主义翻译研究和女性主义翻译研究，每个流派都聚集了大量的研究者。可以说，当今翻译研究的繁荣，很大程度上得益于后现代主义翻译思想的崛起。正是后现代主义翻译思想将翻译研究从语言学派和文艺学派的研究范式中解放出来，走向了更广阔的社会文化。这一点，在翻译界已经成为共识。现在，翻译界对后现代主义翻译思想的研究已经比较关注，但是研究者们对后现代主义思想的提倡者却缺乏系统的研究。那么，后现代主义的翻译研究者和译者是一个什么样的群体呢？我们知道，后现代主义解构中心，强调边缘，中心也许会同情边缘，但不会自己解构自己，要解构中心的必定是身处边缘的人。事实上，后现代主义翻译理论的提倡者和翻译实践者也的确是一群边缘人。他们要么是来自第三世界的觉醒的被征服者，要么就是处于抗争中的女性，要么就是从第二世界、第三世界游离到第一世界的"无根的移民"。当然，其中也不乏来自中心的对边缘的同情者。下面将分别对他们进行详细的叙述。

一　觉醒的被征服者

在后现代主义翻译理论的提倡者和译者中，一部分是来自原来殖民地的学者。从文化上控制殖民地一直以来就是殖民侵略最重要的策略之一。回顾世界上殖民发展的历史，就会发现殖民者每到一处，就将自己的文化带到殖民地。他们竭力消除本地文化，将自己的文化强加给殖民地人民。除了直接地、粗暴地强迫殖民地人民学习殖民者的语言文字外，殖民者还通过各种途径，努力把自身的文化塑造成先进的文化，把殖民地的文化塑造成落后的文化。从而，将殖民侵略美化成对殖民地的解放与拯救，让肮脏的殖民统治行为合法化。后来，经过殖民解放运动，殖民地纷纷获得了独立。这时，西方强国已经不能像以前那样对殖民地进行赤裸裸的军事侵略、政治控制和经济掠夺，从而以更隐蔽的文化和经济方式对原殖民地进行控制。然而，经过殖民解放运动，当今的殖民地人民已经觉醒，他们不满足于政治上的独立，还要从经济上和文化上摆脱西方强国的控制。后现代主义翻译理论的提倡者和译者中的很多人就是这样的一群文化上的抗争者。一方面，他们通过揭露殖民者或西方列强是如何运用翻译来扭曲殖民地或东方形象，建立殖民话语体系的。另一方面，他们也积极探寻如何让翻译成为抵抗西方文化霸权的利器。翻译研究者尼南贾娜、坎波斯兄弟等就属于这一类。这些学者大多来自以前的殖民地，诸如印度、巴西、爱尔兰等，相对于西方主流学者而言，他们处于边缘的位置。但是，正是他们从边缘处发出的声音，让印度、巴西等国家成为世界上后殖民研究的重镇。

尼南贾娜是印度有名的后殖民主义学者，是期刊《亚洲文化研究》的执行主编，同时也是最早将后殖民理论引入翻译研究中来的学者之一。她于1992年发表的专著《定位翻译》一书是在她1988年博士学位论文的基础上修订而成。该书是后殖民翻译研究领域最早的专著。在该书的开篇，尼南贾娜就直言："在后殖民语境之下，翻译成为质疑再现、权力和历史的重要场域。后殖民语境就是要讲述或者重新讲述民族、种族和语言之间的不平衡的和不公平的关系。"（In a post-colonial context the problematic of translation becomes a significant site for raising questions of representation, power, and historicity. The context is one of contestingand contested stories attempting to account for, to recount, the asymmetry and in-equality of relations between peoples, races, languages.)[1] 在尼南贾娜看来，在殖民统治下，翻译帮助塑造了这种不平衡的权力关系，而且也被这种不平衡的权力关系所塑造。（Translation as a practice shapes, and takes shape within, the asymmetrical relations of power that operate under co-lonialism.)[2] 通过考察印度殖民时期以来的文学翻译历史，尼南贾娜证明了翻译如何成为殖民者的共谋，帮助塑造了固定、僵化的殖民地文化，维护了殖民统治。因此，尼南贾娜提出要重新审视翻译，将其变为抵抗文化殖民的场所。为此，尼南贾娜提出要通过重新翻译来重写历史，通过翻译来书写一部抵抗的历史。尼南贾娜认为，为了反对帝国主义的能指符号系统，我们要超越殖民主义空间下帝国主义意识形态制图学的范畴。为此，她提倡一种反思性的、即兴的、干预性的翻译实践[3]。

　　除印度外，巴西也是后殖民翻译研究的一个重镇。巴西从 1500 年葡萄牙航海家卡布拉尔（Pedro Cabral，约 1467—约 1520）发现南美洲后，成为葡萄牙的殖民地。1822 年巴西获得独立。巴西总共经历了 300 多年的殖民统治。正因如此，后殖民研究在巴西才有广泛的社会、历史基础。在翻译研究领域，坎波斯兄弟的"食人主义翻译观"是后殖民翻译研究的重要组成部分。兄弟二人于 1963 年发表的《作为创作和批评的翻译》（On Translation as Creation and Criticism），将翻译比作巴西土著人图比（Tupi）族的食人传统。"食人"这一看似恐怖的行为，对图比人来说具有特别的意义。图比人的食人是一种带有敬意的行为。通常，他们只吃那些强壮的、有权力而又受人尊敬的人，或者是具有通神本领的人。所以，他们把吃人看作一种获取精神和肉体上力量的行为。食人主义翻译观就是要像图比吃人一样，吞噬原文和强势文化，从中获得养分来发展自己。巴西的食人主义翻译观突出地反映了巴西希望摆脱殖民文化影响的愿望。长期以来巴西文化被看作葡萄牙文化和欧洲文化

---

① Tejaswini Niranjana, *Siting Translation*：*History*，*Poststructuralism*，*and the Colonial Context*，Berkeley & Los Angeles：University of California Press，1992，p. 1.

② Ibid，p. 2.

③ Ibid，p. 173.

的延伸，没有自己的特色。而实际上，巴西拥有丰富多彩的多元文化①。巴西的食人主义翻译观给人们提供了一个重新审视宗主国文化与殖民地文化，强势文化与弱势文化的关系。那就是通过吸收强势文化来发展自己。

从食人主义翻译观的内容来看，它与鲁迅以前提倡的"拿来主义"具有很多相似的地方。鲁迅的"拿来主义"一文发表于 1934 年 6 月 4 日。在该文中，鲁迅明确提倡通过吸收强势文化的精华来发展自身的文化。在强调向西方学习的同时，鲁迅同样表达了对西方文化殖民的反对。这一点从鲁迅对"送来"与"拿来"的区别就可以看出。"送来"是西方列强将中国视为倾销文化和商品的消费市场，是对中国进行文化和经济侵略。"拿来"是我们自己通过"取其精华、去其糟粕"地吸收西方文化的长处。从反对文化殖民和吸取强势文化精华这两个方面而言，"食人主义"与"拿来主义"可谓是"同曲同工"。这种既学习西方文化精华又反对西方文化殖民的思想相较于一些一味强调抵抗的后殖民思想而言更具合理性。西方文化之所以成为强势文化，除了是权力不平等的产物外，西方文化本身在某些方面确实相较而言具有先进性。身在边缘文化的人对自身文化某些方面的落后性也要有清晰的认识，不能将什么都归结于权力不平等的产物。如果对自身某些落后的方面也敝帚自珍，那就会陷入极端民族主义的窠臼，会阻碍民族文化的进步与发展。

另外，还有一点非常有意思。提倡"拿来主义"的鲁迅在翻译实践上奉行的是异化的翻译策略，而高扬"食人主义"的坎波斯兄弟在翻译实践上奉行的却是归化的翻译策略。为何同样是反抗文化殖民主义、同样是吸取西方先进文化的精髓，而二者采取的翻译策略则刚好相反呢？事实上，就归化和异化两种策略哪种能更好地实现反对文化殖民主义，更好地吸取外来文化的精髓，翻译界已经进行了长时间的争论。在此，笔者不会就孰优孰劣发表议论。笔者想说的是，把抵抗文化霸权的希望寄托在某种翻译策略上，未免有把文化问题过度简化之嫌。比如，

---

① 蒋骁华：《巴西的翻译："吃人"翻译理论与实践及其文化内涵》，《外国语》2003 年第 1 期。

通常研究者认为归化翻译不利于源语文化的传播，那么严复不是用归化的翻译很好地将"物竞天择，适者生存"的进化论思想介绍到中国了吗？通常研究者认为异化能更好地传递源语文化，那么多增加一些直译、音译和注释就真的能将中国文化很好地传播出去？显然，问题并不是这样简单。

反抗文化殖民的边缘之声，除了来自印度和巴西的学者外，同样来自非洲、亚洲的其他国家和中国。在前面第二章我们已经介绍过，中国的后殖民翻译研究也取得了不错的成绩。中国的学者之所以关注后殖民翻译思想，正是因为中国有过不短的半殖民地半封建历史，并且目前与西方强势文化相比，中国的文化在国际上还处于弱势和边缘的地位。随着中国经济的崛起，中国现在迫切需要打破西方强国在国际上对话语权的垄断，发出自己的声音。

斯皮瓦克曾在《庶民能说话吗？》一文中提出了一个著名的论断：边缘不能发声，边缘被剥夺了说话的权利①。表面上看来与我们上面论述的发出边缘之声的观点相左。其实不然。正是由于斯皮瓦克等揭示了边缘处于沉寂无声的状态，尼南贾娜、坎波斯兄弟以及中国的后殖民翻译研究者才要探讨如何通过翻译发出边缘之声。事实上，中国、印度、巴西在国际上属于大国，还不是绝对的边缘，所以来自这些国家的学者还能在国际上发出一定的声音。如果我们把视野拓宽，看看那些处于非洲、中东、拉丁美洲、东南亚等地区的更弱小的国家，我们就会真正意识到边缘处于无声的状态。至少，在翻译研究中，很少有来自这些地区的边缘学者发出的声音。由此可见，"边缘不能发声"确实如此。"边缘发声"的策略的研究还有待进一步深入和拓展。

二　抗争的女性

女性主义翻译研究者和译者是后现代翻译思想中的主力军之一。相对男性而言，女性长期处于社会的边缘。迄今为止，虽然女性的地位较以往有了很大的改善，但是，总体而言，女性仍然是处于弱势的一边。

---

①　Gayatri Spivak, "Can the Subaltern Speak?", in Cary Nelson& Lawrence Grossberg eds., *Marxism and the Interpretation of Culture*, Macmillan Eduxation：Basingstoke, 1988, pp. 271–331.

正是因为意识到自己在社会中处于弱势和边缘的地位，众多的女性知识分子才会积极地进行抗争，揭露传统的男权社会对女性的压迫，为女性争取权利和话语。后现代主义解构中心，重视边缘，这刚好与处于边缘地位的女性的诉求相一致。所以，在后现代主义思想的提倡者和追随者中，女性成为一支尤为积极的力量，占据着重要的地位。在翻译研究领域也是同样如此。除我们上面提到的斯皮瓦克和尼南贾娜外，张伯伦、戈达德、西蒙、哈伍德、弗洛托等都是著名的女性主义翻译研究者。

女性主义翻译研究的基础就是女性与翻译同处于社会的边缘和底层。自从人类进入父权社会以来，女性就变成了男性的附庸。为了树立男性的权威，古代社会不仅通过法律、伦理道德、风俗习惯等剥夺了女性的财产权、选举权、工作权、写作权等权利。人们更是有意识或无意识地扭曲女性的形象，将女性塑造成派生的、附属的、次等的性别。根据《圣经》中的传说，上帝创造人类时先只创造了男人，而女人派生于男人，是由男人的一根肋骨创造出来的。这就从人类起源上将女性置于了从属的地位。按《圣经》传说，男人的肋骨被取掉了一根用于创造女人，那么男人就应该比女人少一根肋骨。文艺复兴时期，"解剖学之父"维萨留斯通过人体解剖证明了男人和女人的肋骨数是一样多的，从而认为《圣经》中上帝用男人的肋骨制造女人的叙述是一个谎言。《圣经》中上帝造人故事的虚构性足以说明女性的从属地位并非天生的，而是社会权力建构的结果。《圣经》中这种男权的色彩后来遭到了女性主义者的批判。女性主义者不仅重新审视《圣经》翻译的历史，揭示出在《圣经》翻译过程中女性是如何被忽视的，她们更是在重新翻译《圣经》的过程中对其语言进行了改造，让女性也被包含进来，更有激进者制造出了专门适合女性版的《圣经》。

在中国的远古神话中也有"天公地母"之说，将天比作男性，将地比作女性。同时，中国文化又强调"天尊地卑"。所以，在中国的传统文化中"男尊女卑"似乎是天经地义的事情。女性不仅被认为是派生的、从属的，在中外历史上都有由于生理原因而认为女性是不洁的、有缺陷的。与这种观念对应的是，有人大力鼓吹阳物崇拜，树立男性的权威与优越感。这些都是典型的"男尊女卑"思想的反映。女性的这种从属、派生地位与翻译在历史中的地位具有一致性。翻译一直以来也被认为是从属的、派生的、有缺陷的。正是由于女性意识到自己与翻译都被归入了社会的底层，因此，她们才要通过翻译来为自己发出声音，进行抗争。

对女性主义翻译研究者而言，为翻译而抗争实际上就是为女性而抗争。张伯伦在《性别与翻译的隐喻》一文中回顾了历史上有关翻译的隐喻。她指出，历史上原文与译文的关系通常被比作丈夫与妻子的关系。忠诚不仅是原文对译文的要求，也是丈夫对妻子的要求。她认为，翻译的性别隐喻暗示了人们对生产价值和再生产价值之间的关系的关注。表面看来这是一个美学问题，实际上反映的却是一个权力问题。用忠实的概念来规范家庭中的两性关系，实际上是为了确保孩子是父亲的产品，而母亲扮演的却是再生产的角色。这种约束是父亲权威和权力的标志①。因此，女性主义者把以"忠实"为核心的传统翻译理论视为男权话语。为了争取权力，发出女性的声音，显示女性的存在，女性主义者对传统的翻译"忠实"观提出了挑战。戈达德在论文《作为口技表演者的译者》（The Translator as Ventriloquist）中就明确拒绝了对意义对等的要求②。戈达德的翻译观比较激进，她拒绝屈服于原文。相反，她要妇占（womanhandling）原文，视翻译为创造和颠覆。她将自己的先锋派实验性翻译称为"不合惯例的翻译乐趣"③。西蒙在《翻译中的性别》一书中提出要"重释忠实"，她认为，对女性主义翻译而言，忠实既不是对作者，也不是对读者，而是对一项作者和译者都参与的写作项目④。哈伍德的《双语人》一书的副标题就是"女性时代的翻译改写"（Translation as Rewriting in the Feminine），可见她也不会遵循传统翻译的忠实观。弗洛托在《翻译与性别》一书中也对女性主义者的实验性和

①　Lori Chamberlain，"Gender and the Metaphorics of Translation"，*Signs*，Vol. 13，No. 3，1988，p. 465.

②　Barbara Godard，"The Translator as Ventriloquist"，*Prism International*，Vol. 20，No. 3，1982.

③　Barbara Godard，"Translator as She：The Relationship between Writer and Translator"，In Ann Dybikowski ed.，*In the Feminine：Women and Words*，Edmonton：Longspoon Press，1985. P. 193.

④　Sherry Simon，*Gender in Translation：Cultural Identity and the Politics of Transmission*，London & New York：Routledge，1996，p. 2.

干预性的翻译策略表示赞同①。

在翻译研究界，除了我们上面提到的这些翻译研究者外，富有成就和声望的女性研究者还有很多，诸如巴斯奈特、提莫志科、戴维斯、莱文、迪奥卡赫兹等。在翻译界，女性可谓是真正的半边天。女性在翻译研究界的活跃恰好证明了女性的边缘地位。因为翻译是一个边缘学科，是一个长时间被主流知识分子忽视了的学科。事实上，女性和翻译的边缘地位正是两者结合的一个契机。边缘的女性借助边缘的翻译发出了一个边缘的他者之声，这就注定女性主义翻译思想在翻译界的边缘地位。尽管翻译界也承认女性主义翻译思想非常具有特色，对翻译研究多有开拓之功，但是多数研究者对女性主义激进的翻译思想并不赞赏。更有甚者，有的研究者将女性主义翻译研究者强调女性独特的性体验视为污秽的色情，大加痛斥。这种对女性主义翻译思想的否定实际上反映出了翻译界的主流对边缘的排斥。由此可见，女性主义翻译研究者可谓翻译边缘中的边缘。

三　无根的移民

移民正是帕克的"边缘人"的最初指涉。他们远离自己的本土文化，同时又不能完全融入新的文化，被新的文化所接受，他们就像无根的浮萍一样，生活在两种文化的夹缝之中。正是因为这些移民自身处于边缘的地位，所以他们才对边缘的状况最为了解，因而他们才成为后现代主义反对中心、强调边缘思想的提倡者。在后现代主义翻译研究者和译者中，有相当一部分是从边缘国家移民到中心国家，或者为移民的后裔，诸如德里达、萨义德、斯皮瓦克、霍米·巴巴、韦努蒂，等等。

德里达于 1930 年出生在法国的殖民地埃尔及利亚郊区的一个犹太人家庭，他 19 岁的时候才来到法国。德里达所创立的解构主义是整个后现代主义思想的来源之一，他的理论动摇了整个传统人文科学的基础。德里达一生写了 40 多本书，发表的论文和所做的演讲文章加起来有数百篇。他的解构主义思想几乎影响到了所有的人文科学研究，不仅

---

① Luise von Flotow, *Translation and Gender Translating in the Era of Feminism*, Manchester: St. Jerome Publishing, 1997.

对哲学、文学、历史学、语言学、心理分析、政治理论、宗教研究、性别研究等有重要影响，就是在建筑、音乐和艺术等领域也有重要的影响。将这样一个具有重大影响力的哲学家归入"边缘人"的行列表面看起来似乎不是很恰当，不过，德里达身上恰恰具有一些边缘人的特征。首先，德里达出身于犹太移民家庭，而犹太移民恰恰是帕克、斯通奎斯特、戈德堡等研究中的典型边缘人。他们的研究几乎全是围绕犹太移民展开的。并且，由于他们太过于关注犹太移民，他们还遭到了后来研究者的批评。其次，德里达的解构主义理论提出之初，整个欧洲正处于结构主义隆盛的时期。事实上，1966 年德里达的第一篇重要的学术论文《人文科学话语中的结构、符号和游戏》正是在约翰霍普金斯大学的以结构主义为主题的学术会议上宣读的。最后，从翻译研究领域来看，德里达的解构主义翻译思想发轫的 20 世纪六七十年代正是以奈达为首的语言学派翻译研究的鼎盛时期。语言学派的翻译研究者们正在用语言学的理论来武装翻译研究，以期让翻译研究摆脱感悟式的传统研究道路，从而走上科学的大道。他们运用乔姆斯基的语言学理论，认为翻译就是要摆脱语言表面的不同，而寻求深层次上的相同与对等。而这时，德里达不但对科学的精神表示怀疑，更是直接表述了翻译不可译，意义不确定的观点。他用解构主义的"存异"取代了语言学派翻译研究的"求同"。彼时，其解构主义翻译思想在翻译研究界的边缘地位是无疑的了。即使到今天，研究者对解构主义翻译理论的批判也未停止过，更有学者将其视为"伸向翻译领域的一株毒草"。

萨义德、斯皮瓦克和霍米·巴巴三人被尊为后殖民研究的"圣三位一体"，是后殖民研究的开创者。他们三人不但在研究上志同道合，并且都是由边缘国家到中心国家的移民。萨义德是生于巴勒斯坦耶路撒冷的阿拉伯人，中学毕业后才到美国求学，获得哈佛大学的博士学位，现为哥伦比亚大学比较文学专业的教授。萨义德提出的东方主义成为后殖民研究的理论基础。斯皮瓦克于 1942 年出生于英国殖民统治下的印度。她的学术背景颇为复杂。最初，她是作为德里达的译者而成名的，因而在一定程度上她是一名解构主义者。她出生于殖民统治之下的印度，因而她的理论具有较强的后殖民主义色彩。同时她是一名女性，激烈地批判过男性中心，因而她又是一名女性主义者。出生于殖民地、翻译、女性，这三个词都显示了她的边缘人身份。她自称为"第三世界批评家"①。她的《庶民能说话吗?》揭示了边缘人不能言说、没有话语权的事实，成为"庶民研究"的经典文献。另外，她在《翻译的政治》一文中视翻译为一种政治行为，对后殖民翻译研究和女性主义翻译研究都具有重要影响。霍米·巴巴于1949年同样出生于英国殖民统治下的印度。他从牛津大学获得了博士学位，曾长时间在英国从教，现为哈佛大学教授，人文中心主任。霍米·巴巴现在是后殖民研究领域的最具影响力的学者之一。霍米·巴巴的后殖民理论不同于其他的研究者一味强调抵抗，他提倡通过殖民者文化和殖民地文化的杂合来消解殖民话语的本真性、纯洁性和权威性，从而实现彰显差异。他的"杂合"的概念不仅在后殖民研究中具有重要意义，同样在翻译研究中也具有重要的影响。"杂合"告诉我们，翻译是两种文化的融合。

韦努蒂是意大利裔的美国人。他是当今国际上最具影响力的翻译研究者之一。有感于译者地位的低下、报酬的低廉，其他国家和英美国家之间文化交流的不平衡，以及英美翻译界盛行的我族中心主义观念，韦努蒂提倡将其他语言翻译成英语时用异化的翻译策略。异化的翻译策略一方面可以让译者从隐身的状态中显身出来，提升译者的地位；另一方面，异化翻译可以在英美文化中体现出他者文化的差异，从而实现反对英美的我族中心主义和文化霸权主义。韦努蒂的异化翻译观具有明显的解构主义和后殖民主义色彩。笔者认为，这是与他作为意大利移民后裔的身份密切相关的。试想一下，如果韦努蒂是一名土生土长的美国人，他还会反对美国在国际文化交流中占据优势的地位吗？他还会反对美国文化霸权主义吗？也许会，不过那样的场景并不多见。

对游离的移民的关注是当今学术界的焦点之一。在文学创作中，流散文学（Diaspora Literature）创作与研究已经具有了相当的规模。流散文学其实在很大程度上就是移民文学。在流散文学研究中，作家的流散身份与他们作品之间的关系是研究的基础和重点。在翻译界，流散翻译研究者和译者为数不少，他们的流散身份对他们的翻译理论和翻译作品

① 王宁：《"非边缘化"和"重建中心"：后现代主义之后的西方理论与思潮》，《国外文学》1995年第3期。

肯定具有一定的影响。但是，在现有的研究成果中，相关的研究成果并不多见。这里，也只是进行了一个并不全面的概括式的扫描。笔者相信，随着研究的深入，这方面的研究一定能给翻译研究带来别样的启示。

四　边缘的同情者

在后现代主义翻译研究者中，除了上面提到的第三世界的学者、女性学者和移民学者外，其实也不乏来自英美中心国家的学者的参与，在此，笔者姑且将他们称为边缘的同情者。同情弱势与边缘这是古今中外一切具有伟大人格和善良品性的人的一种高尚的美德。《孟子·尽心上》"兼济天下"之言；杜甫诗句"安得广厦千万间，大庇天下寒士俱欢颜"；白居易在《卖炭翁》中"可怜身上衣正单，心忧炭贱愿天寒"的描写都表达出了对边缘的弱小者的同情与关注。在美国的黑人解放运动中，一大批具有正义感和同情心的白人丝毫不畏惧自身的危险，纷纷投入废奴运动之中。同样，正义感和对边缘的同情心也让一批欧美中心国家的学者参与到具有明显解构中心，反抗霸权的后现代主义思潮中来。在翻译研究中，典型的代表就是罗宾逊和根茨勒。

罗宾逊是美国最著名的翻译研究者之一，与韦努蒂齐名。迄今为止，他已经发表专著十多部，论文数十篇。他的专著《译者登场》开启了"重视译者因素研究的潮流"[①]。他的《翻译与帝国》最先对"后殖民翻译研究"进行界定，成为后殖民翻译研究的重要文献。虽然著作等身，影响非凡，但是罗宾逊自己却承认在西方他一直被边缘化，他认为，相比较而言，韦努蒂处于西方翻译界的主流，而他自己一直处于边缘[②]。的确，罗宾逊在翻译界不论是理论上还是行为上都别具一格。上面提到的大多数后现代主义者都是从边缘国家向中心国家运动，他们出生在第三世界，成长和定居于第一世界、第二世界。罗宾逊恰恰相反，

---

① 谢天振、陈浪：《在翻译中感受在场的身体——读道格拉斯·罗宾逊的〈译者登场〉》，《外语与外语教学》2006 年第 9 期。

② 覃江华：《生态翻译学的形上建构与学理反思：道格拉斯·罗宾逊教授访谈录》，《当代外语研究》2013 年第 9 期。

他出生于世界最强大的国家美国，却成长于相对边缘的芬兰。他的运动轨迹是从中心到边缘。他在芬兰从教 10 多年，而现在又来到中国，任香港浸会大学文学院的院长。当大多数研究者都在用西方的理论来研究翻译问题的时候，他却将视线转向了中国传统的儒道思想，并新出版了专著《翻译之道：东西对话》（*The Dao of Translation：An East-West Dialogue*，2015）。他身为文化强国美国人，却也投入到反对文化霸权的后殖民研究中。特立独行，不容于主流，这正是边缘人的特征。

　　根茨勒也是当今美国颇具影响力的翻译研究者。他的由博士论文修订而成的专著《当代翻译理论》是翻译研究中的一部具有重要影响力的著作。该书是最早对文化学派翻译思想、解构主义翻译思想和后殖民主义翻译思想这些后现代翻译思想进行介绍的专著之一。在该书中，他介绍了福柯对原文的解构，海德格尔对命名的局限的讨论，德里达的延异思想，尼南贾娜和斯皮瓦克的后殖民翻译研究思想。他还与提莫志科合编了论文集《翻译与权力》（*Translation and Power*，2002），也是解构主义翻译研究、后殖民翻译研究和女性主义翻译研究方面的重要文献。除此之外，他还著有《美洲的翻译与身份研究：翻译理论新方向》（*Translation and Identity in the Americas：New Directions in Translation Theory*，2008）一书。该书包含五个部分，分别是美国的多元文化主义、加拿大的女性主义与戏剧、巴西的食人主义、拉丁美洲的小说转向，以及边境写作和加勒比地区的翻译①。正如刘易斯在评价该书时所说："该书的目的就是要强调那些深受翻译影响的少数族群和语言，从而在全球化和冲突的时代更好地理解和接受他们。"② 所以，从根茨勒的研究内容来看，对边缘的关注也是他翻译思想的重点。

第三节　翻译学与边缘

　　因为本章是从翻译的角度来谈论边缘人，而翻译研究刚好是一个边

---

①　Edwin Gentzler, *Translation and Identity in the Americas：New Directions in Translation Theory*, London & New York：Routledge, 2008.

②　Suzanne M. Lewis, "Edwin Gentzler, Translation and Identity in the Americas：New Directions in Translation Theory", *Cadernos de Tradução*, Vol. 1, No. 25, 2010, p. 233.

缘学科，因此，我们在本节就简单探讨一下翻译学所处的边缘学科
地位。

　　从古至今，翻译或翻译学就一直处于边缘的地位。在历史长河中，
翻译虽然拥有悠久的历史，但是翻译一直被看作交流的工具。而在古
代，国家的对外交流并不频繁，所以翻译一直不受重视。这一点，在中
国尤为明显。虽然人们都认为翻译自人类对外交往之时就已经产生，但
历史中有关翻译的记载却要晚很多。在中国，《周礼·秋官司寇》中有
"象胥"一词，指"翻译官"。这是中国历史上能够查到的最早提及译
者的文献。《周礼》乃周公所作，时间为周朝。周朝前面还有夏商两
朝，按逻辑推理，在夏商两朝之时，定有翻译活动的存在，但历史却没
有记载。同时《周礼》中也只有从事翻译的官名，并没有记载任何翻
译活动。这足以说明，翻译在当时并不受重视。有关翻译官的记载在稍
后的《礼记·王制》中更为详细："中国，夷、蛮、戎、狄……五方之
民，言语不通，嗜欲不同。达其志，通其欲：东方曰寄，南方曰象，西
方曰狄鞮，北方曰译。""寄""象""狄鞮"和"译"乃是东、南、
西、北四方少数民族对译者的称呼，可见当时翻译活动颇为频繁，然而
史书上却鲜有记载。中国第一篇谈论翻译的文字已经是三国时期支谦写
的《法句经序》。

　　从东汉末年到唐宋时期，中国的佛经翻译活动颇为繁盛，其间也出
现了诸如鸠摩罗什和玄奘这样的翻译大师。但是，我们也要看到，这一
时期的翻译活动主要局限于佛经翻译，除了佛经翻译外，历史上并无多
少其他类型翻译活动的记载。翻译对人们的生活的影响并不大。并且，
在中国古代历史上，正统的知识分子往往对佛教持排斥的态度。例如，
在得知唐玄宗有意任命他为宰相时，姚崇向玄宗提出了 10 条政治主张，
其中一条就是"绝道佛营造"[①]，就是要停止修建道教和佛教寺庙。可
见，佛经翻译绝非主流知识分子所为。另外，除了少数研究翻译的专业
人士外，对大多数人而言，鸠摩罗什和玄奘乃因佛法高深，绝非作为翻
译大师而闻名。有趣的是，根据玄奘前往天竺取经的故事发展而来的文
学名著《西游记》中，并无任何描写玄奘翻译活动的文字。如果说

---

① 《新唐书·姚崇传》，中华书局 2000 年版，第 3464 页。

《西游记》乃文学作品，不足以用来说明历史对翻译的忽视。那么玄奘西去天竺，途经多国，语言不通，其间必有翻译活动，但历史书上可有半句有关翻译的记载？同样，张骞出使西域，为汉朝开疆拓土立下汗马功劳，这中间肯定少不了翻译，但是历史中可有任何有关翻译的记载？郑和下西洋，远至非洲，成为航海史上的壮举，中间也肯定有翻译活动，同样，史书上可有只言片语有关翻译的记载？

在欧洲，人民的流动性相对较强，国家与国家之间，或民族与民族之间的交流更为频繁。所以，翻译在欧洲文明的传承中起着更大的作用。甚至可以说没有翻译就没有欧洲文明。除了民族交流更为频繁外，欧洲古代的翻译状况还有很多方面不同于中国。首先，宗教在欧洲社会中的重要性远远大于其在中国社会中的作用。欧洲有着很长的政教合一的统治时期，因此，宗教在政治和社会生活中的作用举足轻重，这就决定了《圣经》的翻译要远比佛经翻译重要。而宗教翻译是中外翻译史上最重要的翻译活动，也是翻译理论的直接源头之一。迄今为止，《圣经》的翻译仍然是西方翻译界的重要内容之一。作为现代翻译学先驱的奈达的翻译理论正是发轫于他的《圣经》翻译活动。而在中国，现在从事佛经翻译的已经十分罕见了。其次，前面我们已经提到过，古代欧洲除了有宗教翻译传统外，还有文学翻译传统。其文学翻译活动十分活跃。而在古代中国，只有宗教翻译传统，而罕有文学翻译传统。中国的文学翻译活动到了清末民初才发展起来。最后，正是由于欧洲古代有文学翻译的传统，所以很多精英的学者才加入到了翻译中来。安德罗尼柯（Andronicus）、涅维乌斯（Gnaeus Naevius）、恩尼乌斯（Quintus Ennius）、西塞罗（Cicero）、普劳图斯（Plautus）、泰伦斯（Terence）、伊拉斯谟（Erasmus）、席勒（Schiller）、赫尔德（Herder）、歌德（Goethe）、荷尔德林（Holderlin）、普希金（Pushkin）等欧洲文化中的巨人都参与了翻译活动。甚至连阿尔弗雷德国王（King Alfred）和英国女王伊丽莎白一世（Queen Elizabeth I）这样的国家元首都亲自参与翻译。而反观中国，在古代从事翻译的大多数为佛教徒，只有到了现代，严复、梁启超、林纾、鲁迅、郭沫若等知识分子才参与到翻译中来。尽管，翻译在欧洲的作用相比更重要、地位更高。但是，和文学创作相比，翻译在欧洲仍然是处于边缘的地位。在人们的传统观念中，创作才是第一位的，翻译不过是创作的派生和复制。在欧洲很长一段时间内，女性地位低下，她们只允许翻译而被禁止进行创作，这就是翻译地位低下的最好注脚。

从近代开始，国家与国家之间的交往越来越频繁，翻译活动也越来越多，其地位也日益重要。根据佐哈尔的多元系统理论，当一国文学系统尚未建立，或当一国文学处于危机或转折点的时候，翻译文学就可以在一个国家的文学系统中占据中心地位。近代历史告诉我们，情况的确如此。比如，"五四"前后的中国，新的白话文学系统尚未建立，这一时期的翻译文学就占据了中国文学的中心。还有，世界上一些小国，人口较少，创作的文学作品有限，此时翻译文学就会在这些国家的文学系统中占据重要的位置。但是，总体来说，翻译文学仍然是处于次要的边缘位置。

当今，随着全球化的深入发展，国际交往空前频繁，科技、商业等突飞猛进。在原来的宗教翻译和文学翻译之外，科技翻译、商务翻译等其他应用类翻译得到了长足的发展。从翻译的工作量而言，应用类翻译现在已经远远超过了宗教翻译和文学翻译。不仅翻译实践十分繁荣，翻译理论也取得了突破性进展，并且出现了翻译研究学派林立的盛景。翻译学在国内外都已经成为一个独立的学科，高校已经培养了一大批翻译学的本科、硕士和博士人才。表面看来，不论是翻译研究还是翻译实践都是一派繁荣的景象。部分翻译研究者甚至都喊出了"21世纪是翻译的世纪"的口号，似乎翻译学已经摆脱了其边缘的地位，进入了中心。但实际情况真的如此吗？那么让我们看看中国2016年最新的《学科分类与代码》吧。查阅的结果显示，翻译学是语言学（一级学科）下面的应用语言学（二级学科）的一个三级学科，与语言教学、话语语言学、实验语音学、数理语言学、计算语言学、术语学等并列。由此可见，翻译学仍然只是一个处于边缘的三级学科。我们再看看《国家社会科学基金项目2017年度课题指南》，里面涉及翻译的有五处，分别属于三个学科。"国外马克思主义学者的宗教研究著作翻译与研究""基督教经典翻译与研究"和"伊斯兰教经典翻译与研究"隶属于宗教学；"文学翻译研究"隶属于外国文学；"双语对比与翻译转换研究"隶属于语言学。可见，翻译学并未获得一个独立学科的待遇。

事实上，中国的翻译学者对提高翻译学的学科地位进行长期的呼吁和论证。1987 年，谭载喜在《必须建立翻译学》一文中就指出，"翻译学是一门与符号学、文艺学、社会学、心理学、信息论、数控论，尤其是语言学等多种学科有着密切联系但又具有相对独立性的综合性科学"①。此后，他曾多次重申这一观点。其专著《翻译学》就是本着将翻译学建设成一门独立的学科而写。在书中，他强调，翻译学虽与语言学关系密切，但并不隶属于语言学②。杨自俭也在《谈谈翻译科学的学科建设问题》一文中说："翻译科学是一门跨学科的综合性很强的学科，它既不属于语言学，也不属于文学或艺术学，而是一门独立的学科。"他还设想："翻译科学的学科地位，应该升级到跟中国语言文学、外国语言文学、艺术学并列的地位，列为文学门类之下的第三大学科。"③ 中国翻译界就翻译学的学科定位与建设问题进行过长时期的、大规模的讨论。2000 年，《外语与外语教学》在第 7 期发起了"翻译学大辩论"专栏来讨论翻译学的学科建设。同年《中国翻译》第 5 期也开辟了"译学论坛"专栏。随后，2001 年 4 月，在青岛召开了"全国译学学科建设专题研讨会"。经过广泛的讨论，翻译学作为一门独立的学科这一点已经在翻译研究者中取得了共识。刘重德在为杨自俭编的论文集《译学新探》所写的序中认为："翻译学是在大的文化系统中一门研究翻译的科学，它是一种综合性边缘学科，它应该享有独立的一级学科地位。"④ 杨自俭也在该书中说："翻译学应该跟语言学与文学并列，最好同为一级学科。"⑤ 然而，这么多年过去了，从最新的《学科分类与代码》和《国家社会科学基金项目 2017 年度课题指南》来看，翻译学的一级学科地位仍然未得到官方的认可，翻译学的官方地位还是一个处在边缘的三级学科。

---

① 谭载喜：《必须建立翻译学》，《中国翻译》1987 年第 3 期。
② 谭载喜：《翻译学》，湖北教育出版社 2005 年版，第 18 页。
③ 杨自俭：《谈谈翻译科学的学科建设问题》，《现代外语》1996 年第 3 期。
④ 参见杨自俭《译学新探》，青岛出版社 2002 年版，序第 9 页。
⑤ 同上书，第 5 页。

第四节　小结

在本章中，我们回顾了边缘人的定义，对后现代主义翻译研究中的边缘人进行了概括性的分类介绍。在此，笔者想强调几点：首先，边缘是一个相对的概念，一个人在社会中的身份和地位是相对的，不是固定不变的。比如，通常女性相对男性而言处于边缘的位置，但是，在封建社会中，一个出生于皇室的公主和一个出生于贫寒之家的男性相比，毫无疑问公主是处于中心，而那个男性是处于边缘的。同样，那些从边缘国家移民到中心国家的知识精英，在中心国家中他是主流知识分子之外的边缘人。但是，与其他人相比，他们又毫无疑问是社会的精英分子。所以，他们的身份中充满了矛盾和悖论。其次，在传统的理念中，边缘往往是被忽视，被压迫的对象。但是，在后现代主义的理论中，边缘往往具有非常重要的意义。边缘人往往能够突破传统的陈规陋习，带来意想不到的创造性。帕克就认为边缘人是一种优势而非劣势，他说："不同的文化在边缘人的思想中汇聚与融合，因而，文明的进程在边缘人的思想中清晰可见，边缘人的思想是研究文明进程的最佳地方。"[1] 最后，不仅后现代主义者是边缘人，后现代主义思想也是一种边缘的思想。丁建新、沈文静在《边缘话语分析：一些基本的理论问题》一文中曾指出："后现代话语要么富于反讽意味，要么是其他样态的无意义'声音'，长期以来都被贴上另类的标签，无法融入主流的话语。作为社会公共空间中主流话语背后的'噪音'、'杂音'、'污言秽语'的反语言，以及以拒绝、反叛、对抗的姿态言说自己、外露自己的反文化族群，更是被挤兑到话语与文化的边缘。"[2] 在笔者看来，如果不能很好地把握后现代主义思想的边缘性，那么就几乎不能理解后现代主义思想。

---

① Robert E. Park, "Human Migration and the Marginal Man", *The American Journal of Sociology*, Vol 33, No. 6, 1928, p. 881.

② 丁建新、沈文静：《边缘话语分析：一些基本的理论问题》，《外语与外语教学》2013年第 4 期。

第十章　悖论与阐释

后现代主义追求的是差异性和断裂，反对一致性和连续性。另外，由于后现代翻译理论流派众多，不同流派的理论追求并不一致，因此后现代翻译理论中出现了一些自相矛盾的论述。例如，就翻译策略而言，同为后现代主义者，有人提倡异化，但也有人提倡归化，甚至在中国有的研究者提倡译入用归化，译出用异化。研究者们一方面批评西方译者的归化翻译是民族中心主义、文化霸权主义，另一方面自己在译入的时候又提倡归化翻译，这就将自己置入自己所批评的境地。另外，将译入与译出区别对待，这反映出部分研究者实行区别对待的态度。一方面，他们追随韦努蒂，将西方发达国家那些"通顺""流畅"和"透明"的翻译归结为民族中心主义、文化帝国主义，但是另一方面，他们对自己国内提倡"信达雅"、提倡"神似"和提倡"化境"的严复、傅雷和钱锺书却大加赞赏。当然，这里并非要提倡批判严复、傅雷和钱锺书，只是想表明如此区别对待的态度不能以理服人，也非严肃的学术研究应该具有的态度。另外，同为消解中心，反抗霸权，有的研究者提倡中心与边缘，自我与他者的融合，但有人却要颠覆原来的二元对立结构，让边缘走向中心。如此种种，在后现代翻译思想中还有很多。对于后现代主义翻译思想中的这些悖论，有的是真实的悖论，有的表面是悖论，其实不过是对后现代主义立场的误读。在这一章中，笔者将从四个方面对后现代主义翻译思想中的各种悖论进行总结与分析。

第一节　反中心与走向中心

解构中心是后现代主义的主要理论诉求之一，最能体现出后现代主义的批判性特征。后现代主义者从不同的视角对各种各样的中心进行了解构。尼采喊出"上帝已死",是要解构神的中心地位,从而实现人的解放。福柯接着发出了"人已死"的断言,从而消解了人的超验的中心地位。相应地,巴特宣告"作者已死",消解了作者作为创作主体的中心地位,从而实现了文本的开放和读者(译者)地位的上升。在众多的后现代主义者中,德里达无疑是解构中心的集大成者,他对西方形而上学中连绵数千年的逻各斯中心进行了最激烈的解构。德里达相信,自柏拉图以来的西方理性主义有一个根本的错误,即寻找某些"超验所指",并相信它们能够提供最终的意义。而逻各斯中心主义就是围绕这些超验所指建立起来的。德里达通过意义的延异破除了所指的超验性,从而解构了逻各斯中心主义。解构主义这种消解中心的方式深深地影响了后现代主义的其他流派,他们纷纷对各自领域中的各种中心进行了批判和消解。

对原有中心的批判,无疑会将原来处于对立和边缘的译文、译者、殖民地和女性等推向关注的前沿。结果,各种各样的"走向中心"就不断地出现在后现代主义翻译理论中。于是,一个有趣的悖论便产生了:后现代主义翻译思想一方面在反对各种各样的中心,另一方面似乎又在建构各种各样的新的中心。我们该如何解释这种自相矛盾的观点呢?

对于这个悖论,笔者认为我们应该这样看待:一方面,这种既反中心又建构中心的看法,实际上在一定程度上是对后现代主义翻译思想的误解。后现代主义翻译思想无疑是反对中心的,因为中心对边缘形成了抑制和压迫。但认为后现代翻译思想又在建构中心的观点是值得商榷的。后现代主义翻译思想解构中心,是因为中心往往带有专制的暴力。解构中心,实际上是要变专制为民主,变压迫为平等。通过中心的解构,让原来在二元对立结构中的边缘获得了与中心平等的权利,从而化二元对立的紧张关系为二元(甚至多元)融合互生的和谐关系。所以,解构中心并不是为了建构新的中心,不是为了让原先的边缘走向中心,从而形成新的压迫与暴力。解构主义者通过"互文性"消解了原文原创性的神话,模糊了原文与译文之间的界限,其目的是要消解原文在翻译中的中心地位,将原作和译作之间的从属关系改变成了共生关系,而不是要让译文成为新的翻译中心。后殖民主义者提倡杂合翻译策略,其目的也是提倡殖民文化和殖民地文化的融合，从而消解了殖民文化的纯真性和权威性，这样也就消解了殖民文化的中心地位，并不是要让殖民地文化走向中心，反过来统治原先的宗主国。女性主义的雌雄同体翻译观之所以要消解翻译中的男性中心主义，也是要提倡一种男女平等、和谐的思想，并非是要让女性来主宰男性。因此，"建构新的中心"一说并非后现代主义翻译思想的应有之义。

另一方面，后现代主义翻译思想里面学派林立，各个流派之间，甚至同一流派内部各个研究者之间的观点往往也并非一致。有的研究者态度相对温和，而有的研究者相反就比较激进。确实有部分研究希望用"译者中心"和"译文中心"来取代原来的"作者中心"和"原文中心"；他们也确实希望殖民地和女性能由边缘走向中心。但是，这种颠倒原来的二元对立结构，让边缘走向中心的做法无疑是矫枉过正了。这样的做法已经违背了后现代主义思想的初衷，把自身置于了自己所批判的位置之上。正是他们的这种偏激的态度，给后现代主义翻译思想招致了批评与误解，让一部分研究者对其敬而远之。在笔者看来，这样的偏激态度，除了情绪上的发泄外，并不能对改变边缘者的地位带来任何实际的益处。相反，还在一定程度上带来了不好的影响：在很多研究者眼中"偏激"似乎成了后现代主义翻译思想的代名词。

第二节　反精英主义与精英主义

反精英主义、追求艺术表达的通俗化也是后现代主义思想的主要议题之一。反精英主义在某种程度上可以视为后现代反中心主义的变体或拓展，因为精英往往处于社会生活的中心，处于统治者的地位。而精英主义是少数精英统治多数大众的理论基础之一。在后现代主义者看来，精英主义这种少数人对多数人的统治极容易导致专制与暴政，比如，德国纳粹的专制就与尼采的"超人"[①] 思想的影响具有密切的联系。因此，在后现代主义的话语中，"精英"几乎意味着罪不可赦的"权威"

---

① 尼采的"超人"思想就是一种典型的精英主义。尼采的思想中包含有现代主义与后现代主义两种成分，在本书中，笔者并不将其固定归入某一类，而是视具体的情况而定。

或"霸权"，意味着对大众的无情压抑与统治，仿佛"精英"与"大众"，"高雅艺术"和"大众文化"从来就是处于你死我活的二元对立之中①。然而，正如笔者在第六章结尾时指出的那样，后现代主义者在论述翻译和进行翻译实践的时候，他们往往采用先锋主义的实验写作方式，醉心于各式各样的文字游戏。正是由于这一点，德里达、霍米·巴巴等为首的后现代主义者的理论的艰涩难懂是举世公认的。他们的著作只有少数专家能够看懂，一般的读者都会望而却步。因此，在一定程度上说，后现代主义学者身上本身就具有强烈的精英主义色彩。这一点，中外的很多学者都意识到了。格拉姆（Robyn Gillam）曾批评女性主义翻译者的翻译不考虑读者的接受能力，她们的翻译非精通双语并接受过良好教育的"精英"不能读懂②。王宁在评论后现代主义翻译思想中的异化策略时也曾说："作为一种少数人的尝试或小众的翻译策略，它有着强烈的精英主义意识。"③ 除此之外，姜文振也指出："仅从目前的状况看，貌似激进的'反权威''反精英'实际上在具体的文学/文化问题中往往是驳杂不纯的，往往只是一种理论姿态，其自身也内在地隐含着某种'精英'意识。"④ 显然，后现代主义翻译思想中存在着一组精英主义与反精英主义的悖论。那么，我们该如何看待这一悖论呢？

首先，笔者认为这对悖论的存在与不同的人对"精英"有不同的理解有关。"精英"在理论研究中通常蕴含着两种感情色彩截然相反的意义。在一些人看来，精英就是大众的对立面。精英蔑视、嘲笑，甚至是仇视普通大众，视大众为一个无知、盲动的群体，为野蛮的乌合之众。在这部分人眼中，精英就是"统治阶级""剥削者"和"敌视大众者"的代名词。这样的精英当然就成为后现代主义者讨伐和嘲讽的对象。对另外一部分人而言，"精英"就是"精选的少数""天之骄子"，他们不但掌握着一般人不具有的各种专业知识，代表着对知识的追求。同时，

---

① 姜文振：《后现代主义：理论启示与话语困顿》，《文艺理论与批判》2004 年第 5 期。

② 参见张景华《女性主义对传统译论的颠覆及其局限性》，《中国翻译》2004 年第 4 期。

③ 王宁：《解构、后殖民和文化翻译——韦努蒂的翻译理论研究》，《外语与外语教学》2009 年第 4 期。

④ 姜文振：《后现代主义：理论启示与话语困顿》，《文艺理论与批判》2004 年第 5 期。

他们也被看作道德的楷模，是大众为之仰望的榜样。总之，他们是人类中德才兼备的少数精华。因此，如果说后现代主义反对精英主义，那它反对的就是那些漠视大众，利用手中掌握的社会公权和话语权堵塞了弱势群体和边缘群体改变自己命运的通道的所谓的精英。说后现代主义者具有精英意识，在某种程度上来看也确实如此，因为后现代主义者追求知识、追求真理、追求人性的解放。

其次，把后现代主义者称为精英主义者也是值得商榷的。通常来说，精英通常是社会的统治者，是社会的主流，他们掌握了话语权，是社会规则的制定者。而后现代主义强调的是弱势和边缘，他们并非社会的主流，也没有话语权，因此他们也是抗争者。所以，相对于精英主义者而言，后现代主义者的立场和地位是截然不同的。在笔者看来，即使说后现代主义者是精英主义者，他们也是为边缘或弱势代言的精英主义者。后现代主义者之所以要在写作和翻译实践中采用实验主义的方法，故意把文章弄得晦涩难懂、佶屈聱牙，他们不过想借此表明自己不同于社会主流，表明自己的边缘人身份罢了。另外这也能解释为什么后现代主义能与翻译研究结缘：翻译研究本来就是一个边缘学科，译作和译者相比原作和作者而言也是处于边缘的从属地位。所以后现代主义与翻译研究的结合就不足为奇了。

另外，精英主义与反精英主义这对悖论的产生还与后现代主义者本身具有双重身份有关。从前面第九章的分析中，我们可以看到，后现代主义者中大多数，要么是女性，要么是第三世界国家的学者，要么是从他国进入第一世界的流散的移民。从某种角度而言，他们的确是边缘人。然而，他们的边缘人身份是相对的。从前面的介绍中我们也可以看到，后现代主义者诸如德里达、福柯、萨义德、霍米·巴巴、斯皮瓦克等大多都是世界上一些顶尖大学的博士、教授，他们是蜚声世界的大学者。相较于那些真正处于社会底层和边缘的人而言，他们又是确凿无疑的人类精英分子。

最后，正是由于后现代主义者具有边缘人和精英分子的双重身份，所以部分后现代主义者在写作与翻译实践中才会走上与他们理论诉求相悖的精英主义模式。杰姆逊总结的后现代主义的四个主要特征之一就是

"审美通俗化"①。相应地，在笔者看来，在写作和翻译实践中通俗的语言才应该是后现代主义者的语言。既然后现代主义者是边缘和弱势，或者说代表边缘与弱势，那你得用弱势和边缘能听懂的语言。比如，为小孩考虑，你的语言就要让小孩能听懂；为女性考虑，你的语言就要让女性能听懂；为老人考虑，你的语言就要让老人能听懂。而现在，一部分后现代主义的作家、理论家和译者使用的语言只有少数精英分子能读懂，真正的弱势和边缘的人读都读不懂，怎能让人相信你是在为他们说话？部分后现代主义者之所以像我们前面第六章中分析的那样醉心于文字游戏等精英主义的表达模式，是因为他们不愿意放弃他们身份中的精英的一面。精英分子，在意的是对真理和艺术的追求，他们才不在乎大众的接受和态度。著名的俄罗斯文学的翻译家王智量的座右铭"我的书宁愿被一个读者读千遍，也不愿意被一千个读者每个人读一遍"②，这就是精英分子情怀的真实写照。西班牙诗人塞尔努达（Luis Cernuda）曾说："真正的诗人并不为读者而写。"③ 后现代主义翻译研究的启蒙人本雅明在《译者的任务》的开篇更是说得明白：

> 在欣赏一件艺术作品或者一种艺术形式的时候，对接受者的考虑从来证明都是徒劳的。不仅提及特定的公众或他们的代表是一种误导，甚至连"理想的接受者"这个概念也是对艺术理论思考的伤害。因为"理想的译者"这个概念仅仅是假定了那样的人的存在和他的本质。艺术以同样的方式假定了人的身心存在，但是没有哪件艺术作品关心人的反应。没有哪首诗歌是为读者而写，没有哪幅画是为观者而绘，也没有哪首曲是为听者而谱。（In the appreciation of a work of art or an art form, consideration of the receiver never proves fruitful. Not only is any reference to a certain public or its representatives

---

① Frederic Jameson, *Postmodernism, or the Cultural Logic of Late Capitalism*, Durham: Duke University Press, 1991.

② 陈竹:《翻译家王智量：被遗忘在翻译的世界里》, http://www.wenming.cn/wmzh_pd/rw/rwdt/201205/t20120509_649792.shtml.

③ 王志军:《塞尔努达：声音之为勇气》, http://culture.china.com/expo/figure/11170657/20151228/21017555.Html.

misleading, but even the concept of an "ideal" receiver is detrimental in the theoretical consideration of art, since all it posits is the existence and nature of man as such. Art, in the same way, posits man's physical and spiritual existence, but in none of its works is it concerned with his response. No poem is intended for the reader, no picture for the beholder, no symphony for the listener.)[1]

正如引文中所言，"艺术关乎的是人的身心的存在，而不是人对它的反应"。所以，部分后现代主义的精英分子才不在乎他们所代言的弱势与边缘能否读懂他们的著作。为了艺术或文学性，他们写作时大玩各种文字游戏，把各种实验性的写作方法发挥得淋漓尽致；翻译时也尽量模仿各种后现代主义的创作手法，提倡异化翻译。他们对待他们所代言的弱势与边缘，就像皇帝的女儿对待她出身平凡的丈夫。公主是爱她丈夫的，也愿意为他争取权利，但是她不会放弃她的尊贵与高傲；也许，她的内心正在扮演救世主的角色。反精英主义与精英主义的悖论，很大程度上是源于后现代主义者的这种双重身份。

第三节　主体性的张扬与主体性的抑制

在后现代翻译思想中还存在着一对悖论，即主体性的张扬和抑制。在梳理后现代主义翻译思想的文献时，笔者就发现，后现代主义者就译者的主体性发挥这一点上具有两种截然不同的观点。一些研究者大力提倡译者主体性的发挥。比如，尼采认为译者就是征服者；海德格尔和伽达默尔的阐释学为译者的"偏见"正名；德里达的解构主义思想也证明了译者阐释的多样性；巴特宣告作者的死亡意味着译者的凸显；尼南贾娜提倡一种"破坏性的翻译观"；韦努蒂提倡在翻译中译者的显身；罗宾逊宣告了译者的登场；女性主义翻译研究者拒绝传统的忠实翻译观。正是在他们的理论的影响之下，译者的主体性在后现代主义者那里

---

[1]　Walter Benjamin, "The Task of the Translator", in Lawrence Venuti ed., *Translation Studies Reader*, London & New York: Routledge, 2000, p. 15.

似乎发挥到了极致。但是，另外一些研究者却持有完全相反的观点。福柯宣告了"人的死亡"，解构了作为主体的人的超验性。在福柯的权力理论中，一切事物都是权力的产物，人也成为权力的手段和工具。福柯甚至视权力关系为人的本质关系，正是权力关系使我们成为我们所是，是权力关系将我们建构成主体或个人①。以勒菲弗尔为首的操控学派更是认为人不是生活在真空之中，译者的翻译不过是意识形态、诗学、赞助人、出版机构等权力因素操控的结果。作为个体的译者的主体性的发挥在权力因素面前是受到了极大的限制的。斯皮瓦克在《翻译的政治》一文中视翻译为最亲密的阅读行为，认为译者应该顺从于原文，响应原文的呼唤。显然，这些学者的理论并不支持译者主体性的发挥。正如有的学者指出的那样，在权力话语机制下译者仿佛就是一个丧失了主体性的"囚徒"。"译者就成了某个社会制度、意识形态操控之下的'传声筒'"②。那么，后现代主义翻译思想到底是要张扬译者的主体性呢，还是要抑制译者主体性的发挥？

对于译者主体性的发挥问题，在后现代主义翻译理论中确实存在着两种不同的观点。但是这两种观点其实严格说来也算不上真正的悖论。因为这两种观点表面上截然相反，但内在的，这两种观点却存在着逻辑上的一致性：两种观点都是反中心的结果。为什么一部分研究者要提倡译者主体性的发挥？是因为，在后现代主义以前的翻译理论中，原文与作者的地位和作用被强调到了无以复加的地步，而译者和译文却长期受到了忽视。不论是在传统的语文学派翻译理论中，还是在现代主义的语言学派的翻译理论中，研究者在给翻译下定义的时候都完全忽视了译者的存在，只是强调译文应该如何忠实于原文，或者译文应该怎样与原文对等。正是由于译者在传统翻译思想中和现代主义翻译思想中被过度忽视，所以，后现代主义者才要将译者从原文和作者的压制下解放出来。

那为什么福柯等要用权力来消解人的超验性，把译者主体性的发挥置于权力因素的控制之下呢？其实他们做的同样是在消解中心。在西

①　王治河：《福柯》，湖南教育出版社 1999 年版，第 195 页。

②　潘平亮：《操控？反操控？—后现代语境下的译者主体性研究》，《四川外语学院学报》2005 年第 5 期。

方，经过文艺复兴和启蒙运动的发展，人性已经得到了极大的解放。笛卡儿提出了"我思故我在"；康德要让"人为自然立法"；尼采更是喊出了"上帝已死"。哲学家们对人性的强调已经到了过度的程度。现代主义思想对人性的过度张扬带来了很多消解的后果，比如尼采的"超人"哲学。福柯正是看到了这种片面强调人的恶果，才要消解人作为世界的中心的地位。福柯这种消解人的超验性的思想反映到翻译研究中就是用权力因素制约译者主体性的发挥。所以，张扬译者的主体性也好，抑制译者的主体性也好，其实都是为了解构中心，只是两者看问题的视角不同罢了。

为何这两种不同的视角会同时出现在后现代主义翻译思想中呢？笔者认为这与翻译作为一门学科的历史非常短有关。虽然，在中外历史上，翻译实践和翻译理论都具有非常悠久的历史，但是作为一门学科，翻译最多也只有七十多年的历史。而在这短短的几十年内，翻译学借鉴了语言学、文学、哲学、历史和文化研究等其他学科的各种理论。一些学科的历史很悠久，在其学科内，对作为主体的人的解放已经强调得非常充分，甚至到了过度的地步。而翻译学因历史非常短，其自身内部并没有充分地讨论过译者的主体性问题。翻译研究者对译者主体性的讨论很多时候是受其他学科对主体性研究的影响而兴起的。当其他学科的理论纷纷进入翻译学时，对同一翻译问题的不同层次、不同视角的观点就会同时显现出来。这正是为什么后现代主义翻译思想中对译者主体性的发挥有两种看起来相悖的观点的原因之一。

不过，笔者认为，译者主体性的张扬也好，抑制也罢，我们在理解后现代主义翻译思想的时候一定要明确一点：后现代主义翻译思想是反对二元对立、反对中心的。搞清楚了这一点，我们就应该知道，当后现代主义者在提倡张扬译者主体性的时候，那绝不意味着译者主体性的发挥是无往而不胜的，是不受任何约束的；同样，当后现代主义者在谈论译者主体性抑制的时候，也绝不意味着对译者主体性的完全否定，视译者为"传声筒"。因为那样就意味着二元对立，意味着新的中心正在建构。显然，这是与后现代主义翻译思想消解中心，反对二元对立的精神相悖的。据此，我们不应该把译者主体性的张扬和译者主体性的抑制对立起来，而应该把它们视为一个问题的两个方面。这一点，就好像洪堡特的可译性与不可译性，表面看它们是相互矛盾的，但仔细思考，就会发现它们只不过是辩证地反映了语言两个方面的特征。

　　同样，如果不把后现代翻译思想中关于译者主体性张扬和抑制的观点对立起来，而是将两者结合起来，那么我们就能更好地理解翻译过程中译者主体性发挥问题。一方面，对原文的理解和阐释都需要译者发挥其主体性，但是他的主体性的发挥不能率意而为，要受到来自源语文化和译语文化中诸多因素的制约。在这里，笔者用一张图来简单描绘一下译者主体性张扬和主体性抑制之间的关系（如图4）。图中实线A和实线B分别代表来自源语语言文化和译语语言文化中的各种制约因素，它们就像河的两岸。虚线C居于河的正中间，代表原作的意义。因后现代主义翻译思想认为意义是不确定的，所以C是虚线。围绕虚线C上下波动的，并居于实线A和B之间的曲线D代表翻译。理想状态下，译文与原文完全等同，这时虚线C和曲线D是重合的。但现实中这种重合是不可能的，因为译者的翻译要受到来自源语文化和译语文化两方面的各种因素的制约。由于受制约的因素和程度不同，翻译（曲线D）就会围绕意义（虚线C）上下波动，但波动的幅度不能超越实线A和B，否则就不能算是翻译。译者主动性可以发挥的空间就是实线A和B之间的距离。从该图中，我们就能直观地看出，主体性的张扬与主体性的抑制并不是截然对立的，而是同一问题的两个方面。

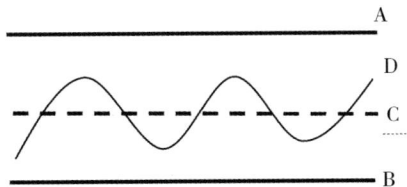

图4　译者主体性张扬与抑制示意图

第四节　翻译学的拓展与翻译学的消解

　　研究者不仅对某些观点的看法存在悖论，也对后现代主义翻译思想对翻译研究的作用的认识上存在着悖论。自从后现代主义思想被引入翻译研究以后，对当今的翻译研究带来了极大的变化。然而，研究者们对这种变化的态度却是不尽相同、众说纷纭、莫衷一是。有的研究者对后现代主义翻译思想对翻译研究的拓展大加赞赏，认为后现代主义翻译思想突破语言文字束缚，将翻译研究拓展到了文化、历史、哲学等广阔的社会领域，是在为翻译研究开疆拓土。有的研究者则对这种变化表示担忧，认为后现代主义翻译思想过于关注意识形态和权力话语等社会文化因素，忽略了对语言本体或者文本的关注。他们视后现代主义翻译思想为翻译研究的歧路。有部分研究者甚至认为，后殖民主义、女性主义等只是把翻译作为他们追求各自理论诉求的工具，其出发点并非为了翻译研究。翻译在这些学派的研究中并非处于主体的位置，因此他们担心翻译研究会沦为相关学科的附庸，从而丧失了翻译研究的本体地位。譬如，张柏然和许钧在"译学新论丛书"的总序里就指出："翻译研究在引进各种理论的同时，有一种被其吞食、并吞的趋势，翻译研究的领域看似不断扩大，但在翻译从边缘走向中心的途中，却潜伏着又一步步失去自己位置的危险。"① 除此之外，学者吕俊②、赵彦春③、曾文雄④等也都撰文，呼吁翻译研究要回归本体。那么，我们该如何看待后现代主义翻译思想的作用了？它究竟是消解了翻译研究的本体地位，还是拓展了翻译研究的领域？

其实，大多数研究者对后现代主义翻译思想对翻译研究的拓展之功还是有着清晰的认识的。我们只要稍稍浏览一下当今翻译研究的专著和论文，就会发现当今翻译研究话题的丰富性和多样性是传统翻译思想不能比拟的。这种丰富性和多样性很大程度上就是后现代主义思想打破传统观念的束缚和消解语言封闭结构的结果。以前，无论是传统的语文学派的翻译思想还是现代主义的语言学派的翻译思想，它们都是以原作和

---

① 张柏然，许钧：《译学新论丛书·总序》，蔡新乐《翻译的本体论研究》，上海译文出版社 2005 年版，第 3 页。

② 吕俊：《论翻译研究的本体回归—对翻译研究文化转向的反思》，《外国语》2004 年第 4 期。

③ 赵彦春：《翻译学归结论》，上海外语教育出版社 2005 年版。

④ 曾文雄：《对翻译研究"文化转向"的反思》，《外语研究》2006 年第 3 期。

源语为导向的，其关注的焦点是如何让译文忠实于原文，或者如何让译文与原文"对等"。毫无疑问，语文学派的翻译思想和语言学派的翻译思想对翻译研究来说都是有意义的。但是，它们反映的只是翻译的部分特性，并没有揭示出翻译的全貌。翻译不仅是一项语言行为，它也是一种社会行为。因此，我们不能把翻译从它赖以存在的社会文化因素中剥离出来。社会性也是翻译活动的内在属性，并非像部分研究者认为的那样是一种外在的，无足轻重的属性。另外，就像研究文学作品时不能忽视文学作品的传播和读者对作品的反应一样，翻译研究当然不能只关注译文的生产，也要关注译文在译语文化中传播和接受过程，考察译文对译语文化建构的作用。所有的这些都离不开社会文化因素。所以，后现代主义翻译思想对社会文化的关注是修正语文学派和语言学派的偏差，更全面地展示了翻译的属性。

事实上，当今翻译研究的蓬勃发展已经证明，后现代主义翻译思想不会消解翻译研究的本体地位，也并未将翻译研究引入歧途。部分研究者为何会有这样的担心呢？他们的担忧主要出于以下几个方面的考虑：（1）后现代主义翻译思想把哲学、历史、文化研究、人类学等学科都引入到了翻译研究，而在这些学科中，翻译只是作为一种工具而存在，并未在相关学科中占据重要的位置。相反，翻译研究有可能因此而沦为相关学科的附庸。（2）语言才是翻译的本质属性，文化不过是翻译的外部属性，过度关注社会文化因素就是忽略了翻译研究的本质属性。（3）部分研究者还担心后现代主义翻译思想对忠实和确定意义的解构会导致粗制滥造的翻译。

虽然这样的担忧也有一定的道理，但在某种程度上说，这种担心有点多余。首先，后现代主义翻译思想将其他学科引入翻译研究，模糊翻译与其他学科之间的界限，这种跨学科的研究本身就是当今时代的要求。在当今社会，不论是自然科学还是人文社会科学，不同学科的交叉和融合已经是大势所趋，研究者完全没有必要再固守传统的学科疆界。事实已经证明，跨学科研究往往会取得意想不到的突破；不同的学科相互吸取营养，相互综合利用，不但不会削弱某种学科，只会给该学科带来繁荣。再说，学科之间的界限本来就是人为设定的，完全可以根据研究的需要而不断调整。以今天的翻译学为例，哲学家、语言学家、文化学者、文学家，甚至连历史学家、政治家和宗教人士都在谈论翻译，这刚好证明了翻译的繁荣。

其次，语言与文化都是翻译的固有属性，完全没有必要人为地将一个划为主要属性，而将另外一个归入次要属性。后现代翻译思想之所以强调社会文化因素，那是以前的翻译研究忽视了翻译的社会性，并不是为了否定或忽略翻译的语言属性。翻译的语言因素和翻译的文化因素并不是对立的，它们是翻译研究的两个重要侧面，研究者完全可以两个方面并重，没有必要非要将一个置于另一个之上。

最后，后现代主义翻译思想消解"忠实"和"意义的确定性"并不是为了鼓励粗制滥造，恣意妄为。相反，它只是客观地指出了忠实的虚幻性和揭示了意义的不确定性。翻译研究发展到今天，大家都清楚，"绝对的忠实"不过是译者的一个美好的梦想。解构"忠实"和"意义的确定性"其实能更实际地解释翻译研究中的重译、译者风格等问题。至于翻译质量问题，前面第四章中我们已经论证过，胡译、乱译与后现代主义翻译思想并没有联系。同时，操控学派的翻译研究不是强调意识形态、诗学、出版机制和专家学者的批评机制的制约作用吗？只要制约机制中的各个环节正常发挥作用，胡译、乱译之风不可能盛行。

第五节　小结

在本章中，我们总结出了后现代主义翻译思想中的四对悖论，并对这些悖论进行了详细的阐释。通过分析，笔者认为，后现代主义翻译思想中的这些悖论的产生一方面固然是因为后现代主义翻译思想内部缺乏理论的一致性，另一方面也是由于部分研究者没能正确把握后现代主义翻译思想的精神。在我们理解后现代主义翻译思想的时候，我们不要过多地拘泥于少数后现代主义者的惊人之语和晦涩之句。抛开少数偏激之语，就会发现后现代主义翻译思想中蕴含着诸多合理的诉求。例如，表面上看，解构"确定意义"否定了翻译的可能性，否定了翻译。但仔细思考，就会发现它背后蕴含的是翻译与阐释多样性的合理逻辑。"作者的死亡"表面上看显得武断与突兀，它却为译者主体性发挥提供了理论依据，唤起了研究者对译者的关注。"互文性"虽有否定原创，抑制创作之嫌，但它无疑给我们提供了一个解释原作和译作关系的全新视角。对于后现代主义翻译思想，我们不要厌烦于其语言的艰涩和看似混乱的逻辑。世界也本是一片混乱，所有的规则与秩序都不过是人为建构的结果。通过后现代主义翻译思想，我们可以清醒地认识到，翻译研究中的很多法则与规律，其实也都是人为建构的，并非翻译本身的客观反映。打破这些法则与规律，进一步解放思想上的禁忌，也许会带来对翻译完全不同的新的认识。

第十一章　结语：通过翻译而思

从 20 世纪六七十年代兴起到今天，后现代主义思想已经走过了半个多世纪的历程。后现代主义可谓是 20 世纪中影响最为深远的哲学思潮，人文学科无不深受其影响。后现代主义以批判性和怀疑态度著称，其批判的锋芒所到之处，传统和现代主义的价值观念纷纷受到质疑、动摇甚至瓦解。质疑、动摇、瓦解之后，新的观念随之形成。在一定程度上，后现代主义改变了人文科学的面貌。

作为一门既古老又年轻的学科，翻译研究受后现代主义的影响尤为强烈。后现代主义思想被引入翻译研究之后，改变了翻译研究的范式，拓展了翻译研究的疆域，让翻译研究呈现出一幅崭新的面貌。在笔者看来，后现代主义翻译思想对翻译研究最大的贡献在于改变了翻译的地位。在以往的翻译研究中，"工具论"——视翻译为语言交流的工具——占据了主导。在后现代主义翻译思想中，翻译在一定程度上摆脱了"工具论"，具有了认识论，甚至是本体论上的意义。后现代主义翻译思想不仅仅是对翻译的思考，同时还是通过翻译来思考真理、权力、性别、身份等话题。德里达等后现代主义者都是"通过翻译而思"的哲学家。正如安德鲁·本雅明（Andrew Benjamin）在《翻译与哲学的本质》一书中所说："任何对翻译的讨论其本身就是在讨论哲学的本质。"（Consequently any discussion of translation is itself a discussion of the nature of the philosophical enterprise.）[①]对很多后现代主义者而言，讨论翻译就是在讨论哲学，翻译就是哲学。

首先，后现代主义翻译思想通过翻译来思考真理。后现代主义反对

---

① Andrew Benjamin, *Translation and the Nature of Philosophy*: *A New Theory of Word*, London and New York: Routledge, 1989, p. 1.

本质主义，否认绝对真理的存在。在后现代主义者看来，所谓的本质、真理不过是人为构建的结果，事物没有本质，也没有绝对的真理。在后现代主义翻译思想中，对本质的解构，对绝对真理的怀疑主要体现在对意义的确定性及意义的客观再现的解构之上。

以海德格尔和伽达默尔为首的现代哲学阐释学派通过否认理解的客观性和证明偏见（先见）的普遍性来反对本质主义和绝对真理。在之前，学者们普遍认为，理解之时，理解者应该抛弃自身的主观偏见，绝对客观地去认识理解的对象。但是，海德格尔的"先见"之说，伽达默尔的"理解的历史性""效果历史"和"视域融合"等概念告示我们，任何理解者的理解都是带有自身的主观偏见，客观的理解是不存在的。根据现代哲学阐释学的观点，翻译不过是译者带着自己的主观偏见对原文理解的结果，是译者视域与原文视域融合的结果。因此，译文并非是原文的意义的客观再现。另外，既然理解是主体与客体融合的结果，那么对于同一理解对象，不通的理解者就会有不同的理解，也就是说原文的意义不是确定的。

以德里达为首的解构主义学派对意义的确定性和意义再现的客观性的解构就更为直接。根据德里达"延异"的观点，能指并不直接指向所指，所指（意义）的出场总是被推迟、延宕和悬置。一个能指指向的是另外一个能指，另一个能指指向的又是其他的能指，如此无限运动，意义总处于延异之中，语言就成为能指的游戏。意义总处于延异之中，也就是说意义是不确定的。在德里达看来，翻译是"有节制的转换"，他说："翻译践行的是能指与所指之间的差异。但是，如果这种差异是不纯的，那么翻译也不再是纯粹的，因而我们可以用转换的概念来取代翻译的概念，也就是一种语言与另外一种语言，一个文本与另外一个文本之间有节制的转换。在语言之间或在一种语言之内进行纯粹能指的传递而让指称的工具毫无损伤，这样的事情不会发生，也从来没发生过。"①这段话清楚地表明，翻译并非是原文客观地、完整地再现。

操控翻译学派，后殖民主义翻译学派和女性主义翻译学派也否认意

---

① Jacques Derrida, *Position*, trans. Alan Bass, Chicago: The University of Chicago Press, 1981, p. 20.

义的确定性和客观再现的可能性。按这三个学派的观点，翻译并非发生在真空中，意义的再现绝非是透明的，而是权力操控的结果。解构了"意义透明再现的神话"也就是解构了真理的绝对性。

其次，后现代主义通过翻译来思考权力。权力是后现代主义关注的主要话题之一。后现代主义的代表人物之一福柯就被称为"权力思想家"。对后现代主义者来说，权力是反本质主义和反绝对真理的重要武器。前面我们已经说过，在后现代主义者看来，翻译并非是原文意义的透明再现，而是权力操控的结果。权力操控在翻译中无所不在。大到原文、译者及出版社的选择，小到翻译策略、字词的选择，其间无不充满了权力操控的影子。影响操控的因素众多，主要的有意识形态、诗学与赞助人。操控的因素对翻译至关重要，它们不仅在一定程度上决定了译文的形态，有时甚至能直接决定译文是否能够出版。

翻译中的操控有有意识操控与无意识操控之分。有意识操控是译者为了特定的目的，有意识地改变原文中的某些内容。例如，女性主义者为了反抗男性中心，彰显女性意识，有意识地"劫持"那些本无性别意识的文本，用以为女性发声。无意识的操控是指译者翻译时不可能完全摆脱自己的先入之见，译者是带着自己固有的"视域"去理解与翻译原文的。现代哲学阐释学已经证明，先见是普遍存在的，是无可避免的。

操控，无论是有意识的还是无意识的，都表明译文并非是原文的透明再现，而是权力操控的结果。

另外，后现代主义者也通过翻译来思考性别。通常，人们认为性别是先天的。但在后现代女性主义者看来，性别并非是天生的，而是社会性建构的。女性主义最重要的理论突破在于把"女性"和"性别"还原为社会学范畴，揭示性别区分不单是一个生物学事实，而主要是一种具有政治经济目的并体现权力关系的社会建构[①]。由此，从而揭示出女性在社会中的从属、受压迫的地位并非是天生的，而是社会地构建的。女性主义翻译思想就是抓住人们经常将翻译比作女性，将翻译与女性视

---

① 马睿：《作为文化生产的"性别"：当代西方马克思主义女性主义的文化批判》，《文艺理论研究》2014 年第 2 期。

为原文和男性的派生物这一点，对原文—译文，作者—译者，男性—女性这样的二元对立观点进行了批判，为译文、译者及女性争取权利。由此可见，女性主义翻译思想不仅是在思考翻译，也是在思考性别。

最后，翻译对后现代主义者而言是一个重要的武器。除了上面提到的真理、权力、性别外，后现代主义者还经常通过翻译来思考不同文化之间的关系，思考多样性、差异性、复杂性等哲学话题。在后现代主义语境下，哲学与翻译之间的关系尤为密切，甚至它们之间的界限已变得模糊了，"通过翻译而思"已经成为一种常态。

参考文献

英文参考文献：

Antonovsky, Aron, "Toward a Refinement of the 'Marginal Man' Concept", *Social Forces*, Vol.35, No.1, 1956.

Appiah, Kwame Anthony, "The Hybrid Age?", *Times Literary Supplement*, 1994.

Arrojo, Rosemary, "Feminist, 'Orgasmic' Theories of Translation and Other Contradictions", *Tradterm*, Vol.2, 1995.

Asad, Talal, "The Concept of Cultural Translation in British Social Anthropology", in Clifford, J.& Marcus, G.E., eds., *Writing Culture: The Poetics and Politics of Ethnography*, Berkeley &Los Angeles: University of California Press, 1986.

Bakhtin, Mikhail ed., *The Dialogic Imagination: Four Essays*, trans. Caryl Emerson and Michael Holquist, Austin: University of Texas Press, 1981.

Bandia, Pail F., "Writing and Translating Francophone Discourse: Africa, the Caribbean, Diaspora", *Translation Studies*, Vol. 34, No. 3, 2014.

Barthes, Roland, ed., *Image Music Text*, trans.Heath, S., London: Fontana Press, 1977.

Benjamin, Walter, "The Task of the Translator", in Lawrence Venuti ed., *Translation Studies Reader*, London & New York: Routledge, 2000.

Bhabha, Homi K., ed., *Nation and Narration*, London and New York: Routledge, 1990.

Bhabha, Homi K., *The Location of Culture*, London & New York: Routledge, 1994.

Catford, J.C., *A Linguistic Theory of Translation*, London: Oxford University Press, 1965.

Chamberlain, Lori, "Gender and the Metaphorics of Translation", *Signs*, Vol.13, No.3, 1988.

Chesterman, Andrew, *Memes of Translation: The Spread of Ideas in Translation Theory*, Amsterdam and Philadelphia: John Benjamins Publishing Company, 1997.

Cixous, Hélène, "Laugh of the Medusa", *Signs*, Vol. 1, No. 4, 1976.

Coleridge, Samuel Taylor, *Specimens of the Table Talk of the Late Samuel Taylor Coleridge Vol II*, London: Murray, 1835, p.96.

Dass, Nirmal, *The Fall into Confusion: Babel, Translation, Auden*, Ph.D.dissertation, York University, 1989.

Davis, Kathleen, *Deconstruction and Translation*, Manchester & Northampton: St.Jerome Publishing, 2001.

Derrida, Jacques, "Des tour de Babel", in Joseph Graham ed., *Difference in Translation*, London: Cornell University Press, 1985.

Derrida, Jacques, "Living on Border lines", Harold Bloom etc., eds., *Deconstruction and Criticism*, London & Henley: Routledge & Kegan Paul, 1979.

Derrida, Jacques, "What Is a 'Relevant' Translation?", trans. Lawrence Venuti, *Critical Inquiry*, Vol.27, No.2, 2001.

Derrida, Jacques, *Margin of Philosophy*, trans. Alan Bass, Brighton: The Harvester Press, 1982.

Derrida, Jacques, *Of Grammatology*, trans. Gayatri Spivak, Maryland: The Johns Hopkins University Press, 1997.

Derrida, Jacques, *Position*, trans. Alan Bass, Chicago: The University of Chicago Press, 1981.

Descartes, René, *Discourse on the Method of Rightly Conducting One's*

Reason and of Seeking Truth in the Sciences, Duke: Duke Classics, 2012.

Diaz – Diocaretz, Myriam, *Translating Poetic Discourse: Questions on Feminist Strategies in Adrienne Rich*, Amsterdam and Philadelphia: John Benjamins Publishing Company, 1985.

Dilthey, Wilhelm, *The Essence of Philosophy*, Chapel Hill: University of North Carolina Press, 1954.

Flotow, Luise von, "Feminist Translation: Contexts, Practices and Theories", *TTR*.Vol.4, No.2, 1991.

Flotow, Luise von, *Translation and Gender Translating in the Era of Feminism*, Manchester: St.Jerome Publishing, 1997.

Foucault, Michael, "The order of discourse", in Robert Yong, ed.*Untying the Text: A Post – Structuralist Reader*, Boston, London & Henley: Routledge and Kegan Paul, 1981.

Foucault, Michel, *Order of Things: Archeology of Human Science*, London and New York: Routledge, 2005.

Gadamer, Hans–Georg, *Truth and Method*, London & New York: Continuum, 2006.

Gentzler, Edwin, *Contemporary Translation Theory*, Ph.D.dissertation, Vanderbilt University, 1990.

Gentzler, Edwin, *Translation and Identity in the Americas: New Directions in Translation Theory*, London & New York: Routledge, 2008.

Gikandi, Simon, "Cultural Translation and the African Self A (Post) colonial Case Study", *Interventions*, Vol.3, No., 2001.

Godard, Barbara, "The Translator as Ventriloquist ", *Prism International*, Vol.20, No.3, 1982.

Godard, Barbara, "Theorizing Feminist Discourse/ Translation", *Tessera*, 1990.

Godard, Barbara, "Translator as She: The Relationship between Writer and Translator", In Ann Dybikowski ed., *In the Feminine: Women and Words*, Edmonton: Longspoon Press, 1985.

Goldberg, Milton M., "A Qualification of the Marginal Man Theory",

American Sociological Review, Vol.6, No.1, 1941.

Hassan, Ihab, ed., *The Postmodern Turn: Essays in Postmodern Theory and Culture*, Ohio: Ohio State University Press, 1987.

Hassan, Waïl, *Immigrant Narratives: Orientalism and Cultural Translation in Arab American and Arab British Literature*, Oxford: Oxford University Press, 2011.

Hermans, Theo, ed., *The Manipulation of Literature: Studies in Literary Translation*, London & Sydney: Croom Helm, 1985.

Hermans, Theo, *Translation in System: Descriptive and System-oriented Approaches Explained*, Manchester: St.Jerome Publishing, 1999.

Jameson, Frederic, *Postmodernism, or the Cultural Logic of Late Capitalism*, Durham: Duke University Press, 1991.

Lakoff, Robin, *Talking Power: The Politics of Language in our Lives*, New York: Basic Books, 1990.

Lefevere, André, "Beyond the process: Literary Translation in Literature and Literary Theory", in Marilyn Gaddis Rose ed., *Translation Spectrum: Essays in Theory and Practice*, New York: State University of New York Press, 1981.

Lefevere, André, "Mother Courage's Cucumbers: Text, System and Refraction in a Theory of Literature", *Modern Language Studies*, Vol 12, No.4, 1982.

Lefevere, André, "Translating Literature: Towards an Integrated Theory", *The Bulletin of the Midwest Modern Language Association*, Vol.14, No.1, 1981.

Lefevere, André, "Why Waste Our Time on Rewrites? The Trouble of Interpretation and the Role of Rewriting in an Alternate Paradigm", in Theo Hermans ed., *The Manipulation of Literature: Studies in Literary Translation*, Beckenham: Croom Helm, 1985.

Lefevere, André, *Translation, Rewriting and the Manipulation of Literary Fame*, London: Routledge, 1992.

Levine, Sunzanne J., "Translation as Subversion: on Translating

Infante's Inferno, Substance", inLawrence Venuti, ed., *Rethinking Translation: Discourse, Subjectivity, Ideology*, London: Routledge, 1992.

Lienhardt, Godfrey, "Modes of Thought", in E .E .Evans-Pritchard et al.eds., *The Institutions of Primitive Society*, Oxford: Basil Blackwell, 1954.

Lotbinière-Harwood, Susanne de, *The Body Bilingual: Translation as a Rewriting in the Feminine*, Montreal and Toronto: Les Éditions du remue-ménage and Women's Press, 1991.

Lotbiniere-Harwood, Sussane de, "S.Preface", in Lise Gauvin ed., *Letters from an Other*, Toronto: Women's Press, 1990.

Lyotard, Jean - François, *The Postmodern Condition: A Report on Knowledge*, trans. Geoff Bennington & Brian Massumi, Manchester: Manchester University Press, 1984, p.xxiv.

Munday, Jeremy, *Introducing Translation Studies: Theories and Applications*, London and New York: Routledge, 2001.

Newmark, Peter, *Approaches to Translation*, Oxford: Pergamon Press, 1981.

Nida, Eugene A., *Towards a Science of Translating*, Leiden: E. J. Brill, 1964.

Niranjana, Tejaswini, *Bringing the Text to Legibility: Translation, Post-structuralism, and the Colonial Context*, Ph. D. dissertation, University of California, 1988.

Nord, Christiane, *Translation as a Purposeful Activity: Functionalist Approach Explained*, Manchester and New York: St. Jerome Publishing Company, 2007.

Palmer, Richard E., *Hermeneutics: Interpretation Theory in Schleiermacher, Dilthey, Heidegger, and Gadamer*, Evanston: Northwestern University Press, 1969.

Park, Robert E., "Human Migration and the Marginal Man", *The American Journal of Sociology*, Vol 33, No.6, 1928.

Pym, Anthony, "Doubts about Deconstruction as a General Theory of Translation", *Tradterm*, Vol.2, 1995.

Rafael, Vicente L., *Contracting Colonialism: Translation and Christian Conversion in Tagalog Society under Early Spanish Rule*, Durham: Duke University Press, 1988.

Reiss, Katharina, *Translation Criticism: Potentials and Limitations*, trans.Rhodes.E.F.London and New York: Routledge, 2014.

Robinson, Douglas ed., *Western Translation Theory: From Herodotus to Nietzsche*, Beijing: Foreign Language Teaching and Research Press, 2006.

Robinson, Douglas, *The Translator's Turn*, Baltimore: The Johns Hopkins University Press, 1991.

Robinson, Douglas, *Translation and Empire: Postcolonial Theories Explained*, Manchester: St .Jerome, 1997.

Said, Edward, *Orientalism*, London: Penguin, 1977.

Schleiermacher, Friedrich and Andrew Bowie, eds., *Hermeneutics and Criticism and Other Writings*, Cambridge: Cambridge University Press, 1998.

Showalter, Elaine, *A Literature of Their Own: British Women Novelists from Bronte to Lessing*, Princeton: Princeton University Press, 1977.

Simon, Sherry, *Gender in Translation: Cultural Identity and the Politics of Transmission*, London & New York: Routledge, 1996.

Spivak, Gayatri, ed., *Outside in the Teaching Machine*, New York: Routledge, 1993.

Spivak, Gayatri, "Can the Subaltern Speak?", in Cary Nelson & Lawrence Grossberg eds., *Marxism and the Interpretation of Culture*, Macmillan Eduxation: Basingstoke, 1988.

Steiner, George, *After Babel: Aspects of Language and Translation*, New York &London: Oxford University Press, 1975.

Stonequist, Everett V., *The Marginal Man: A Study in Personality and Culture Conflict*, New York: Charles Scribner's Sons, 1937.

Taylor, Victor E. & Charles E. Winquist, eds., *Encyclopedia of Postmodernism*, London & New York: Routledge, 2001.

Thompson, Sandra T., *Marginality and Acceptance: Early Black Sociologists and Their Incorporation into the Mainstream Sociological Community*, Ph.

D.dissertation, University of Florida, 1991.

Toury, Gideon, *Descriptive Translation Studies and Beyond*, Shanghai: Shanghai Foreign Language Education Press, 2001.

Tymoczko, Maria, *Translation in a Postcolonial Context: Early Irish Literature in English Translation*, Manchester: St.Jerome Publishing, 1999.

Tytler, Alexander Fraser, *Essay on the Principles of Translation*, London: J.M.Dent & Sons Ltd; New York: E.P.Dutton & Co.Inc., 1907.

Venuti, Lawrence, *The Translator's Invisibility: A History of Translation*, Shanghai: Shanghai Foreign Language Education Press, 2004.

Vermeer, Hans J., "What does it Mean to Translate?", *Indian Journal of Applied Linguistics*, Vol.2, 1987.

Winks, David, "Forging Post-Colonial Identities through Acts of Translation?", *Journal of African Cultural Studies*, Vol.21, No.1, 2009.

Wittgenstein, Ludwig, *Philosophical Investigations*, trans. G. E. M. Anscombe, Oxford: Basil Blackwell, 1986.

Wittgenstein, Ludwig, *The Blue and Brown Books*, Rush Rhees ed.Oxford: Blackwell, 1964.

Wodak, Ruth, ed., *Language, Power and Ideology: Studies in Political Discourse*, Amsterdam & Philadelphia: John Benjamins Publishing Company, 1989.

Zohar, Even, "Polysystem Studies", *Poetics Today*, Vol. 11, No. 1, 1990.

中文译著参考文献:

［法］阿兰·库隆:《芝加哥学派》,郑文彬译,商务印书馆2000年版。

［美］爱德华·萨义德:《东方学》,王宇根译,生活·读书·新知三联书店1999年版。

［法］保罗·利科:《解释的冲突》,莫伟民译,上海译文出版社2004年版。

［古希腊］柏拉图:《柏拉图全集》(第2卷),王晓朝译,人民出

版社 2002 年版。

[比] 布洛克曼：《结构主义：莫斯科—布拉格—巴黎》，李幼蒸译，商务印书馆 1980 年版。

[英] 戴维·罗宾逊：《尼采与后现代主义》，程炼译，北京大学出版社 2005 年版。

[美] 丹尼尔·霍夫曼：《美国当代文学》，中国文艺联合出版社 1984 年版。

[德] 弗里德里希·尼采：《权力意志：重估一切价值的尝试》，张念东、凌素心译，商务印书馆 1991 年版。

[英] 汉弗雷：《诠释方法卷三》，转引自洪汉鼎《诠释学——它的的历史和当代发展》，人民出版社 2001 年版。

[德] 汉斯·伽达默尔：《真理与方法》，洪汉鼎译，上海译文出版社 1999 年版。

[法] 吉尔·德勒兹：《德勒兹论福柯》，杨凯麟译，江苏教育出版社 2006 年版。

[法] 罗兰·巴尔特：《本文理论》，李宪生译，《外国文学》1988 年第 1 期。

[法] 罗兰·巴特.《从作品到文本》，杨扬译，《文艺理论研究》1988 年第 5 期。

[德] 马丁·海德格尔：《存在与时间》，陈嘉映、王庆节译，生活·读书·新知三联书店 2014 年版。

[法] 米歇尔·福柯：《规训与惩罚》，刘北城、杨远婴译，生活·读书·新知三联书店 1999 年版。

[美] 欧·豪：《现代主义的概念》，袁可嘉编《现代主义文学研究》，中国社会科学出版社 1989 年版。

[法] 让-佛朗索瓦·利奥塔尔：《后现代状态：关于知识的报告》，车槿山译，生活·读书·新知三联书店 1997 年版。

[瑞] 索绪尔：《普通语言学教程》，高名凯译，商务印书馆 1999 年版。

[英] 维特根斯坦：《哲学研究》，陈嘉映译，上海人民出版社 2001 年版。

［德］席勒：《美育书简》，徐恒醇译，中国文联出版公司 1984年版。

［法］雅克·德里达：《巴别塔》，陈永国《翻译与后现代性》，中国人民大学出版社 2005 年版。

［法］雅克·德里达：《论文字学》，汪堂家译，上海译文出版社 1999 年版。

［法］雅克·德里达：《书写与差异》，张宁译，生活·读书·新知三联书店 2001 年版。

［荷］约翰·赫伊津哈：《游戏的人：文化中游戏成分的研究》，何道宽译，广东省出版集团花城出版社 2007 年版。

［法］朱莉娅·克里斯蒂娃：《词语、对话和小说》，祝克懿、宋姝锦译，《当代修辞学》2012 年第 4 期。

中文参考文献：

蔡龙文、宫齐：《回顾与展望：我国解构主义翻译研究（2000—2010）》，《兰州大学学报》2011 年第 4 期。

蔡晓东、朱健平：《哲学诠释学对女性主义译论的解构》，《解放军外国语学院学报》2011 年第 1 期。

蔡新乐、郁东占：《文学翻译的释义学原理》，河南大学出版社 1997 年版。

蔡新乐：《翻译与汉语：解构主义视角下的译学研究》，中央编译出版社 2006 年版。

蔡新乐：《翻译哲学导论：〈荷尔德林的赞美诗伊斯特〉的阴阳之道观》，南京大学出版社 2016 年版。

蔡新乐：《海德格尔的"你是谁"翻译观初探》，《外语与外语教学》2008 年第 9 期。

曾微：《廷异与责任的回声：论德里达与翻译》，博士学位论文，中国人民大学，2006 年。

曾文雄：《对翻译研究"文化转向"的反思》，《外语研究》2006年第 3 期。

查明建：《意识形态、诗学与文学翻译选择规范：20 世纪 50—80

年代中国的（后）现代主义文学翻译研究》，博士学位论文，岭南大学，2003 年。

柴櫹、袁洪庚：《身于译者主体性后的"视域融合"》，《兰州大学学报》2008 年第 5 期。

陈本益：《论德里达的"延异"思想》，《浙江学刊》2001 年第 5 期。

陈炳辉：《福柯的权力观》，《厦门大学学报》2002 年第 4 期。

陈橙：《后殖民主义翻译理论在中国的"旅行"》，《社会科学研究》2008 年 6 期。

陈德鸿、张南峰编：《西方翻译理论精选》，香港城市大学出版社 2000 年版。

陈红梅：《双性同体论：女性主义理论研究的困惑与出路》，《前沿》2008 年第 11 期。

陈历明：《从后殖民主义视角看〈红楼梦〉的两个英译本》，《四川外语学院学报》2004 年第 6 期。

陈琳：《近十年加拿大翻译理论研究评介》，《中国翻译》2004 年第 2 期。

陈鸣：《操控理论视角观照下当代中国的外国文学翻译研究（1949—2008）》，博士学位论文，山东大学，2009 年。

陈平：《罗兰·巴特的絮语——罗兰·巴特文本思想评述》，《国外文学》2001 年第 1 期。

陈喜荣：《加拿大女性主义翻译研究中的性别：罗比涅荷-哈伍德与费拉德翻译理论之比较研究》，博士学位论文，上海外国语大学，2007 年。

陈永国：《从解构到翻译：斯皮瓦克的属下研究》，《外国文学》2005 年第 5 期。

单继刚：《德里达：翻译与解构》，《世界哲学》2006 年第 1 期。

单继刚：《翻译的哲学方面》，中国社会科学出版社 2007 年版。

邓新华：《创建"中国文学解释学"的若干前提性问题》，《文学评论》2009 年第 6 期。

丁建新、沈文静：《边缘话语分析：一些基本的理论问题》，《外语与外语教学》2013 年第 4 期。

杜涛：《"此"与"彼"：后殖民视阈下的流散美国华人文学文化翻译研究》，博士学位论文，上海外国语大学，2012 年。

方汉文：《中国传统考据学与西方阐释学》，《安徽师范大学学报》2003 年第 4 期。

方丽：《"签名"的文字游戏与解构的力量——论德里达的〈独立宣言〉》，《文艺理论研究》2009 年第 1 期。

费小平：《翻译的政治：翻译研究与文化研究》，博士学位论文，四川大学，2004 年。

封一函：《结构与解构：从乔姆斯基到韦努蒂：论翻译的归化、异化与文化身份》，博士学位论文，首都师范大学，2006 年。

封一函：《论劳伦斯·韦努蒂的解构主义翻译策略》，《文艺研究》2006 年第 3 期。

冯俊、洪琼：《后现代游戏说的基本特征》，《中国人民大学学报》2009 年第 2 期。

冯毓云：《二元对立思维的困境及当代思维的转型》，《文艺理论研究》2002 年第 2 期。

付立峰：《"游戏"的哲学：从赫拉克利特到德里达》，中国社会科学出版社 2012 年版。

戈华：《罗兰·巴特的本文理论》，《文学评论》1987 年第 5 期。

葛校琴：《后现代主义视角下译者主体性研究》，上海译文出版社 2006 年版。

葛校琴：《女性主义翻译之本质》，《外语研究》2003 年第 6 期。

耿强：《阐释学翻译研究反思》，《四川外语学院学报》2006 年第 2 期。

顾晓燕：《翻译的迂回：论保罗·利科的翻译范式》，《中国翻译》2016 年第 2 期。

关熔珍：《斯皮瓦克研究》，博士学位论文，四川大学，2007 年。

郭建中：《当代美国翻译理论》，湖北教育出版社 2000 年版。

郭建中：《论解构主义翻译思想》，《上海科技翻译》1999 年第 4 期。

韩加明：《"翻译研究"学派的发展》，《中国翻译》1996 年第 5 期。

韩子满：《文学翻译中的杂合现象》，博士学位论文，解放学军外国语学院，2002 年。

郝莉：《中国当代女性作家作品英译史研究：性别视角》，博士学位论文，山东大学，2013 年。

何加红：《跨越文本的障碍：解构主义对翻译学理论的启示》，《西南民族学院学报》1999 年增刊。

何绍斌：《作为文学"改写"形式的翻译：Andre Lefevere 翻译思想研究》，《解放军外国语学院学报》2005 年第 5 期。

贺玉高：《霍米·巴巴的杂交身份理论及其不满》，《河南师范大学学报》2011 年第 5 期。

洪汉鼎、李清良：《如何理解和筹建中国现代诠释学》，《湖南大学学报》2015 年第 5 期。

洪汉鼎：《诠释学——它的的历史和当代发展》，人民出版社 2001 年版。

侯晶晶：《从中国近现代翻译史看政治对翻译的操控》，《深圳大学学报》（人文社会科学版）2001 年第 6 期。

侯晶晶：《论翻译中的操控现象》，《外语与外语教学》2001 年第 7 期。

侯晶晶：《论文化对翻译的操控现象》，《山西师大学报》（社会科学版）2001 年第 1 期。

侯萍萍：《意识形态，权力与翻译—对〈毛泽东选集〉英译的批评性分析》，博士学位论文，山东大学，2008 年。

胡开宝、毛鹏飞：《国外语料库翻译学研究述评》，《当代语言学》2012 年第 4 期。

胡作友：《后殖民主义翻译理论在中国的接受》，《学术界》2014 年第 6 期。

胡作友：《女性主义翻译理论在中国的接受》，《学术界》2013 年第 3 期。

黄汉平：《德里达的解构翻译理论初探》，《学术研究》2004 年第

6 期。

黄琴、曹莉：《伽达默尔阐释学对翻译研究的影响》，《社会科学集刊》2005 年第 6 期。

黄忠廉：《变译理论》，中国对外翻译出版公司 2002 年版。

黄忠廉：《翻译变体研究》，中国对外翻译出版公司 2000 年版。

江承志：《历史的谱系：解构主义翻译观之"源"与"流"》，《外国语》2011 年第 6 期。

姜文振：《后现代主义：理论启示与话语困顿》，《文艺理论与批判》2004 年第 5 期。

姜艳：《论翻译的文化转向对翻译本体论的消解》，《上海翻译》2006 年第 3 期。

蒋林、潘雨晴：《世纪回眸：中国女性翻译家管窥》，《中国翻译》2013 年第 6 期。

蒋骁华：《巴西的翻译："吃人"翻译理论与实践及其文化内涵》，《外国语》2003 年第 1 期。

蒋骁华：《解构主义翻译观探析》，《外语教学与研究》1995 年第 4 期。

金敬红、李思国：《斯坦纳和勒代雷的阐释翻译理论评介》，《外语与外语教学》2003 年第 9 期。

金敬红：《解构视角下翻译中的二元对立分析：以 Moment in Peking 和〈京华烟云〉为例》，博士学位论文，上海外国语大学，2012 年。

金学勤：《〈论语〉英译：跨文化阐释：以理雅各、辜鸿铭〈论语〉英译为例》，博士学位论文，四川大学，2008 年。

孔慧怡：《晚清翻译小说中的妇女形象》，《中国比较文学》1998 年第 2 期。

李河：《巴别塔的重建与解构：解释学视野中的翻译问题》，云南大学出版社 2005 年版。

李红满：《翻译研究的后殖民话语》，《山东外语教学》2003 年第 2 期。

李红满：《解构主义对传统翻译理论的冲击》，《解放军外国语学院学报》2001 年第 3 期。

李红玉：《浮出翻译史地表：性别视角下新时期以来英美女作家作品翻译研究》，博士学位论文，上海外国语大学，2009 年。

李宏鸿：《多声部的和谐：解构主义翻译观研究：以本雅明和德里达为例》，博士学位论文，华东师范大学，2013 年。

李洁：《谈谈尼采的权力意志思考》，《哲学动态》1998 年第 8 期。

李静滢：《解释之维：朝向阐释学的翻译研究》，博士学位论文，南开大学，2004 年。

李龙泉：《"改写论"的缘由及弊端》，《上海翻译》2009 年第 1 期。

李龙泉：《解构主义翻译观之借鉴与批评》，博士学位论文，上海外国语大学，2006 年。

林克难：《文化翻译研究的一部力作》，《外语教学与研究》2001 年第 2 期。

刘爱英：《女性身份·翻译行为·政治行动：对女性主义翻译观的反思》，《四川外语学院学报》2006 年第 1 期。

刘放桐：《新编现代西方哲学》，人民出版社 2000 年版。

刘禾：《黑色的雅典：最近关于西方文明起源的论争》，《读书》1992 年第 10 期。

刘禾：《跨语际实践》，宋伟杰等译，生活·读书·新知三联书店 2002 年版。

刘禾：《语际书写：现代思想史写作批判纲要》，三联书店 1999 年版。

刘华文：《翻译研究何以封"后"》，《外语研究》2008 年第 1 期。

刘佳：《后殖民、翻译、权力话语：后殖民主义译论与当代中国翻译》，四川大学出版社 2014 年版。

刘瑾玉：《后现代主义框架中女性主义翻译理论及其局限性》，《内蒙古大学学报》2008 年第 1 期。

刘军平：《超越后现代的"他者"：翻译研究的张力与活力》，《中国翻译》2004 年第 1 期。

刘军平：《解构主义翻译观》，《外国语》1997 年第 2 期。

刘军平：《西方翻译理论通史》，武汉大学出版社 2009 年版。

刘全福：《当"信"与"化境"被消解时：解构主义翻译观质疑》，《中国翻译》2005 年第 4 期。

刘全福：《解构主义翻译观的非文化取向及其他：兼评"国内文学翻译研究的一大突破"一文》，《外语研究》2006 年第 6 期。

刘全福：《批评视角：我国解构主义翻译研究的本土化进程》，《解放军外国语学院学报》2010 年第 1 期。

刘小枫：《现代性社会理论绪论》，生活·读书·新知三联书店 1998 年版。

刘亚猛：《韦努蒂的"翻译伦理"及其自我解构》，《中国翻译》2005 年第 1 期。

刘亚儒：《加拿大女性主义翻译的起源、发展和现状》，《天津外国语学院学报》2005 年第 2 期。

刘亚儒：《语言的"重新性化"：谈女权主义的翻译观》，《海南大学学报人文社会科学版》2001 年第 4 期。

刘毅清：《重建中国解释学的起点：走出考据学的局限》，《文艺理论研究》2008 年第 4 期。

刘育文：《解构主义视角下的文学翻译批评》，博士学位论文，上海外国语大学，2011 年。

柳林：《后殖民翻译研究的中国话语》，《中国翻译》2007 年第 3 期。

鲁伟：《老舍作品翻译的文学再现与权力运作》，博士学位论文，山东大学，2013 年。

鲁迅：《集外集拾遗》，人民文学出版社 1973 年版。

陆扬：《解构主义批评简述》，《学术月刊》1988 年第 2 期。

栾海燕、苗菊：《翻译研究纵横：从女性主义到文化外交：路易斯·冯·弗拉德教授访谈录》，《中国翻译》2015 年第 3 期。

罗列：《性别视角下的译者规范：20 世纪初叶中国首个本土女性译者群体研究》，北京师范大学出版社 2014 年版。

罗林泉、穆雷：《加拿大翻译传统》，《语言与翻译》1994 年第 1 期。

罗新璋、陈应年编《翻译论集》（修订本），商务印书馆 2008

年版。

骆贤凤:《后现代语境下的译者伦理研究》,博士学位论文,湖南师范大学,2012 年。

吕俊:《翻译:从文本出发—对等效翻译的反思》,《外国语》1998 年第 3 期。

吕俊:《翻译学应从解构主义那里学些什么:对九十年代中期以来我国译学研究的反思》,《外国语》2002 年第 5 期。

吕俊:《翻译研究:走过解构通向交往:哈贝马斯普遍语用学对翻译学的建构意义》,《外语与外语教学》2001 年第 11 期。

吕俊:《范式批评与问题意识:对译学研究的两种路径的批评研究》,《外国语》2008 年第 5 期。

吕俊:《结构·解构·建构:我国翻译研究的回顾与展望》,《中国翻译》2001 年第 6 期。

吕俊:《论翻译研究的本体回归—对翻译研究文化转向的反思》,《外国语》2004 年第 4 期。

马祖毅:《鸦片战争后五四运动前的翻译》,《安徽大学学报》1979 年第 1 期。

穆雷:《翻译中的性别视角》,武汉大学出版社 2008 年版。

倪梁康:《现象学及其效应:胡塞尔与当代德国哲学》,生活·读书·新知三联书店 1994 年版。

倪志娟:《女性主义研究的历史回顾和当代发展》,《江西社会科学》2005 年第 6 期。

欧阳桃:《海德格尔式现象学与翻译理论》,《内蒙古民族大学学报》2010 年第 6 期。

潘德荣:《西方诠释学史》,北京大学出版社 2013 年版。

潘平亮:《操控? 反操控? ——后现代语境下的译者主体性研究》,《四川外语学院学报》2005 年第 5 期。

潘文国:《当代西方的翻译学研究—兼谈"翻译学"的学科性质》,《中国翻译》2002 年第 1 期。

潘学全:《无声的另一面:食人主义与翻译研究》,《北京第二外国语学院学报》2003 年第 4 期。

彭长江、廖红龙：《论"重写、摆布"论的本质与地位为"忠实"原则辩护》，《外语与翻译》2006 年第 3 期。

乔颖：《趋向"他者的翻译"：德里达翻译思想的伦理指向研究》，博士学位论文，河南大学，2007 年。

秦海鹰：《互文性理论的缘起与流变》，《外国文学评论》2004 年第 3 期。

秦海鹰：《克里斯特瓦的互文性概念的基本含义及具体应用》，《法国研究》2006 年第 4 期。

秦文华：《翻译：一种双重权力话语制约下的再创造活动》，《外语学刊》2001 年第 3 期。

秦文华：《翻译研究的互文性视角》，上海译文出版社 2006 年版。

裘姬新：《从独白走向对话：哲学诠释学视角下的文学翻译研究》，浙江大学出版社 2009 年版。

冉诗洋：《翻译过程中的权力关系：以英译〈红楼梦〉为例》，博士学位论文，山东大学，2013 年。

任淑坤：《解构主义翻译观刍议：兼论韦努蒂的翻译思想和策略》，《外语与外语教学》2004 年 11 期。

邵宏：《翻译：对外来文化的阐释》，《中国翻译》1987 年第 6 期。

邵璐：《〈变换术语：后殖民时代的翻译〉评介》，《外语与外语教学》2006 年第 12 期。

申连云：《翻译伦理模式研究中的操控论与投降论》，《外国语》2016 年第 2 期。

沈珂：《西蒙娜·德·波伏瓦在中国的译介与接受研究》，博士学位论文，南京大学，2011 年。

生安锋：《霍米·巴巴的后殖民理论研究》，博士学位论文，北京语言大学，2004 年。

史安斌：《"边界写作"与"第三空间"的构建：扎西达娃和拉什迪的跨文化"对话"》，《民族文学研究》2004 年第 3 期。

宋晓春：《阐释人类学视阈下的〈中庸〉英译研究》，博士学位论文，湖南师范大学，2014 年。

宋以丰、刘先超：《关于后现代主义翻译观的思考》，《外语教学》

2006 年第 3 期。

孙会军：《普遍与差异：后殖民批评视阈下的翻译研究》，博士学位论文，南京大学，2002 年。

孙雪瑛：《诠释学视阈下的〈聊斋志异〉翻译研究》，博士学位论文，上海外国语大学，2014 年。

孙志祥：《文本意识形态批评分析及其翻译研究》，博士学位论文，南京师范大学，2009 年。

覃江华：《生态翻译学的形上建构与学理反思：道格拉斯·罗宾逊教授访谈录》，《当代外语研究》2013 年第 9 期。

谭载喜：《必须建立翻译学》，《中国翻译》1987 年第 3 期。

谭载喜：《翻译学》，湖北教育出版社 2005 年版。

谭载喜：《西方翻译简史》，商务印书馆 2004 年版。

唐述宗：《"巴别塔"理论可以体矣：对德里达解构主义翻译理论的再解构》，《山东外语教学》2004 年第 2 期。

唐艳芳：《赛珍珠〈水浒传〉翻译研究：后殖民理论的视角》，博士学位论文，华东师范大学，2009 年。

屠国元、朱献珑：《翻译与共谋——后殖民主义视野中的译者主体性透析》，《中南大学学报》2010 年第 6 期。

王彬、王银泉：《鲁迅与伽达默尔的翻译哲学观比较》，《疯狂英语》（教师版）2010 年第 4 期。

王东风：《一只看不见的手：意识形态对翻译实践的操纵》，《中国翻译》2003 年第 5 期。

王富：《后殖民翻译研究反思》，博士学位论文，中山大学，2009 年。

王宏印、刘士聪：《中国传统译论经典的现代诠释——作为建立翻译学的一种努力》，《中国翻译》2002 年第 2 期。

王华：《狄尔泰与西方解释学的发展转向》，《安徽文学》2011 年第 11 期。

王辉：《后殖民视域下的辜鸿铭〈中庸〉译本》，《解放军外国语学院学报》2007 年第 1 期。

王惠萍：《后殖民视阈下的戴乃迭文化身份与译介活动研究》，博士学位论文，上海外国语大学，2014 年。

王娟：《理论旅行：吸收与变异》，博士学位论文，上海外国语大学，2010 年。

王宁：《"非边缘化"和"重建中心"：后现代主义之后的西方理论与思潮》，《国外文学》1995 年第 3 期。

王宁：《解构、后殖民和文化翻译——韦努蒂的翻译理论研究》，《外语与外语教学》2009 年第 4 期。

王宪明：《语言、翻译与政治：严复译〈社会通诠〉研究》，北京大学出版社 2005 年版。

王晓莺：《离散译者张爱玲的中英翻译：一个后殖民女性主义的解读》，中山大学出版社 2015 年版。

王晓元：《翻译、意识形态与话语：中国 1895-1911 年文学翻译研究》，博士学位论文，岭南大学，2006 年。

王晓元：《意识形态与文学翻译的互动关系》，《中国翻译》1999 年第 2 期。

王友贵：《意识形态与 20 世纪中国翻译文学史（1899-1979）》，《中国翻译》2003 年第 5 期。

王治河：《福柯》，湖南教育出版社 1999 年版。

卫茂平：《海德格尔翻译思想试论》，《外国语》1999 年第 5 期。

文军、王亚娟：《〈白鲸〉译本的解构主义解析》，《重庆大学学报》2004 年第 1 期。

吴文安：《后殖民翻译研究：翻译和权力关系》，外语教学与研究出版社 2008 年版。

伍凌：《思考与启示：伽达默尔的哲学思想与翻译研究》，《外语学刊》2005 第 1 期。

武光军：《翻译即诠释：论保罗·利科的翻译哲学》，《中国翻译》2008 年第 3 期。

西风：《阐释学翻译观在中国的阐释》，《外语与外语教学》2009 年 3 期。

夏天：《"阐释运作"延展理论框架下的老舍小说英译研究》，博士学位论文，复旦大学，2009 年。

夏天：《斯坦纳阐释运作理论的应用：问题与方法》，《外语研究》2009 年第 3 期。

谢地坤：《狄尔泰与现代阐释学》，《哲学动态》2006 年第 3 期。

谢天振、陈浪：《在翻译中感受在场的身体—读道格拉斯·罗宾逊的〈译者登场〉》，《外语与外语教学》2006 年第 9 期。

谢天振：《翻译文学—争取承认的文学》，《探索与争鸣》1990 年第 6 期。

谢天振：《论文学翻译的创造性叛逆》，《外国语》1992 年第 1 期。

谢天振：《启迪与冲击：论翻译研究的最新进展与比较文学的学科困惑》，《中国比较文学》1997 年第 1 期。

谢天振：《译介学》，上海外语教育出版社 1999 年版。

谢天振：《作者本意与文本本意：解释学理论与翻译研究》，《外国语》2000 年第 3 期。

徐朝友：《阐释学译学研究》，南京大学出版社 2013 年版。

徐朝友：《后殖民翻译研究的新收获：评〈较少被翻译的语言〉》，《中国翻译》2006 年第 4 期。

徐方赋：《翻译过程中的互文性解构和重构：以 Liberalism 重译为例》，《解放军外国语学院学报》2013 年第 11 期。

徐珂：《解构主义在中国的传播和研究综论》，《社会科学辑刊》2001 年第 4 期。

徐友渔：《关于后现代哲学的几个问题》，《人文杂志》1996 年第 1 期。

杨东东：《游戏与艺术—加达默尔"游戏"概念论析》，《山东大学学报》2008 第 1 期。

杨柳：《20 世纪西方翻译理论在中国的接受史》，上海外语教育出版社 2009 年版。

杨柳：《翻译诗学与意识形态》，科学出版社 2010 年版。

杨柳：《解构主义翻译观在中国的理论"旅行"》，《外国语》2007 年第 3 期。

杨柳：《中国语境下的女性主义翻译研究》，《外语与外语教学》2007 年第 6 期。

杨乃乔：《德里达诗学理论解构的终极标靶：论西方诗学文化传统的逻各斯中心主义》，《社会科学战线》1999 年第 1 期。

杨茜：《阐释学翻译研究综述》，《读与写杂志》2014 年第 8 期。

杨生平、刘龙伏：《解构主义思想的复杂性解读》，《哲学动态》2005 年第 9 期。

杨武能：《阐释、接受与再创造的循环：文学翻译断想》，《中国翻译》1987 年第 6 期。

杨晓琼：《"语言友好"的伦理关照下译"不可译"：读保罗·利科的〈论翻译〉》，《外国语文研究》第 2015 年第 6 期。

杨晓琼：《德里达对传统翻译理论的解构》，《湖北社会科学》2010 年第 9 期。

杨自俭：《谈谈翻译科学的学科建设问题》，《现代外语》1996 年第 3 期。

杨自俭：《译学新探》，青岛出版社 2002 年版。

于德英：《"隔"与"不隔"的循环：钱钟书"化境"论的再阐释》，上海译文出版社 2009 年版。

余演：《性别与隐喻：洛丽·张伯伦女性主义翻译理论述评》，《探索与争鸣（理论月刊）》2006 年第 3 期。

张柏然、许钧：《译学新论丛书·总序》，蔡新乐：《翻译的本体论研究》，上海译文出版社 2005 年版。

张传彪：《从汉字源头看解构主义翻译理论》，《四川外语学院学报》2006 年第 4 期。

张德明：《后殖民理论在中国语境的旅行（1992—2012）》，《浙江大学学报》（人文社会科学版）2014 年第 1 期。

张德明：《新世纪诗歌中的后现代主义文本浅谈》，《南方文坛》2012 年第 6 期。

张德让：《伽达默尔哲学解释学与翻译研究》，《中国翻译》2001 年第 4 期。

张景华：《女性主义对传统译论的颠覆及其局限性》，《中国翻译》2004 年第 4 期。

张隆溪：《结构的消失：后结构主义的消解式批评》，《读书》1983

年第 12 期。

张晓明：《"语言好客性"与"译'不可译'"：保尔·利科翻译思想述评》，《外语学刊》2009 年第 5 期。

张瑜：《权力话语制约下的翻译活动》，《解放军外国语学院学报》2001 年第 5 期。

张志强：《后殖民翻译理论观照下的赛珍珠〈水浒传〉译本》，《中国翻译》2010 年第 2 期。

赵丽娟：《阐释学翻译研究的回顾与展望》，《兰州交通大学学报》2010 年第 5 期。

赵文静：《翻译的文化操控：胡适的改写与新文化的建构》，复旦大学出版社 2006 年版。

赵稀方：《翻译与新时期的话语实践》，中国社会科学出版社 2003 年版。

赵彦春：《对"摆布派"译论的译学反思》，《外国语》2003 年第 4 期。

赵彦春：《翻译学归结论》，上海外语教育出版社 2005 年版。

周启超：《罗兰·巴尔特"文本观"的核心理念与发育轨迹》，《江苏社会科学》2013 年第 1 期。

朱虹、周欣：《嬉雪：中国当代女性散文选》，辽宁教育出版社 2002 年版。

朱惠足：《现代的移植与翻译：日治时期台湾小说的后殖民思考》，麦田出版 2009 年版。

朱健平：《翻译的跨文化解释：哲学诠释学与接受美学模式》，博士学位论文，华东师范大学，2003 年。

朱健平：《视域差与翻译解释的度：从哲学诠释学视角看翻译的理想与现实》，《中国翻译》2009 年第 4 期。

朱健平：《现代阐释学和接受美学在我国翻译研究中的运行轨迹》，《上海科技翻译》2002 年第 1 期。

朱静：《清末民初外国文学翻译中的女译者研究》，博士学位论文，北京大学，2007 年。

后　记

　　本书是在我的博士论文的基础上修改而成。回想四年的读博经历，感想颇多。韶华易逝，光阴荏苒，转眼间，博士毕业已经两年了。时间哦，你为何走得如此之快？走得如此般悄无声息？坐在电脑前，凝视着莺飞燕舞、花红柳绿的窗外，四年来学习、生活的点点滴滴一一闪现在脑海中。它们是那么的清晰、那么的近，一切都仿佛昨日。正是在六年前的初春之时，我怀着忐忑的心情，来到华东师范大学参加博士入学考试，从而开启了沪上四年的学习生涯。四年的时光，仿佛眨眼之间。我多么希望时光倒流，让我重回校园，去聆听老师们的谆谆教诲，去与同窗及师门好友畅聊、欢笑，去品味图书馆一排排书散发出的清香，去体会大上海的繁华与厚重的历史。但是，我也深知，人不能苛求太多。四年的机缘已经弥足珍贵，为此，我将永远铭记与感激。

　　在成书之际，我首先要感谢我的导师傅惠生教授。正是由于傅老师的青睐，我才有了这宝贵的四年学习机会。在这四年的学习之中，老师不仅在生活上对我处处关照，在学习上更是严格要求，不厌其烦地给予指导和督促。我的论文的顺利撰写以及四年学习中取得的每一点进步都凝聚着老师的心血。现在，我依然清晰地记得，在我入学前的暑假，老师就多次给我打电话讨论入学后的学习安排及论文选题。我也还清晰地记得，由于我自身积累不够，初期选定的题目进展不顺利，老师在过年之前还给我打电话讨论换题目等事宜。经过多次讨论，老师根据我自身的特点，最终确定让我写"后现代主义翻译思想研究"。

　　"后现代主义翻译思想"是我喜欢的话题，但是，选择这个话题作为我博士论文的题目其实也让我内心充满了担忧。一方面，由于这个选题比较宏大，不好驾驭；另一方面，该选题要想写好，必须具备较完备的中西哲学知识，而这一点是我不具备的。正是在傅老师的鼓励之下，我才鼓起勇气，决定迎难而上，坚定地走了下来。论文的撰写过程十分艰难、辛苦，后现代主义翻译思想不仅内容庞杂，而且其艰涩、难懂是举世公认的。不过，整个过程也是痛并快乐着。一方面，尼采、本雅明、海德格尔、伽达默尔、德里达、福柯、萨义德、斯皮瓦克、霍米·巴巴等哲人艰深的著作让我十分挣扎；但是，另外一方面，一丝丝的理解、领悟，甚至是偶尔的灵感乍现，也会让我欣喜半天。在论文的撰写过程中，老师反复强调"思辨"。尽管论文最终可能并未很好地体现"思辨"，但这一点，我一直切记，并努力践行。

　　论文初稿撰写完成后，老师对我的论文进行了多次、反复的修改。大到思路和结构安排，小到文字和标点，老师给出了很多很好的建议。老师学识渊博、立意深远，而我由于资质驽钝和时间有限，撰写的论文必定有负老师的期望。不过老师常言："文科研究二十年方出一条好汉"。我愿意遵循老师的教诲，以博士论文为起点，在今后的生涯中继续刻苦探索。如此，虽不能成为"好汉"，但亦或有所悟，以此感激老师谆谆教导之恩，殷殷期望之情！

　　其次，我还要感谢陈勤建教授、胡范铸教授和张春柏教授。在学习期间，我选修了陈勤建教授的《中国民俗学学术史研究》，胡范铸教授的《中国社会语言学研究》以及旁听了张春柏教授的《翻译研究》。三位老师学识渊博，讲解深入浅出，让我从中深受启发，获益匪浅。感谢潘文国教授、张春柏教授、吴勇毅教授、谢天振教授和申小龙教授在论文开题和预答辩过程中给出了很多精辟的建议。感谢我的硕士导师杨元刚教授！从硕士研究生学习到现在，杨老师不论在学习还是在生活上都给我以无微不至的关心和指点。感谢英国杜伦大学的郑冰寒教授！得益于郑教授的邀请，我才能去杜伦大学访学半年，并从那里收集到了论文写作需要的资料。感谢谷吉梅、徐勇飞和谭碧涛等在英国访学期间对我的照顾，让我在英国渡过非常愉快的半年时光。

　　另外，我还要感谢师门和同窗的众多好友。感谢刘剑师兄和马孝幸师兄的指导和关心！特别要感谢我四年的同窗好友叶艳！她稳重、周到、大方、细心，不仅在生活中处处关照我，而且在学习上也给我很大的帮助，还要在讨论的时候经常容忍我的偏执。在四年的学习中，我们学术、政治、娱乐、体育等无所不谈，我从中受益匪浅。感谢师弟赵祥云帮我修改翻译和论文，并给出了很多很好的意见！感谢师妹许敏帮我复印论文资料！感谢师妹陈琛和李雪丰帮我修改翻译！我们师门经常聚众畅聊，大家亲如兄弟姐妹，互相帮助与关心！还要感谢同窗好友龚海燕、于东兴、李艳、仲青、李琦等的关心与照顾！

感谢重庆工商大学为本书的出版提供资助。感谢中国社会科学出版社编辑们的辛勤工作，特别感谢责任编辑慈明亮老师为本书提出了很多建设性的意见，让本书增色不少！

还有，我要特别感谢我的家人。我的父母年事已高，并体弱多病，当儿子的常年在外，不能侍奉在身边，他们不但不责怪，还处处为我担心。感谢我的岳父岳母！他们不但帮我带孩子，解决了我读书的后顾之忧，还帮我操持家务，任劳任怨。感谢我的妻子陈凤！在我读书四年期间，一家人中她最为辛苦。不仅要工作、操持家务和带小孩，还经常担心我的学习，并在我撰写论文期间帮我整理文献和修改语言文字错误。还要感谢我可爱的儿子向博！在他成长过程中我却很少陪在身边。在我撰写论文的过程中，他有时很想到书房找我玩，但是每当听到妈妈说："爸爸要写论文，别去找他！"他就依依不舍地关上我书房的门。同样，也要感谢我的小女儿向思颖，为了有时间把论文修订成书，我不得不将幼小的女儿送回老家让父母照看。每当想起这些，我心中就对一双儿女充满了内疚！

最后，我想引用两句话来作为结尾："滴水之恩，当涌泉报之"和"路漫漫其修远兮，我将上下而求索"。对各位师、友、亲人的教诲、关照、爱护之情，我将铭记于心，今后徐徐报之。对于漫漫学术之路，虽艰难，我也锲而不舍地求之。